大学赤本シリーズ

424

立教大学

文学部－一般入試
〈大学独自の英語を課す日程〉

教学社

は　し　が　き

おかげさまで，大学入試の「赤本」は，今年で創刊 70 周年を迎えました。

これまで，入試問題や資料をご提供いただいた大学関係者各位，掲載許可をいただいた著作権者の皆様，各科目の解答や対策の執筆にあたられた先生方，そして，赤本を使用してくださったすべての読者の皆様に，厚く御礼を申し上げます。

以下に，創刊初期の「赤本」のはしがきを引用します。これからも引き続き，受験生の目標の達成や，夢の実現を応援してまいります。

本書を活用して，入試本番では持てる力を存分に発揮されることを心より願っています。

編者しるす

＊　＊　＊

学問の塔にあこがれのまなざしをもって，それぞれの志望する大学の門をたたかんとしている受験生諸君！　人間として生まれてきた私たちは，自己の欲するままに，美しく，強く，そして何よりも人間らしく生きることをねがっている。しかし，一朝一夕にして，この純粋なのぞみが達せられることはない。私たちの行く手には，絶えずさまざまな試練がまちかまえている。この試練を克服していくところに，私たちのねがう真に人間的な世界がはじめて開かれてくるのである。

人生最初の最大の試練として，諸君の眼前に大学入試がある。この大学入試は，精神的にも身体的にも，大きな苦痛を感ぜしめるであろう。あるスポーツに熟達するには，たゆみなき，はげしい練習を積み重ねることが必要であるように，私たちは，計画的・持続的な努力を払うことによって，この試練を克服し，次の一歩を踏みだすことができる。厳しい試練を経たのちに，はじめて満足すべき成果を獲得できるのである。

本書は最近の入学試験の問題に，それぞれ解答を付し，さらに問題をふかく分析することによって，その大学独特の傾向や対策をさぐろうとした。本書を一般の参考書とあわせて使用し，まとはずれのない，効果的な受験勉強をされるよう期待したい。

（昭和 35 年版「赤本」はしがきより）

挑む人の、いちばんの味方

赤本創刊70周年

1954年に大学入試の過去問題集を刊行してから70年。赤本は大学に入りたいと思う受験生を応援しつづけてきました。これからも，苦しいとき落ち込むときにそばで支える存在でいたいと思います。

そして，勉強をすること，自分で道を決めること，努力が実ること，これらの喜びを読者の皆さんが感じることができるよう，伴走をつづけます。

そもそも赤本とは…

受験生のための大学入試の過去問題集！

70年の歴史を誇る赤本は，500点を超える刊行点数で全都道府県の370大学以上を網羅しており，過去問の代名詞として受験生の必須アイテムとなっています。

…………… なぜ受験に過去問が必要なのか？ ……………

大学入試は大学によって問題形式や頻出分野が大きく異なるからです。

赤本の掲載内容

傾向と対策

これまでの出題内容から，問題の「**傾向**」を分析し，来年度の入試に向けて具体的な「**対策**」の方法を紹介しています。

問題編・解答編

- 年度ごとに問題とその解答を掲載しています。
- 「**問題編**」ではその年度の試験概要を確認したうえで，実際に出題された過去問に取り組むことができます。
- 「**解答編**」には高校・予備校の先生方による解答が載っています。

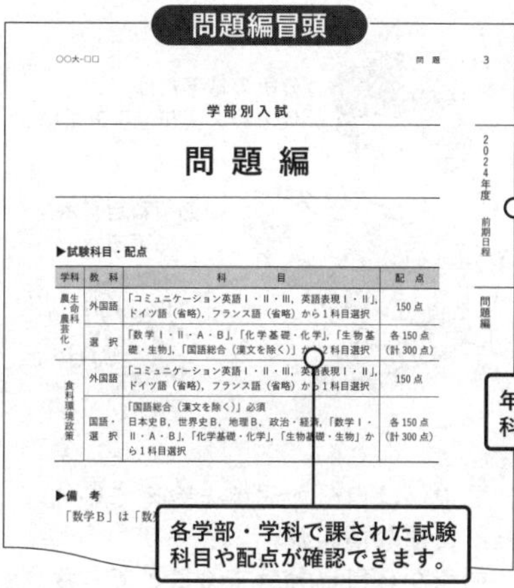

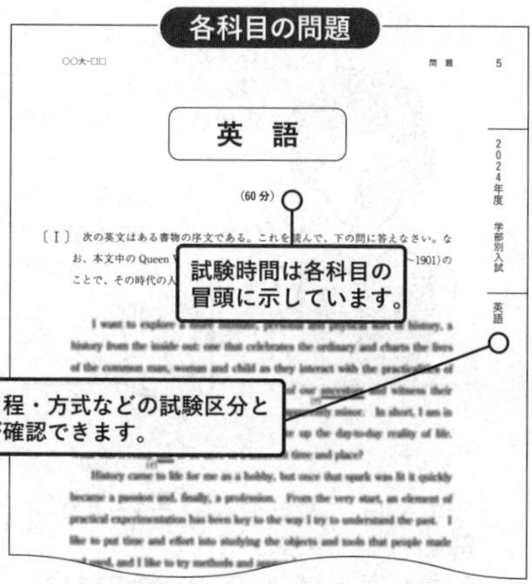

他にも，大学の基本情報や，先輩受験生の合格体験記，在学生からのメッセージなどが載っていることがあります。

掲載内容について

著作権上の理由やその他編集上の都合により問題や解答の一部を割愛している場合があります。
なお，指定校推薦入試，社会人入試，編入学試験，帰国生入試などの特別入試，英語以外の外国語科目，商業・工業科目は，原則として掲載しておりません。また試験科目は変更される場合がありますので，あらかじめご了承ください。

受験勉強は

過去問に始まり，

STEP 1

なにはともあれ

まずは解いてみる

しずかに…
今，自分の心と
向き合ってるんだから
ムーン
それは
問題を解いて
からだホン!

過去問は，**できるだけ早いうちに解く**のがオススメ！
実際に解くことで，**出題の傾向，問題のレベル，今の自分の実力**がつかめます。

STEP 2

じっくり具体的に

弱点を分析する

分析の結果だけど
英・数・国が苦手みたい
スリー
必須科目だホン
頑張るホン

間違いは自分の弱点を教えてくれる**貴重な情報源**。
弱点から自己分析することで，**今の自分に足りない力や苦手な分野**が見えてくるはず！

合格者があかす赤本の使い方

傾向と対策を熟読
(Fさん／国立大合格)

大学の出題傾向を調べるために，赤本に載っている「傾向と対策」を熟読しました。

繰り返し解く
(Tさん／国立大合格)

1周目は問題のレベル確認，2周目は苦手や頻出分野の確認に，3周目は合格点を目指して，と過去問は繰り返し解くことが大切です。

赤本の使い方 解説

過去問に終わる。

STEP 3

志望校にあわせて

苦手分野の重点対策

明日からはみんなで頑張るよ！
参考書も！ 問題集も！
よろしくね！
呼んだ？
なにを!?
どこから!?
グッ
グッ

参考書や問題集を活用して，苦手分野の**重点対策**をしていきます。**過去問を指針**に，合格へ向けた具体的な学習計画を立てましょう！

STEP 1 ▶ 2 ▶ 3

サイクルが大事！

実践を繰り返す

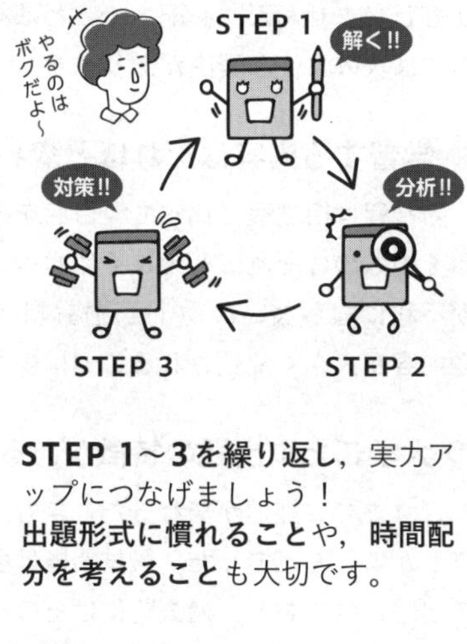

STEP 1～3を繰り返し，実力アップにつなげましょう！
出題形式に慣れることや，**時間配分を考えること**も大切です。

目標点を決める
(Yさん／私立大合格)
赤本によっては合格者最低点が載っているので，それを見て目標点を決めるのもよいです。

時間配分を確認
(Kさん／私立大学合格)
赤本は時間配分や解く順番を決めるために使いました。

添削してもらう
(Sさん／私立大学合格)
記述式の問題は先生に添削してもらうことで自分の弱点に気づけると思います。

新課程入試 Q&A

2022年度から新しい学習指導要領（新課程）での授業が始まり，2025年度の入試は，新課程に基づいて行われる最初の入試となります。ここでは，赤本での新課程入試の対策について，よくある疑問にお答えします。

Q1. 赤本は新課程入試の対策に使えますか？

A. もちろん使えます！

旧課程入試の過去問が新課程入試の対策に役に立つのか疑問に思う人もいるかもしれませんが，心配することはありません。旧課程入試の過去問が役立つのには次のような理由があります。

● 学習する内容はそれほど変わらない

新課程は旧課程と比べて科目名を中心とした変更はありますが，学習する内容そのものはそれほど大きく変わっていません。また，多くの大学で，既卒生が不利にならないよう「経過措置」がとられます（Q３参照）。したがって，出題内容が大きく変更されることは少ないとみられます。

● 大学ごとに出題の特徴がある

これまでに課程が変わったときも，各大学の出題の特徴は大きく変わらないことがほとんどでした。入試問題は各大学のアドミッション・ポリシーに沿って出題されており，過去問にはその特徴がよく表れています。過去問を研究してその大学に特有の傾向をつかめば，最適な対策をとることができます。

出題の特徴の例	・英作文問題の出題の有無 ・論述問題の出題（字数制限の有無や長さ） ・計算過程の記述の有無

新課程入試の対策も，赤本で過去問に取り組むところから始めましょう。

Q2. 赤本を使う上での注意点はありますか？

A. 志望大学の入試科目を確認しましょう。

過去問を解く前に，過去の出題科目（問題編冒頭の表）と 2025 年度の募集要項とを比べて，課される内容に変更がないかを確認しましょう。ポイントは以下のとおりです。科目名が変わっていても，実際は旧課程の内容とほとんど同様のものもあります。

英語・国語	科目名は変更されているが，実質的には変更なし。 ▶▶ **ただし，リスニングや古文・漢文の有無は要確認。**
地歴	科目名が変更され，「歴史総合」「地理総合」が新設。 ▶▶ **新設科目の有無に注意。ただし，「経過措置」（Q３参照）により内容は大きく変わらないことも多い。**
公民	「現代社会」が廃止され，「公共」が新設。 ▶▶ **「公共」は実質的には「現代社会」と大きく変わらない。**
数学	科目が再編され，「数学 C」が新設。 ▶▶ **「数学」全体としての内容は大きく変わらないが，出題科目と単元の変更に注意。**
理科	科目名も学習内容も大きな変更なし。

数学については，科目名だけでなく，どの単元が含まれているかも確認が必要です。例えば，出題科目が次のように変わったとします。

旧課程	「数学Ⅰ・数学Ⅱ・数学 A・数学 B（数列・ベクトル）」
新課程	「数学Ⅰ・数学Ⅱ・数学 A・**数学 B（数列）・数学 C（ベクトル）**」

この場合，新課程では「数学C」が増えていますが，単元は「ベクトル」のみのため，実質的には旧課程とほぼ同じであり，過去問をそのまま役立てることができます。

Q3. 「経過措置」とは何ですか？

A. 既卒の旧課程履修者への対応です。

多くの大学では，既卒の旧課程履修者が不利にならないように，出題において「経過措置」が実施されます。措置の有無や内容は大学によって異なるので，募集要項や大学のウェブサイトなどで確認しておきましょう。

◯旧課程履修者への経過措置の例

- 旧課程履修者にも配慮した出題を行う。
- 新・旧課程の共通の範囲から出題する。
- 新課程と旧課程の共通の内容を出題し，共通範囲のみでの出題が困難な場合は，旧課程の範囲からの問題を用意し，選択解答とする。

例えば，地歴の出題科目が次のように変わったとします。

旧課程	「日本史Ｂ」「世界史Ｂ」から１科目選択
新課程	**「歴史総合，日本史探究」「歴史総合，世界史探究」から１科目選択※** ※旧課程履修者に不利益が生じることのないように配慮する。

「歴史総合」は新課程で新設された科目で，旧課程履修者には見慣れないものですが，上記のような経過措置がとられた場合，新課程入試でも旧課程と同様の学習内容で受験することができます。

要チェックだホン

新課程の情報は WEB もチェック！
より詳しい解説が赤本ウェブサイトで見られます。
https://akahon.net/shinkatei/

科目名が変更される教科・科目

	旧課程	新課程
国語	国語総合 国語表現 現代文A 現代文B 古典A 古典B	現代の国語 言語文化 論理国語 文学国語 国語表現 古典探究
地歴	日本史A 日本史B 世界史A 世界史B 地理A 地理B	歴史総合 日本史探究 世界史探究 地理総合 地理探究
公民	現代社会 倫理 政治・経済	公共 倫理 政治・経済
数学	数学Ⅰ 数学Ⅱ 数学Ⅲ 数学A 数学B 数学活用	数学Ⅰ 数学Ⅱ 数学Ⅲ 数学A 数学B 数学C
外国語	コミュニケーション英語基礎 コミュニケーション英語Ⅰ コミュニケーション英語Ⅱ コミュニケーション英語Ⅲ 英語表現Ⅰ 英語表現Ⅱ 英語会話	英語コミュニケーションⅠ 英語コミュニケーションⅡ 英語コミュニケーションⅢ 論理・表現Ⅰ 論理・表現Ⅱ 論理・表現Ⅲ
情報	社会と情報 情報の科学	情報Ⅰ 情報Ⅱ

目　次

大学情報 …… 1
在学生メッセージ …… 19
合格体験記 …… 25
傾向と対策 …… 34

2024 年度 問題と解答

●文学部：一般入試〈大学独自の英語を課す日程〉
英　語 …… 4　解答 54
日本史 …… 18　解答 70
世界史 …… 25　解答 75
国　語 …… 53　解答 90

2023 年度 問題と解答

●文学部：一般入試〈大学独自の英語を課す日程〉
英　語 …… 4　解答 60
日本史 …… 20　解答 78
世界史 …… 29　解答 83
国　語 …… 59　解答 99

2022 年度 問題と解答

●文学部：一般入試〈大学独自の英語を課す日程〉
英　語 …… 4　解答 54
日本史 …… 18　解答 69
世界史 …… 26　解答 73
国　語 …… 53　解答 90

掲載内容についてのお断り

- 文学部については，他学部と同じ「英語外部試験を利用する日程」と文学部のみの「大学独自の英語を課す日程」とがあり，本書には文学部のみの日程を掲載しています。「英語外部試験を利用する日程」につきましては，『立教大学（文系学部－一般入試〈大学独自の英語を課さない日程〉)』に掲載しています。
- 立教大学の赤本には，ほかに下記があります。
  『立教大学（文系学部－一般入試〈大学独自の英語を課さない日程〉)』
  『立教大学（国語〈3日程×3カ年〉)』※漢文を含まない日程
  『立教大学（日本史・世界史〈2日程×3カ年〉)』
  『立教大学（理学部－一般入試)』

UNIVERSITY GUIDE 大学情報

基本情報

沿革

1874（明治 7）　ウィリアムズ主教，築地に私塾を数名の生徒で始める
間もなく立教学校と称する
ウィリアムズ主教は聖書と英学を教えていた
1883（明治 16）　立教大学校と称する
1907（明治 40）　専門学校令により，「立教大学」と称する
1922（大正 11）　大学令による大学として認可される
1949（昭和 24）　新制大学として認可される
文学部・経済学部・理学部を設置
1958（昭和 33）　社会学部を設置
1959（昭和 34）　法学部を設置
1998（平成 10）　観光学部・コミュニティ福祉学部を設置
2002（平成 14）江戸川乱歩の邸宅と書庫として使用していた土蔵が，立教大学に譲渡される
2006（平成 18）　経営学部・現代心理学部を設置
2008（平成 20）　異文化コミュニケーション学部を設置

2014（平成 26）	創立 140 周年 文部科学省「スーパーグローバル大学創成支援」に採択される
2017（平成 29）	Global Liberal Arts Program（GLAP）を設置
2023（令和 5）	スポーツウエルネス学部を設置
2024（令和 6）	創立 150 周年

オフィシャル・シンボル

立教大学のオフィシャル・シンボル，楯のマークには，十字架と聖書が描かれています。中心に置かれた聖書の標語「PRO DEO ET PATRIA」は「神と国のために」というラテン語で，立教大学では，「普遍的なる真理を探究し，私たちの世界，社会，隣人のために」ととらえています。楯の下にある「MDCCCLXXIV」は創立年度の 1874 をローマ数字で記しています。

学部・学科の構成

大　学

●**文学部**　池袋キャンパス

キリスト教学科

文学科（英米文学専修，ドイツ文学専修，フランス文学専修，日本文学専修，文芸・思想専修）

史学科（世界史学専修，日本史学専修，超域文化学専修）

教育学科（教育学専攻，初等教育専攻）

●**異文化コミュニケーション学部**　池袋キャンパス

異文化コミュニケーション学科

●**経済学部**　池袋キャンパス

経済学科

経済政策学科

会計ファイナンス学科

●**経営学部**　池袋キャンパス

経営学科

国際経営学科

●**理学部**　池袋キャンパス

数学科

物理学科

化学科

生命理学科

●**社会学部**　池袋キャンパス

社会学科

現代文化学科

メディア社会学科

●**法学部**　池袋キャンパス

法学科

国際ビジネス法学科

政治学科

●観光学部 新座キャンパス

観光学科

交流文化学科

●コミュニティ福祉学部 新座キャンパス

コミュニティ政策学科（コミュニティ学専修，政策学専修）

福祉学科

●現代心理学部 新座キャンパス

心理学科

映像身体学科

●スポーツウエルネス学部 新座キャンパス

スポーツウエルネス学科

● Global Liberal Arts Program（GLAP） 池袋キャンパス

（備考）

- 専修・専攻・コース等に分属する年次はそれぞれで異なる。
- Global Liberal Arts Program（GLAP）はリベラルアーツ教育を基盤とし，英語による授業科目のみで学士の学位を取得できるコースである。「国際コース選抜入試（秋季）」のみで募集。

大学院

キリスト教学研究科 / 文学研究科 / 異文化コミュニケーション研究科 / 経済学研究科 / 経営学研究科 / 理学研究科 / 社会学研究科 / 法学研究科 / 観光学研究科 / コミュニティ福祉学研究科 / 現代心理学研究科 / スポーツウエルネス学研究科 / ビジネスデザイン研究科 / 社会デザイン研究科 / 人工知能科学研究科

大学所在地

新座キャンパス

池袋キャンパス

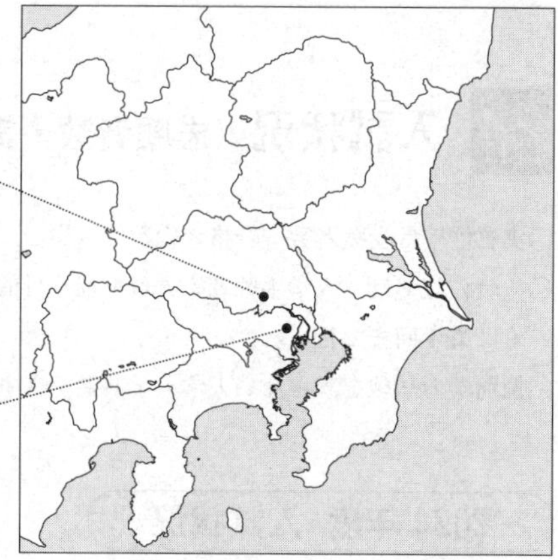

池袋キャンパス　〒171-8501　東京都豊島区西池袋 3-34-1
新座キャンパス　〒352-8558　埼玉県新座市北野 1-2-26

入試データ

入試状況（志願者数・実質倍率など）

○実質倍率は受験者数÷合格者総数で算出。
○一般入試では，入学手続者の欠員を補う目的で合格者の発表を第1回から第3回もしくは第4回まで行う。
○個別学力試験を課さない大学入学共通テスト利用入試は1カ年のみの掲載としている。

2024年度 入試状況

●一般入試：2月6日，8日，9日，12日，13日　（ ）内は女子内数

学部・学科・専修			募集人員（約）	志願者数	受験者数	合格者総数	実質倍率
文	キリスト教		29	262(173)	249(163)	55(35)	4.5
	文	英米文学	80	966(655)	923(633)	289(205)	3.2
		ドイツ文学	45	390(287)	377(277)	127(88)	3.0
		フランス文学	45	425(326)	413(316)	127(100)	3.3
		日本文学	71	600(464)	569(442)	159(126)	3.6
		文芸・思想	57	672(461)	637(442)	175(126)	3.6
	史		91	1,113(565)	1,049(537)	257(141)	4.1
	教育		63	718(510)	691(490)	185(129)	3.7
異文化コミュニケーション	異文化コミュニケーション		95	1,335(920)	1,282(886)	289(184)	4.4
経済	経済		184	2,656(928)	2,503(887)	725(267)	3.5
	会計ファイナンス		95	819(407)	776(390)	229(113)	3.4
	経済政策		95	817(369)	790(359)	235(104)	3.4
経営	経営		128	1,406(671)	1,327(641)	311(142)	4.3
	国際経営		78	872(489)	831(471)	227(115)	3.7
理	数		40	743(138)	697(126)	202(32)	3.5
	物理		45	987(193)	936(175)	244(32)	3.8
	化		47	864(340)	817(317)	253(92)	3.2
	生命理		42	829(435)	783(415)	253(132)	3.1
社会	社会		97	1,952(1,191)	1,869(1,150)	466(284)	4.0
	現代文化		97	1,278(913)	1,235(883)	342(247)	3.6
	メディア社会		97	1,398(1,004)	1,350(970)	317(223)	4.3

（表つづく）

学部・学科・専修		募集人員（約）	志願者数	受験者数	合格者総数	実質倍率
法	法	183	2,159(1,234)	2,055(1,171)	665(376)	3.1
	政治	58	638(341)	612(329)	234(127)	2.6
	国際ビジネス法	40	489(304)	471(294)	173(116)	2.7
観光	観光	125	1,566(1,006)	1,506(966)	456(289)	3.3
	交流文化	100	1,300(971)	1,269(947)	396(300)	3.2
コミュニティ福祉	福祉	76	550(427)	534(418)	181(146)	3.0
	コミュニティ政策	130	1,000(671)	970(656)	309(218)	3.1
現代心理	心理	63	904(656)	845(612)	149(107)	5.7
	映像身体	82	1,090(817)	1,037(780)	182(135)	5.7
スポーツウエルネス	スポーツウエルネス	108	1,151(433)	1,114(421)	353(138)	3.2
合計		2,586	31,949(18,299)	30,517(17,564)	8,565(4,869)	—

（備考）
- 募集人員は一般入試のすべての入試日程の合計（文学部は2月11日も含む）。
- 志願者数・受験者数・合格者総数は同一学科における複数併願を含む。

●一般入試：2月11日

（　）内は女子内数

学部・学科・専修			募集人員（約）	志願者数	受験者数	合格者総数	実質倍率
文	キリスト教		29	94(60)	87(55)	22(13)	4.0
	文	英米文学	80	372(226)	354(214)	120(71)	3.0
		ドイツ文学	45	158(100)	147(92)	49(30)	3.0
		フランス文学	45	136(101)	130(95)	42(31)	3.1
		日本文学	71	329(259)	315(248)	89(72)	3.5
		文芸・思想	57	288(193)	272(182)	78(57)	3.5
	史		91	542(267)	511(253)	128(57)	4.0
	教育		63	356(244)	336(232)	93(62)	3.6
合計			481	2,275(1,450)	2,152(1,371)	621(393)	—

（備考）
- 募集人員は一般入試のすべての入試日程の合計（2月6日，8日，9日，12日，13日も含む）。
- 志願者数・受験者数・合格者総数は同一学科における複数併願を含む。

〈一般入試の合格者発表状況〉

●一般入試：2月6日，8日，9日，12日，13日

（　）内は女子内数

学部・学科・専修			第1回発表合格者数	第2回発表合格者数	第3回発表合格者数	第4回発表合格者数	合格者総数
文	キリスト教		39(25)	13(8)	3(2)	0(0)	55(35)
	文	英米文学	260(190)	9(4)	6(4)	14(7)	289(205)
		ドイツ文学	127(88)	0(0)	0(0)	0(0)	127(88)
		フランス文学	89(71)	22(19)	8(6)	8(4)	127(100)
		日本文学	121(97)	22(18)	16(11)	0(0)	159(126)
		文芸・思想	137(98)	15(7)	14(14)	9(7)	175(126)
	史		217(115)	8(5)	25(17)	7(4)	257(141)
	教育		169(118)	0(0)	3(2)	13(9)	185(129)
異文化コミュニケーション	異文化コミュニケーション		147(93)	69(42)	40(28)	33(21)	289(184)
経済	経済		649(241)	14(4)	45(16)	17(6)	725(267)
	会計ファイナンス		222(110)	0(0)	7(3)	0(0)	229(113)
	経済政策		192(85)	19(11)	14(5)	10(3)	235(104)
経営	経営		240(111)	42(19)	18(6)	11(6)	311(142)
	国際経営		123(61)	93(48)	11(6)	0(0)	227(115)
理	数		144(20)	20(3)	7(0)	31(9)	202(32)
	物理		244(32)	0(0)	0(0)	0(0)	244(32)
	化		204(74)	49(18)	0(0)	0(0)	253(92)
	生命理		176(95)	25(11)	16(11)	36(15)	253(132)
社会	社会		353(217)	77(45)	27(16)	9(6)	466(284)
	現代文化		257(184)	85(63)	0(0)	0(0)	342(247)
	メディア社会		286(201)	9(7)	22(15)	0(0)	317(223)
法	法		603(337)	8(4)	46(28)	8(7)	665(376)
	政治		191(103)	13(9)	18(9)	12(6)	234(127)
	国際ビジネス法		156(105)	0(0)	7(5)	10(6)	173(116)
観光	観光		336(208)	95(63)	10(7)	15(11)	456(289)
	交流文化		356(268)	32(27)	4(3)	4(2)	396(300)
コミュニティ福祉	福祉		139(117)	40(27)	2(2)	0(0)	181(146)
	コミュニティ政策		239(166)	19(12)	30(21)	21(19)	309(218)
現代心理	心理		149(107)	0(0)	0(0)	0(0)	149(107)
	映像身体		182(135)	0(0)	0(0)	0(0)	182(135)
スポーツウエルネス	スポーツウエルネス		292(108)	23(11)	14(6)	24(13)	353(138)
合計			7,039(3,980)	821(485)	413(243)	292(161)	8,565(4,869)

●一般入試：2月11日

（　）内は女子内数

学部・学科・専修			第1回発表合格者数	第2回発表合格者数	第3回発表合格者数	第4回発表合格者数	合格者総数
文	キリスト教		14(7)	6(4)	2(2)	0(0)	22(13)
	文	英米文学	102(62)	6(4)	5(1)	7(4)	120(71)
		ドイツ文学	49(30)	0(0)	0(0)	0(0)	49(30)
		フランス文学	29(20)	6(5)	4(3)	3(3)	42(31)
		日本文学	68(53)	13(11)	8(8)	0(0)	89(72)
		文芸・思想	59(46)	6(3)	7(4)	6(4)	78(57)
	史		109(47)	7(5)	6(4)	6(1)	128(57)
	教育		87(57)	0(0)	3(2)	3(3)	93(62)
合計			517(322)	44(32)	35(24)	25(15)	621(393)

●大学入学共通テスト利用入試

※3科目型，4科目型，6科目型の総計。　　（　）内は女子内数

学部・学科・専修			募集人員(約)	志願者数	合格者数	実質倍率
文	キリスト教		7	471(278)	62(45)	7.6
	文	英米文学	27	630(406)	297(195)	2.1
		ドイツ文学	9	194(135)	90(62)	2.2
		フランス文学	9	592(410)	159(114)	3.7
		日本文学	15	366(276)	102(81)	3.6
		文芸・思想	6	371(248)	71(51)	5.2
	史		22	846(432)	269(136)	3.1
	教育		9	486(320)	122(88)	4.0
異文化コミュニケーション	異文化コミュニケーション		13	675(451)	201(139)	3.4
経済	経済		45	1,619(516)	582(200)	2.8
	会計ファイナンス		25	884(363)	271(120)	3.3
	経済政策		25	1,061(403)	303(128)	3.5
経営	経営		25	790(325)	147(68)	5.4
	国際経営		20	561(264)	113(55)	5.0
理	数		11	749(143)	221(33)	3.4
	物理		14	745(146)	303(63)	2.5
	化		10	720(297)	231(86)	3.1
	生命理		14	671(393)	230(131)	2.9
社会	社会		24	981(580)	269(178)	3.6
	現代文化		24	1,016(664)	253(180)	4.0
	メディア社会		24	766(518)	217(148)	3.5
法	法		32	1,430(786)	617(362)	2.3
	政治		9	591(288)	247(136)	2.4
	国際ビジネス法		7	562(316)	240(135)	2.3
観光	観光		20	506(307)	143(90)	3.5
	交流文化		20	481(377)	136(105)	3.5

（表つづく）

学部・学科・専修		募集人員(約)	志願者数	合格者数	実質倍率
コミュニティ福祉	福祉	17	734(410)	205(129)	3.6
	コミュニティ政策	26	636(377)	209(118)	3.0
現代心理	心理	23	658(445)	234(161)	2.8
	映像身体	31	792(568)	176(129)	4.5
スポーツウエルネス	スポーツウエルネス	30	687(227)	188(56)	3.7
合計		593	22,271(11,669)	6,908(3,722)	—

（備考）実質倍率は志願者数÷合格者数で算出。

2023 年度 入試状況

●一般入試：2 月 6 日，8 日，9 日，12 日，13 日

( )内は女子内数

学部	学科	専修	募集人員(約)	志願者数	受験者数	合格者総数	実質倍率
文	キリスト教		29	106(70)	97(64)	42(33)	2.3
	文	英米文学	80	1,105(742)	1,062(718)	303(193)	3.5
		ドイツ文学	45	394(273)	377(260)	104(71)	3.6
		フランス文学	45	474(367)	458(356)	105(85)	4.4
		日本文学	71	710(520)	682(499)	175(137)	3.9
		文芸・思想	57	724(508)	700(491)	167(128)	4.2
	史		91	896(451)	866(437)	246(140)	3.5
	教育		63	843(588)	805(567)	182(135)	4.4
異文化コミュニケーション	異文化コミュニケーション		75	1,402(964)	1,360(940)	196(136)	6.9
経済	経済		184	3,156(1,133)	3,004(1,085)	954(368)	3.1
	会計ファイナンス		95	822(384)	789(363)	267(124)	3.0
	経済政策		95	826(394)	793(380)	268(130)	3.0
経営	経営		128	1,678(778)	1,582(740)	308(142)	5.1
	国際経営		78	803(440)	789(432)	235(127)	3.4
理	数		40	573(115)	537(109)	187(32)	2.9
	物理		45	1,124(220)	1,079(206)	282(48)	3.8
	化		47	875(367)	843(356)	255(101)	3.3
	生命理		42	874(488)	833(468)	237(129)	3.5
社会	社会		97	1,854(1,088)	1,774(1,044)	418(238)	4.2
	現代文化		97	1,373(1,038)	1,343(1,015)	374(273)	3.6
	メディア社会		97	1,513(1,076)	1,459(1,048)	438(316)	3.3
法	法		183	1,899(1,037)	1,825(992)	778(437)	2.3
	政治		58	554(262)	532(252)	244(124)	2.2
	国際ビジネス法		40	470(268)	455(260)	186(115)	2.4
観光	観光		125	1,497(948)	1,452(915)	492(290)	3.0
	交流文化		100	985(732)	964(715)	410(299)	2.4
コミュニティ福祉	福祉		76	648(477)	633(472)	189(143)	3.3
	コミュニティ政策		134	1,281(832)	1,253(818)	394(263)	3.2
現代心理	心理		63	933(613)	889(585)	204(140)	4.4
	映像身体		82	1,013(798)	979(778)	241(191)	4.1
スポーツウエルネス	スポーツウエルネス		90	1,088(427)	1,053(410)	384(153)	2.7
合計			2,552	32,493(18,398)	31,267(17,775)	9,265(5,241)	—

(備考)

- 募集人員は一般入試のすべての入試日程の合計（文学部は 2 月 11 日も含む)。
- 志願者数・受験者数・合格者総数は同一学科における複数併願を含む。

●一般入試：2月11日

( )内は女子内数

学部・学科・専修			募集人員(約)	志願者数	受験者数	合格者総数	実質倍率
文	キリスト教		29	54(34)	51(32)	22(16)	2.3
	文	英米文学	80	371(226)	352(216)	100(65)	3.5
		ドイツ文学	45	192(114)	180(106)	54(38)	3.3
		フランス文学	45	173(129)	163(121)	38(32)	4.3
		日本文学	71	322(216)	306(204)	84(52)	3.6
		文芸・思想	57	287(192)	268(179)	67(48)	4.0
	史		91	435(203)	411(192)	125(67)	3.3
	教育		63	315(215)	305(208)	84(62)	3.6
合計			481	2,149(1,329)	2,036(1,258)	574(380)	—

(備考)

- 募集人員は一般入試のすべての入試日程の合計（2月6日，8日，9日，12日，13日も含む)。
- 志願者数・受験者数・合格者総数は同一学科における複数併願を含む。

〈一般入試の合格者発表状況〉

●一般入試：2月6日，8日，9日，12日，13日

( )内は女子内数

学部・学科・専修			第1回発表合格者数	第2回発表合格者数	第3回発表合格者数	第4回発表合格者数	合格者総数
文	キリスト教		42(33)	0(0)	0(0)	0(0)	42(33)
	文	英米文学	289(186)	0(0)	0(0)	14(7)	303(193)
		ドイツ文学	104(71)	0(0)	0(0)	0(0)	104(71)
		フランス文学	105(85)	0(0)	0(0)	0(0)	105(85)
		日本文学	172(135)	0(0)	0(0)	3(2)	175(137)
		文芸・思想	126(96)	26(21)	15(11)	0(0)	167(128)
文	史		207(114)	0(0)	25(18)	14(8)	246(140)
	教育		166(122)	0(0)	12(9)	4(4)	182(135)
異文化コミュニケーション	異文化コミュニケーション		103(75)	40(25)	29(22)	24(14)	196(136)
経済	経済		753(290)	78(26)	64(27)	59(25)	954(368)
	会計ファイナンス		263(121)	4(3)	0(0)	0(0)	267(124)
	経済政策		250(122)	0(0)	18(8)	0(0)	268(130)
経営	経営		192(88)	84(39)	16(9)	16(6)	308(142)
	国際経営		149(87)	20(11)	66(29)	0(0)	235(127)
理	数		187(32)	0(0)	0(0)	0(0)	187(32)
	物理		200(32)	41(8)	41(8)	0(0)	282(48)
	化		197(80)	51(18)	7(3)	0(0)	255(101)
	生命理		213(112)	11(8)	13(9)	0(0)	237(129)
社会	社会		396(229)	0(0)	0(0)	22(9)	418(238)
	現代文化		289(215)	28(20)	57(38)	0(0)	374(273)
	メディア社会		243(180)	98(68)	86(60)	11(8)	438(316)

(表つづく)

学部・学科・専修		第1回発表合格者数	第2回発表合格者数	第3回発表合格者数	第4回発表合格者数	合格者総数
法	法	531(313)	193(99)	54(25)	0(0)	778(437)
	政治	203(107)	14(3)	27(14)	0(0)	244(124)
	国際ビジネス法	83(54)	86(53)	17(8)	0(0)	186(115)
観光	観光	306(171)	113(72)	64(40)	9(7)	492(290)
	交流文化	326(236)	76(57)	8(6)	0(0)	410(299)
コミュニティ福祉	福祉	179(136)	0(0)	8(5)	2(2)	189(143)
	コミュニティ政策	263(173)	50(29)	75(55)	6(6)	394(263)
現代心理	心理	103(73)	81(56)	20(11)	0(0)	204(140)
	映像身体	181(147)	17(15)	43(29)	0(0)	241(191)
スポーツウエルネス	スポーツウエルネス	250(99)	74(26)	60(28)	0(0)	384(153)
合計		7,071(4,014)	1,185(657)	825(472)	184(98)	9,265(5,241)

●一般入試：2月11日

( )内は女子内数

学部・学科・専修			第1回発表合格者数	第2回発表合格者数	第3回発表合格者数	第4回発表合格者数	合格者総数
文	キリスト教		22(16)	0(0)	0(0)	0(0)	22(16)
	文	英米文学	95(61)	0(0)	0(0)	5(4)	100(65)
		ドイツ文学	54(38)	0(0)	0(0)	0(0)	54(38)
		フランス文学	38(32)	0(0)	0(0)	0(0)	38(32)
		日本文学	81(49)	0(0)	0(0)	3(3)	84(52)
		文芸・思想	51(40)	13(5)	3(3)	0(0)	67(48)
	史		101(55)	0(0)	13(5)	11(7)	125(67)
	教育		71(53)	0(0)	10(7)	3(2)	84(62)
合計			513(344)	13(5)	26(15)	22(16)	574(380)

2022 年度 入試状況

●一般入試：2 月 6 日，8 日，9 日，12 日，13 日

( )内は女子内数

学部・学科・専修			募集人員(約)	志願者数	受験者数	合格者総数	実質倍率
文	キリスト教		29	265(191)	253(184)	43(29)	5.9
	文	英米文学	80	1,264(851)	1,218(828)	310(214)	3.9
		ドイツ文学	45	336(246)	322(238)	117(88)	2.8
		フランス文学	45	399(302)	380(286)	131(94)	2.9
		日本文学	71	723(530)	695(508)	206(160)	3.4
		文芸・思想	57	958(657)	923(630)	148(106)	6.2
	史		91	1,229(582)	1,160(556)	258(119)	4.5
	教育		63	964(629)	929(606)	219(140)	4.2
異文化コミュニケーション	異文化コミュニケーション		75	1,618(1,159)	1,557(1,126)	212(155)	7.3
経済	経済		184	2,649(773)	2,518(744)	879(280)	2.9
	経済政策		95	1,024(439)	998(426)	337(148)	3.0
	会計ファイナンス		95	989(445)	954(431)	326(154)	2.9
経営	経営		128	1,891(906)	1,798(869)	301(148)	6.0
	国際経営		78	964(515)	924(499)	211(117)	4.4
理	数		40	776(167)	742(162)	205(39)	3.6
	物理		45	1,017(162)	974(153)	293(41)	3.3
	化		47	952(329)	914(314)	349(122)	2.6
	生命理		42	900(463)	864(451)	235(131)	3.7
社会	社会		97	2,075(1,175)	1,979(1,129)	516(315)	3.8
	現代文化		97	1,825(1,371)	1,755(1,323)	322(239)	5.5
	メディア社会		97	1,772(1,235)	1,727(1,204)	359(254)	4.8
法	法		183	3,144(1,606)	2,988(1,538)	781(454)	3.8
	国際ビジネス法		46	1,422(780)	1,366(754)	338(199)	4.0
	政治		58	946(508)	906(486)	252(152)	3.6
観光	観光		125	1,339(807)	1,295(786)	408(261)	3.2
	交流文化		100	1,306(918)	1,267(895)	385(284)	3.3
コミュニティ福祉	コミュニティ政策		91	822(546)	796(529)	274(194)	2.9
	福祉		86	854(615)	815(585)	287(226)	2.8
	スポーツウエルネス		49	738(293)	712(280)	179(79)	4.0
現代心理	心理		63	1,065(697)	1,016(666)	85(58)	12.0
	映像身体		82	1,448(1,101)	1,384(1,057)	161(118)	8.6
合計			2,484	37,674(20,998)	36,129(20,243)	9,127(5,118)	—

(備考)

- 募集人員は一般入試のすべての入試日程の合計（文学部は 2 月 11 日も含む)。
- 志願者数・受験者数・合格者総数は同一学科における複数併願を含む。

●一般入試：2月11日

(　)内は女子内数

学部・学科・専修			募集人員(約)	志願者数	受験者数	合格者総数	実質倍率
文	キリスト教		29	109(77)	100(72)	18(14)	5.6
	文	英米文学	80	456(286)	434(271)	115(70)	3.8
		ドイツ文学	45	175(111)	166(105)	68(47)	2.4
		フランス文学	45	159(112)	152(107)	62(39)	2.5
		日本文学	71	295(205)	275(192)	80(63)	3.4
		文芸・思想	57	401(263)	376(246)	64(41)	5.9
	史		91	507(223)	467(206)	116(46)	4.0
	教育		63	370(229)	350(217)	90(60)	3.9
合計			481	2,472(1,506)	2,320(1,416)	613(380)	—

(備考)

- 募集人員は一般入試のすべての入試日程の合計（2月6日，8日，9日，12日，13日も含む)。
- 志願者数・受験者数・合格者総数は同一学科における複数併願を含む。

〈一般入試の合格者発表状況〉

●一般入試：2月6日，8日，9日，12日，13日

(　)内は女子内数

学部・学科・専修			第1回発表合格者数	第2回発表合格者数	第3回発表合格者数	第4回発表合格者数	合格者総数
文	キリスト教		40(27)	0(0)	3(2)	0(0)	43(29)
	文	英米文学	281(194)	10(5)	19(15)	0(0)	310(214)
		ドイツ文学	94(72)	23(16)	0(0)	0(0)	117(88)
		フランス文学	84(60)	29(20)	18(14)	0(0)	131(94)
		日本文学	178(143)	28(17)	0(0)	0(0)	206(160)
		文芸・思想	130(92)	12(9)	6(5)	0(0)	148(106)
	史		156(74)	69(29)	33(16)	0(0)	258(119)
	教育		127(82)	92(58)	0(0)	0(0)	219(140)
異文化コミュニケーション	異文化コミュニケーション		212(155)	0(0)	0(0)	0(0)	212(155)
経済	経済		490(149)	184(60)	205(71)	0(0)	879(280)
	経済政策		226(102)	27(10)	74(30)	10(6)	337(148)
	会計ファイナンス		220(108)	66(28)	34(15)	6(3)	326(154)
経営	経営		162(78)	86(43)	53(27)	0(0)	301(148)
	国際経営		123(68)	35(22)	53(27)	0(0)	211(117)
理	数		137(26)	39(10)	29(3)	0(0)	205(39)
	物理		208(34)	65(5)	20(2)	0(0)	293(41)
	化		209(76)	112(38)	20(8)	8(0)	349(122)
	生命理		196(106)	39(25)	0(0)	0(0)	235(131)
社会	社会		286(177)	159(92)	71(46)	0(0)	516(315)
	現代文化		268(199)	51(38)	3(2)	0(0)	322(239)
	メディア社会		236(170)	68(45)	55(39)	0(0)	359(254)

(表つづく)

学部・学科・専修		第1回発表合格者数	第2回発表合格者数	第3回発表合格者数	第4回発表合格者数	合格者総数
法	法	574(341)	109(59)	87(49)	11(5)	781(454)
	国際ビジネス法	211(120)	89(54)	29(20)	9(5)	338(199)
	政治	179(114)	35(20)	32(14)	6(4)	252(152)
観光	観光	357(233)	23(12)	9(5)	19(11)	408(261)
	交流文化	268(196)	95(73)	11(9)	11(6)	385(284)
コミュニティ福祉	コミュニティ政策	248(178)	1(0)	18(12)	7(4)	274(194)
	福祉	271(216)	9(5)	4(2)	3(3)	287(226)
	スポーツウエルネス	131(62)	16(6)	32(11)	0(0)	179(79)
現代心理	心理	63(44)	22(14)	0(0)	0(0)	85(58)
	映像身体	123(85)	27(23)	11(10)	0(0)	161(118)
合計		6,488(3,781)	1,620(836)	929(454)	90(47)	9,127(5,118)

●一般入試：2月11日

( )内は女子内数

学部・学科・専修			第1回発表合格者数	第2回発表合格者数	第3回発表合格者数	第4回発表合格者数	合格者総数
文	キリスト教		15(11)	0(0)	3(3)	0(0)	18(14)
	文	英米文学	101(59)	5(3)	9(8)	0(0)	115(70)
		ドイツ文学	52(36)	16(11)	0(0)	0(0)	68(47)
		フランス文学	32(22)	17(7)	13(10)	0(0)	62(39)
		日本文学	69(54)	11(9)	0(0)	0(0)	80(63)
		文芸・思想	56(37)	4(2)	4(2)	0(0)	64(41)
	史		65(25)	28(11)	23(10)	0(0)	116(46)
	教育		58(41)	32(19)	0(0)	0(0)	90(60)
合計			448(285)	113(62)	52(33)	0(0)	613(380)

募集要項（出願書類）の入手方法

立教大学の一般入試・大学入学共通テスト利用入試要項は11月上旬頃から公表されます。ホームページ（www.rikkyo.ac.jp）より無料でダウンロードできます。

問い合わせ先

立教大学　入学センター
〒171-8501　東京都豊島区西池袋3-34-1
TEL　03-3985-2660（直通）

立教大学のテレメールによる資料請求方法

スマートフォンから　QRコードからアクセスしガイダンスに従ってご請求ください。
パソコンから　教学社 赤本ウェブサイト(akahon.net)から請求できます。

合格体験記 募集

2025 年春に入学される方を対象に，本大学の「合格体験記」を募集します。お寄せいただいた合格体験記は，編集部で選考の上，小社刊行物やウェブサイト等に掲載いたします。お寄せいただいた方には小社規定の謝礼を進呈いたしますので，ふるってご応募ください。

応募方法

下記 URL または QR コードより応募サイトにアクセスできます。
ウェブフォームに必要事項をご記入の上，ご応募ください。
折り返し執筆要領をメールにてお送りします。

※入学が決まっている一大学のみ応募できます。

☞ http://akahon.net/exp/

応募の締め切り

総合型選抜・学校推薦型選抜 ……… 2025年 2 月 23日
私立大学の一般選抜 ……… 2025年 3 月 10日
国公立大学の一般選抜 ……… 2025年 3 月 24日

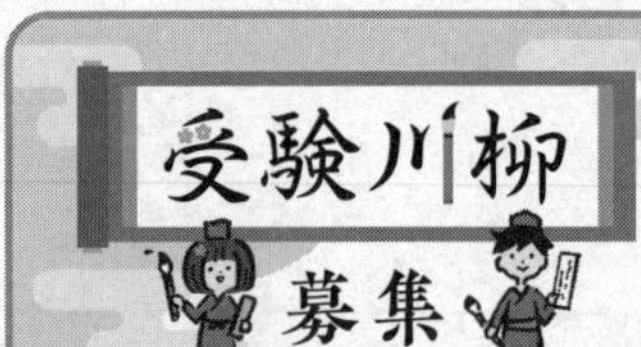

受験にまつわる川柳を募集します。
入選者には賞品を進呈！
ふるってご応募ください。

応募方法　http://akahon.net/senryu/　にアクセス！☞

気になること、聞いてみました！

在学生メッセージ

大学ってどんなところ？ 大学生活ってどんな感じ？
ちょっと気になることを，在学生に聞いてみました。

以下の内容は 2020～2023 年度入学生のアンケート回答に基づくものです。ここで触れられている内容は今後変更となる場合もありますのでご注意ください。

メッセージを書いてくれた先輩 ［文学部］A.Y. さん 小沼泰樹さん ［経営学部］松居留輝さん ［コミュニティ福祉学部］S.F. さん

Message from current students

大学生になったと実感！

ズバリ自由なことです！ 生活のすべてが自分に委ねられています。1人でいても，サークルに入ってもよし。教職を取って授業詰め詰めにしても，バイトをいっぱいしてもよし。どう充実させるかはすべて自分次第です！ また立教大学では，毎週のようにいろんな講演会があったり，留学生がとにかくたくさんいて交流する機会が多いのも特徴です！（A.Y. さん／文）

なんといっても起床時間が曜日によって異なることです。基本的に授業の履修登録は学生自身で行うため，午前中に授業を一切いれないことが可能になります。さらに，平日に一日まるまる授業がない“全休”というものを作ることができます。しかし経営学部は他学部に比べて課題が多くでることから，常に時間に追われてしまうため，毎日夜 1 時就寝，朝 7 時起床は基本的に変わりません。（松居さん／経営）

学ぶ分野を決めたり，取る授業を決めたりなど自分で選択しなければならない機会が増えました。しかし，その機会が増えたことで自分の学びたいことだけに集中できるので，とても効率がいい気がします。また，クラスなどがないので（大学によりますが）特定の人とだけ関わるのではなく，広い大学で様々な人と関わる機会が増えました。（S.F. さん／コミュニティ福祉）

大学生活に必要なもの

タスク管理能力です。一人ひとりカリキュラムや生活が違うからこそ，自分でスケジュールを組み立て管理する力が必要になってきます。課題の締め切り日や提出方法，評価方法も教授によって全然違うので，きちんと整理できることが大事だと思います。（A.Y. さん／文）

パソコンは，課題のレポートを書いたり，授業で用いる資料をPowerPoint で作成するときなどに必須なので，確実に必要になると思います。入学後すぐに授業の履修登録等をする必要があるので，早めに準備しておいて損はないと思います。（小沼さん／文）

この授業がおもしろい！

GL101 という授業です。経営学部を除くすべての学部・学年で取れる授業で（経営学部はこれに相当する独自の授業があります），いろんな友達が一気にできます。この授業は，グローバル・リーダーシップ・プログラムという自分らしいリーダーシップを開発するプログラムの基礎となる最初の科目で，毎年，有名企業をクライアントとして迎え，チームごとに課題を解決するプランを提案します。その過程でお互いにフィードバックを送り合うので，自分の強みや成長ポイントを楽しみながら学べるのがおもしろいです。（A.Y. さん／文）

経営学部独自のカリキュラムである，“ビジネス・リーダーシップ・プログラム”がおすすめです。少人数のクラスに振り分けられ，企業からの案件を受けて実際に対象企業にプレゼンをするという授業です（2020 年度は大手マスコミ企業の TBS でした）。よりよいプレゼンを作り上げるために，夜中まで Zoom 上でクラスメイトと議論を交わしていました。この授業のおかげで，オンライン上であっても友達作りに苦戦することなく，大学生活にすんなりと入ることができました。（松居さん／経営）

大学の学びで困ったこと＆対処法

ただ授業を聞いているだけで終わらないところです。たいていの授業で，その授業に対してリアクションペーパーを書きますが，単純に感想のみを書けばよいのではありません。まず学んだことに始まり，そこから何を考えたか，さらに発展して具体的事例，授業を通じて考えた結果わからないこと，そして学んだことに対する批判的検討などの要素をふまえて書かなければならず，自分だったらどう考えるかといったように主体的に学ぶ必要があるのが高校までと違い大変だったところです。（A.Y. さん／文）

入学してすぐの初めての履修決めが大変でした。高校のように受動ではなく自分から動かなければならないので，一から決めるのがとても大変でした。その対処法としては先輩に聞くのが一番かと思います。初めは特に混乱すると思うので，同じ高校出身の先輩がいなければ，友達づてに聞くのもありかと思います。（S.F. さん／コミュニティ福祉）

部活・サークル活動

立教大学三大サークルの 1 つである ESS という英語のサークルに入っています。ディベート，ディスカッション，スピーチ，ドラマの 4 つのセミナー（部門）があり，そのなかのディベートに所属しています。ディベートとは決まったお題に対して肯定・否定どちらかの立場でジャッジを説得し合うゲームです。アカデミックディベートでは，半期ごとに決まっているお題に対して事前に反論を考えたり練習を積んだりしています。一見筋が通っていそうな相手の意見に的確に反論できたときがとても楽しいです。また，レクリエーションもいっぱいしています。ドライブや遊園地に行ったり伊豆に旅行したり，楽しいこと満載です！（A.Y. さん／文）

私は「立教 S.B.Breakers」というバスケットボールサークルに所属しており，池袋キャンパスの体育館で週に 2 回か 3 回のペースで同級生・先輩と汗を流しています。大学は運動系の科目が必修ではないので，ともすれば運動不足になります。なまった体を叩き直せる場である運動系サークルに籍を置くのも，悪くないかなと思います。（小沼さん／文）

交友関係は？

「ご飯行こ！」の一言で親密度が格段に上がります。なんだかんだとご飯を食べているときが話題も弾むし楽しいです。SNS を交換しただけで交流が終わってしまうことも多い今の時代だからこそ，一緒に空間を共有し合える時間は大切にしたほうがよいと思います！（A.Y. さん／文）

語学や学部専門科目の授業，サークル活動を通してつながりを増やしていくことがほとんどだと思います。なかでも同学科の人やサークルの同期に関しては長く一緒にいることになると思うので，友達になりやすいかなと思います。（小沼さん／文）

いま「これ」を頑張っています

塾講師のアルバイトです。生徒がつまずいている分野について，自分が学んだときに理解に苦しんだ部分はどこかを思い出し，言語化して生徒に教えることの難しさを日々痛感しています。その一方で，生徒が教えたことを理解し，テストの点など目に見える形で成果が表れたときの嬉しさも

ひとしおで，やりがいを感じています。（小沼さん／文）

中学生の頃から続けている，アーチェリーに熱中しています。今は体育会洋弓部に所属しており，週4で練習しています。池袋キャンパスから電車とスクールバスで約40分のところに立教大学富士見総合グラウンドがあり，洋弓部を含む10部の体育会が活動しています。（松居さん／経営）

言語系科目を頑張っています。特に英語は受験生の頃の学力を維持できるように頑張っています。英語は社会に出たときも必要だと社会人の人から何度も聞いたので特に力を入れています。英語の授業はすべて英語で行われるので，リーディングだけでなくリスニングもセットで学べてとても助かっています。また就活のときに使えるようにTOEIC® などの取得にも力を入れています。大学でもTOEIC® の取得に力を入れているので，通っているだけで対策もできてとても助かっています。（S.F. さん／コミュニティ福祉）

おススメ・お気に入りスポット

15号館（マキムホール）のグローバルラウンジです。いつ行っても留学生と気軽に話せます。1人で作業したいときも，周りで会話している声がちょうどよい環境音になって集中しやすいです。空間のデザインもおしゃれなので何度も足を運びたくなります。（A.Y. さん／文）

入学してよかった！

校舎がきれいなのは言うまでもないので他のよいところを挙げると，2つあるキャンパスが近いことと，1年生から4年生まで同じキャンパスにいることが意外と大きなメリットです。いろんな学部・学年の人とすぐに会えるので交友関係も広がりますし，相談もしやすいです！（A.Y. さん／文）

やはり全国的に知名度も高いですし，有名なツタの絡まった本館を目にするたびに，立教生になれたんだなという実感が湧いてきます。また「全学共通カリキュラム」という授業など，専門分野以外の見識を広げることが可能な環境が整っていることもよかった点です。（小沼さん／文）

高校生のときに「これ」をやっておけばよかった

美術館や博物館に行くことです。高校生までチケットの値段が安かったりするので，たくさん行っておくとお得だと思います。また，そのときに得た知識が授業や人と話すときに役立つこともあるので，行っておいて絶対損はないです！（A.Y. さん／文）

とにかく英語です。必修の授業では英語でのプレゼンテーションやディベートをしたりと，スピーキングやリスニングの能力が求められます。大学受験では，暗記やリーディングやライティングの勉強一辺倒になりがちですが，ALT の先生と積極的に会話し，自分の考えを英語で手早く伝えるトレーニングをしておけばよかったと切に感じています。（小沼さん／文）

合格体験記

みごと合格を手にした先輩に，入試突破のためのカギを伺いました。入試までの限られた時間を有効に活用するために，ぜひ役立ててください。

（注）ここでの内容は，先輩方が受験された当時のものです。2025 年度入試では当てはまらないこともありますのでご注意ください。

・アドバイスをお寄せいただいた先輩・

Message

A.Y. さん　文学部（教育学科）
一般入試（大学独自の英語を課す日程）2023 年度合格，神奈川県出身

合格のポイントは，負のスパイラルにはまった時こそ自分の中で考えを転換させたことです。もっとあの時やっておけばよかったと後悔することや，緊張と不安で問題文が頭に入らないこともあるかと思います。しかし，今までいくら自分が不出来であったとしても，今この瞬間からは変われるかもしれない，自分はできる，と信じ込むことが心の大きな支えになります。心の安寧は入試本番での実力の発揮につながります。

その他の合格大学　立教大（コミュニティ福祉），法政大（キャリアデザイン，社会），駒澤大（文），日本女子大（人間社会），実践女子大（人間社会〈共通テスト利用〉）

Message

H.Y. さん　文学部（文学科）
一般入試（大学独自の英語を課す日程）2022 年度合格，埼玉県出身

立教大学文学部の入試問題は奇をてらうような出題は多くないので，基礎体力作りが肝要になってきます。確かに難易度としては簡単ではないのですが，だからといって難しい問題集に取り組んだことが活きたとは思っていません。英語であれば単語・文法事項，日本史であれば一問一答やプラスアルファの資料，国語であれば古漢の暗記事項をそれぞれ固め，あとはひたすら赤本で実戦に慣れるのが，合格への最短ルートだと思います。特に現代文は大学ごとに特徴が出やすく，共通テスト演習が中心の学校の授業ではとてもではありませんがカバーしきれません。

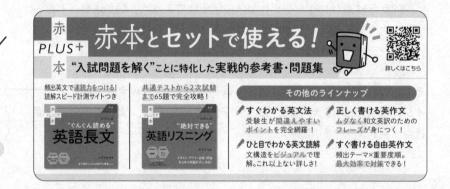

その他の合格大学　学習院大（文），國學院大（文），駒澤大（文）

入試なんでもQ&A

受験生のみなさんからよく寄せられる，
入試に関する疑問・質問に答えていただきました。

Q 「赤本」の効果的な使い方を教えてください。

A 解いて終わりにするのではなく，試験本番での頭の中の動きをイメージするために活用していました。解答根拠となる部分を赤本の本文に直接マーカーで線を引き，時間に制限がある中でどのように読めば効率的に解けるのかを考えていました。また，イコール関係，因果，対比や気づいたこともメモしていました。ここで大切なのは，実際に赤本に書き込むことです。頭の中で自己完結せずに見える化することで，自分でもスッキリして新たな発見があります。この赤本を入試当日にも持参して，試験前に思考の動きを再現してから本番に臨みました。　(A.Y. さん)

A 目標までの自分の立ち位置を確認するために活用していました。多くの模試は共通テスト形式のもので，具体的に志望校の問題を解いてみないとわからないことが多いからです。特に日本史は，一度解いたことがある年度のものでもまた解けるとは限らないこと，また出題が過去問と重複する可能性が高いことからより多く取り組んでいました。逆に，英語や国語は一度採点して解説まで吟味すると，おおよその内容は記憶に残りやすく同じ問題を複数回解いても得られるものは一回目ほど多くありません。よって英語と国語は新しい問題をどんどん解いていくべきです。

(H.Y. さん)

Q 1年間の学習スケジュールはどのようなものでしたか？

A 当初の予定では4〜7月は基礎固めの時期だと思っていましたが，実際には10月くらいまで基礎固めに取り組んでいたと思います。個人的な意見ですが，基礎固めの時期に具体的な日程を定めることは危険だと思います。その理由は主に2点です。1つは期限を決めることによって，まだ基礎が固まっていないのに応用に取り組みたくなる可能性が高いからです。そんな勉強に意味はないし，時間の無駄だし，なにより解けないのでストレスを感じます。もう1つは基礎固めというのは多くの受験生が思っているほど簡単ではないからです。問題が解けない理由は基礎ができていないせいであることがほとんどで，それなら納得できるまで基礎固めに取り組むべきです。私は受験生としてのほとんどの時間を基礎固め→赤本→基礎固め→…というサイクルの中で過ごしました。実際，受験期の初めと終わりで，勉強の内容は7割方変わりませんでした。

基礎固めの内容について紹介します。英語はKADOKAWAの『鉄緑会東大英単語熟語 鉄壁』と，旺文社の『基礎英文法問題精講』を中心に取り組みました。特に前者はそのタイトルから敬遠する人が多いのですが，さまざまな工夫が施されており，意外に使いやすいです。

日本史はZ会の『入試に出る 日本史B 一問一答』がおすすめです。さまざまな大学の過去問を利用しており，特に私大志望者にとっては汎用性が高いです。

古文はナガセの『古文単語FORMULA 600』はカバー範囲が広く使い方がわかりやすいのですが，1つ1つの解説が最小限であるため，2冊目以降の古文単語帳として使うべきだと思います。漢文はナガセの『漢文一問一答 完全版』が句法や重要語の確認が手軽にできます。実際，学校外での漢文はこれ以外ほとんど行いませんでした。

残りは赤本を使った演習で，ひたすら体に慣らすように取り組みました。

（H.Y. さん）

Q どのように学習計画を立て，受験勉強を進めていましたか？

A 各教材の単元ごとに，いつまでに終わらせるかを量を考慮してその都度決めていました。特に日本史の一問一答や英文法の問題集はその単元ごとの合格点を自ら決め，それが達成できるまで次の単元には進まず，繰り返し取り組んでいました。加えて，週に１度（主に土日を利用して）赤本を中心とした過去問に取り組むようにしていました。さらに，現代文・英語長文の演習は間隔が空くと実戦感覚が鈍りやすいので，量は多くなくても基本的に毎日取り組むようにしていました。　(H.Y. さん)

Q 立教大学を攻略する上で，特に重要な科目は何ですか？

A 国語です。一番初めに受ける試験で，ここで得点できているかどうかで後の入試科目に対する心持ちが大きく左右されるので，とても重要です。国語の対策で一番力を入れたのは，立教大学特有の正誤問題です。特にどうしてこの選択肢は誤りに該当するのかを，赤本の解説を読み込んで傾向を探りました。単純に本文に記してあるかどうかではなく，踏み込んで研究していました。また，立教大学の国語は現代文と古文で難易度のバランスが取られていると思います。そのため，最初に解いたほうがかなり難しく感じられても焦らずに解けるほうから解きましょう。

(A.Y. さん)

A 英語です。立教大学では文学部の独自日程のみ独自の英語を課すので，それ専用の対策が必要です。とはいえ特別な対策というわけではなく，赤本を中心に過去問を使ってその形式に慣れ，理解を深めていくべきです。ちなみに問題形式自体はそれほど珍しいものではなく，比較的スタンダードなもので，英語検定に近いものがあります。難易度としては準１級に近いので，そちらの過去問や予想問題集を解くのも役立つと思います。　(H.Y. さん)

Q 模試の上手な活用法を教えてください。

A 模試はあくまで模試で，本番ではないということを念頭に置くことが大事です。その結果に一喜一憂していては，その思考が普段の学習に支障をきたす可能性があります。結果が良くても悪くても，それはそれとしてすぐ忘れるべきだと思います。ただし，模試の見直しはもちろん重要で，もう一度解いたら満点を取れるぐらい仕上げるべきで，忘れていいのはあくまで「結果」だけです。ちなみに，模試の判定は志望校と自分の位置関係を知るためにはもちろん重要ですが，それよりも過去問でどのくらいの点数が取れるかのほうが確実で，特に私大一本でいく人たちはあまりそればかり気にしないほうがよいと思います。 (H.Y. さん)

Q 試験当日の試験場の雰囲気はどのようなものでしたか？
緊張のほぐし方，交通事情，注意点等があれば教えてください。

A 池袋キャンパスの最寄り駅である池袋駅には様々な鉄道路線が乗り入れています。そのため駅自体がとても大きいです。副都心線は大学最寄りの出口に近いですが，JR線は出口にたどり着くまでに駅の中をひたすら歩きます。想像以上に遠かったなんて声も聞くので，時間に余裕をもって行くことが最善だと思います。出口から大学までは近いので迷うことなく行けます。 (A.Y. さん)

Q 受験生のときの失敗談や後悔していることを教えてください。

A インターネットの情報を鵜呑みにしていたことです。先生に相談したり，授業の予習復習を完璧にしたりすることはないままに，自分で調べて見つけたネットの口コミばかりを気にして色々な参考書に手をつけてしまいました。後から振り返ってみればそのせいで優先度の低い勉強をして余計な道のりを歩んでいたと後悔しました。人それぞれ得意なこともやってきたことも違うので，「これさえやれば受かる」といった誘い文句をむやみやたらに信じ込むことは避けましょう。 (A.Y. さん)

Q　受験生へアドバイスをお願いします。

A　大学の説明会には参加したほうがよいです。十分に知っているつもりでも，パンフレットやホームページには掲載されていない詳細な情報（学部ごとの合格者の英語のスコアの内訳など）が得られることがあります。また，意外と見落としがちなのは試験日によって受験できる科目が異なることです。立教大学では複数の受験日程がありますが，試験を実施する科目は日によって違います。受験スケジュールを決めた後，その試験日に受験で使用する科目の試験が実施されているか必ず確認することをおすすめします。　(A.Y. さん)

科目別攻略アドバイス

みごと入試を突破された先輩に，独自の攻略法やおすすめの参考書・問題集を，科目ごとに紹介していただきました。

英語

長文は設問をまず見て，その箇所と段落の最後だけ集中して読むと効率的に解けます。　(A.Y. さん)

おすすめ参考書　『英単語ターゲット 1900』（旺文社）

ボキャブラリーと英文法の知識は覚えるだけで済むうえに，これらがあれば大抵の問題はなんとかなります。単語帳などは自分が納得できるまで周回するべきです。立教大学はおおむね問題自体に癖はなく，基礎体力が重要です。普段から同じかそれ以上のレベルの英文で慣れておくとよいと思います。ただし，最後の空所補充の問題はやや独特で目が慣れていない

と余計に時間がかかってしまうので，過去問を使って数をこなしていきましょう。 （H.Y. さん）

おすすめ参考書 『鉄緑会東大英単語熟語 鉄壁』（KADOKAWA）
『基礎英文法問題精講』（旺文社）

日本史

空所補充の問題などで特定の用語を答えさせる問題が多いため，一問一答を活用するとかなり点数が取りやすくなると思います。ただし，そればかりでは史料問題に対応できない可能性があるので史料集の確認は必須です。授業の内容はヒントになりやすいので普段の学習も疎かにしてはいけません。 （H.Y. さん）

世界史

とにかく基本用語を書けるようにしておくことです。（A.Y. さん）

おすすめ参考書 『時代と流れで覚える！ 世界史用語』（文英堂）

国　語

正誤問題は言い過ぎている選択肢が誤りの選択肢である場合が多いです。よく注意して読みましょう。 （A.Y. さん）

おすすめ参考書 『はじめての入試現代文』（河合出版）

立教大学文学部はスタンダードな問題形式で，赤本を中心に実戦あるのみだと思います。ただし，いくつか対策できることはあります。現代文でも表現の説明では比較的難問が多い印象です。文部科学省などが調査している誤用されやすい表現などを調べ，自分でまとめてみるとよいと思います。古文・漢文は単語・文法事項がしっかり理解できていれば問題ありませんが，問題自体が有名な文献から出題されることもあります。普段の演習で扱った背景知識も意識的に覚えるようにしましょう。　（H.Y. さん）

おすすめ参考書　**『古文単語 FORMULA 600』**（ナガセ）
『漢文一問一答　完全版』（ナガセ）

TREND & STEPS

傾向と対策

科目ごとに問題の「傾向」を分析し，具体的にどのような「対策」をすればよいか紹介しています。まずは出題内容をまとめた分析表を見て，試験の概要を把握しましょう。

注　意

「傾向と対策」で示している，出題科目・出題範囲・試験時間等については，2024 年度までに実施された入試の内容に基づいています。2025 年度入試の選抜方法については，各大学が発表する学生募集要項を必ずご確認ください。

英　語

年度	番号	項　目	内　容
2024 ◑	〔1〕	読　　解	内容説明，同意表現，主題
	〔2〕	読　　解	内容説明，同意表現，主題，英文和訳（25 字）
	〔3〕	文法・語彙	誤り指摘
	〔4〕	会 話 文	空所補充
	〔5〕	読　　解	空所補充
2023 ◑	〔1〕	読　　解	内容説明，同意表現，主題，英文和訳（30 字）
	〔2〕	読　　解	内容説明，同意表現，主題
	〔3〕	文法・語彙	誤り指摘
	〔4〕	会 話 文	空所補充
	〔5〕	読　　解	空所補充
2022 ◑	〔1〕	読　　解	内容説明，同意表現，主題
	〔2〕	読　　解	内容説明，同意表現，主題，英文和訳（35 字）
	〔3〕	文法・語彙	誤り指摘
	〔4〕	会 話 文	空所補充
	〔5〕	読　　解	空所補充

（注）●印は全問，◑印は一部マークシート式採用であることを表す。

読解英文の主題

年度	番号	主　題
2024	〔1〕	見かけ倒しの ChatGPT
	〔2〕	野生動物：気候変動に立ち向かうための自然の秘密兵器
	〔5〕	水質汚染
2023	〔1〕	どのようにしてカーリングが国際的なスポーツになったのか
	〔2〕	ソーシャルメディアの過剰使用の原因と結果
	〔5〕	現代における隔離の意義
2022	〔1〕	時刻を伝えること：電話による時報サービスを記念して
	〔2〕	英国の野生生物を取り戻すための闘い
	〔5〕	『秋に寄せて』のベイトによる批評

傾向 長文読解が最重要 文法・語彙，会話表現も要注意

01 出題形式は？

例年，大問5題の出題で，試験時間は75分。解答形式は，読解問題中の短文を和訳する設問1問と，ひとまとまりの英文中の空所に単語を補う大問1題が記述式で，そのほかはマークシート式による選択式となっている。

02 出題内容はどうか？

読解問題を中心に文法・語彙，会話文など幅広く出題されている。

読解問題は3題の出題が続いている。〔1〕〔2〕は長めの英文で，設問は，英文を完成させる形で主題や内容把握などを問うもの，同意表現，英文和訳，内容説明などが出題されている。精密な読解を要する設問が多く，十分な読解力が必要であろう。パラグラフごとに内容を押さえていき，各選択肢を丁寧に吟味していかなくてはならない。〔5〕では空所補充形式の比較的短い英文が出題されている。

文法・語彙，会話文に関しては，おおむね標準的で，普段から文法のテキスト，単語集，熟語集で基本～標準のところをしっかり押さえていれば十分に対応できる内容である。会話文に関しては，口語表現の知識がなければ対応できない問題も出題されているので，基本的な表現は身につけておく必要がある。

03 難易度は？

長文読解の英文はやや難度は高く，設問では正確な読解力が問われており，文法・語彙，会話文はほぼ標準的なレベル。全体的には標準～やや難のレベルと考えておくとよい。試験時間は75分と問題に対してあまり余裕がないので，時間配分にも注意したい。

対策

01 長文読解力の強化が必要

例年,〔1〕〔2〕の長文読解は設問文も英文が主であり，正確な内容把握が求められるので，十分な読解力が必要である。長文読解の問題集や過去問などを使って，英文を辞書を使わずに正確に把握する練習を積んでおくこと。長文を読み慣れていなかったり，英文構造を正確に理解できていないうちは，『大学入試 ひと目でわかる英文読解』（教学社）などの英文解釈の参考書を使って，精読から始めよう。各設問に当たる際には，本文中の該当する箇所を見つけて考えることを心がけるとよい。正解が本文中にあるのが内容把握問題である。最初に本文を一読し，設問に当たる際にもう一度本文を確認するという形で取り組むとよいだろう。選択肢を読んでいるうちに論旨がはっきりすることもあるので，多少わからないところがあっても，見当をつけて先へ進んでいくとよい。

02 文法・語彙力の充実を

文法・語彙力は，長文読解などの基礎にもなる。語彙では,『英単語ターゲット 1900』『英熟語ターゲット 1000』（ともに旺文社），文法では,『即戦ゼミ 3 大学入試英語頻出問題総演習』『全解説 頻出英文法・語法問題 1000』（ともに桐原書店）などの単語・熟語集や問題集を利用して基本的な知識を身につけておきたい。その上で，理解できない項目に遭遇した場合は,『徹底例解ロイヤル英文法 改訂新版』（旺文社）や『大学入試 すぐわかる英文法』（教学社）などを用いて解決するようにするとよい。さらに，英文を読みながら未知の単語や熟語をチェックしたり，構文を分析したりすると基礎力がより強固になる。

03 過去問の徹底演習を

出題形式や難易度は一定しているので，過去問をしっかり演習し，問題形式に慣れておくとよい。解答のコツも実戦を通して身につけることができる。最終段階では時間を計りながら演習し，本番に備えて時間配分も考えておくとよい。

Check!

立教大「英語」におすすめの参考書

- ✓『大学入試 ひと目でわかる英文読解』（教学社）
- ✓『英単語ターゲット 1900』（旺文社）
- ✓『英熟語ターゲット 1000』（旺文社）
- ✓『即戦ゼミ 3 大学入試英語頻出問題総演習』（桐原書店）
- ✓『全解説 頻出英文法・語法問題 1000』（桐原書店）
- ✓『徹底例解ロイヤル英文法 改訂新版』（旺文社）
- ✓『大学入試 すぐわかる英文法』（教学社）

日本史

年度	番号	内容		形式
2024 ◑	〔1〕	古代～近代までの雅楽		記述・選択・正誤
	〔2〕	近世～現代の女性史（50字）	⊘史料	記述・選択・正誤・論述・配列
2023 ◑	〔1〕	気象から見た日本の歴史	⊘視覚資料	記述・選択・配列・正誤
	〔2〕	中世～現代の外交（45字）	⊘グラフ	記述・選択・正誤・配列・論述
2022 ◑	〔1〕	原始・古代～近世の政治・外交・文化（60字）	⊘視覚資料	選択・記述・論述
	〔2〕	近世～近現代の政治・外交・文化	⊘史料	記述・選択・正誤・配列

（注）●印は全問，◑印は一部マークシート式採用であることを表す。

傾向　テーマ史が特徴，正誤問題も定番 歴史用語は正確に記述できるように

01　出題形式は？

大問2題の出題で，解答個数は，2022年度は41個，2023年度は44個，2024年度は40個であった。試験時間は60分。出題のスタイルは，リード文を提示して，空所を補充させる問題と下線部に関する関連知識を問う問題になっている。史料問題は，設問やリード文中に短い史料が取り上げられることが多いが，過去には1つの大問に7つの史料を用いた史料問題が出題されたこともある。解答形式は，記述法・論述法とマークシート式による選択法の併用である。年代の配列を問う問題，文章の正誤の組み合わせ問題も例年出題されている。2022年度は60字，2023年度は45字，

2024年度は50字の論述問題が出題された。

なお，2025年度は出題科目が「歴史総合，日本史探究」となる予定である（本書編集時点）。

02 出題内容はどうか？

時代別にみると，古代～現代まで幅広く出題されている。大きな特色として，〔1〕は時代ごとの細かい区切りではなく，複数の時代にまたがるテーマ史の大問がよく出題されているが，2024年度は雅楽の歴史が出題された。また〔2〕は近現代を中心とした出題で，2024年度は近世～現代の女性史が出題された。この〔1〕テーマ史，〔2〕近現代重視の構成はほぼ定番化したといえる。

分野別にみると，政治史・外交史に加えて社会・経済史からの出題が中心であるが，それらに関連づけて文化史も多く問われるという傾向がある。

史料問題は，2024年度に初めて史料の読み取り問題が出題された。これは共通テストを意識した出題と考えられる。今後も史料問題の出題が予想されるので，基本史料については，重要な部分は暗記し，史料の背景や用語の意味をしっかり押さえておくようにしたい。

03 難易度は？

リード文のテーマがどんなに斬新であっても，設問で問われている内容自体は，教科書学習を十分に進めていれば解決できるものがほとんどである。近年は平易な問題が多いが，年代配列問題に一部細かい知識も求められ，2024年度では〔2〕の7に細かい出題が見られた。基本事項を1つ1つ積み上げげて，ケアレスミスをせず着実に答えることが大切である。解ける問題からスピーディーに処理していき，見直しの時間を確保すること。

対策

01 教科書の徹底的学習を

教科書を学習する上で大切なことは，内容を理解するということである。太字の用語にばかり気をとられて，全体の流れや因果関係が疎かにならないように注意したい。地名は地図で確認し，グラフなどの図表や文化史関係の視覚資料にも丁寧に目を通しておくことを心がけよう。年代に関しても，各事項の経過や前後関係を年表などでチェックすることを習慣にし，重要年代は覚えてしまうこと。また，記述問題が出題されているので，歴史用語は正しく漢字で書けるよう，普段からトレーニングを積んでおく必要がある。なお，近年は論述問題の出題が定着しているが，教科書の理解がきちんとできていれば対応可能である。

02 テーマ史学習のすすめ

教育史・仏教史・労働運動史など一般のテーマ史については市販のテーマ史問題集などを活用して学習できるが，教科書から少し離れたテーマに対しては，本シリーズの過去問を利用して学習しておくとよいだろう。リード文を読むだけでも勉強になるが，設問を解いてみて，間違った点はもちろん，あやふやに感じた点を，そのつど用語集や参考書で調べて知識の補充を行うこと。さらに『共通テスト日本史〔文化史〕』（教学社）などで文化史をまとめて学習すると効果的である。

03 史料対策

過去には読解力を要するものも含む本格的な史料問題が出題され，空所補充問題や，史料の読み込みまで問われている。したがって，教科書に掲載されている史料については，よく引用される重要部分は暗記しておくとよいだろう。

04 近現代史対策

近現代史は2023年度は外交史が中心であったが，2024年度は政治・外交の混合問題が出題された。また，年代配列問題として，2024年度は1950〜70年代の出来事について出題された。近現代史では，戦後改革〜高度経済成長〜現在の出来事に至る流れをしっかり把握するとともに，時事問題や国際社会との関わりにも目配りをしておくとよい。さらに『風呂で覚える日本史〔年代〕』（教学社）などを使って常に年代に触れておくことで，対応力を高めることができる。

05 過去問の活用

出題形式は一定のスタイルで定着している。立教大学の他学部にも共通していえることなので，試験の形式に慣れるという意味でも，本シリーズを活用して，他日程の過去問も含めて十分に研究しておくことが有益である。仕上げの段階では，時間を計って時間配分なども考えながら解く練習をしておくと，本番でも落ち着いて取り組めるだろう。

世界史

年度	番号	内容	形式
2024 ◑	〔1〕	身分と格差の世界史	選択・配列・論述・記述
	〔2〕	アメリカ独立とフランス革命	記述・選択・正誤・配列
2023 ◑	〔1〕	人類史と地理的条件　⊘グラフ・地図	記述・正誤・選択
	〔2〕	時計の歴史　⊘地図	記述・正誤・選択・配列
2022 ◑	〔1〕	法制度の歴史　⊘地図	記述・正誤・論述
	〔2〕	自然災害の歴史	記述・配列・正誤

（注）●印は全問，◑印は一部マークシート式採用であることを表す。

傾向　多地域から幅広く出題　年代関連問題に注意

01 出題形式は？

大問2題の出題で，小問数は，2022・2023年度は39問，2024年度は34問であった。試験時間は60分。

解答形式は記述法とマークシート式による選択法の併用である。直接年代を問う問題や，年代をきちんと把握していないと答えられない問題がしばしば見られるので，注意したい。配列法も出題されている。選択肢a～dのうち「あてはまるものがない場合は，eをマークせよ」といった指示がついた正誤法の設問や，地図を用いた設問，さらには2022・2024年度は論述法，2023年度はグラフに基づく出題が見られた。

なお，2025年度は出題科目が「歴史総合，世界史探究」となる予定である（本書編集時点）。

02 出題内容はどうか？

地域別では，おおむね各大問で東西の多様な地域が問われることが多くなっており，一国史あるいは一地域史であったとしても，他地域の設問も出題されるのが特徴となっている。欧米地域では西ヨーロッパや北アメリカ，アジア地域では中国を中心に，東南アジア，西アジア，インドからも幅広く出題されている。

時代別では，古代から現代まで幅広く出題されている。古代～近現代までを扱った通史の大問がよく出題されており，2022・2024 年度は第二次世界大戦後からも小問が出題されている。先史時代から第二次世界大戦後も含めて，要注意である。

分野別では，政治・外交史が中心だが，社会・経済・文化を含んだ総合問題として出題されている。

03 難易度は？

教科書レベルの標準的な問題が大半を占めるが，難問も出題されている。平易なものから用語集の説明文レベルの難しいものまで幅広く出題されているので，基本的な問題での点の取りこぼしがないよう，細心の注意が必要である。試験時間は 60 分なので，解答に迷う問題は後回しにして，確実に解ける問題から取り組み，残った時間で見直しや，後回しにしていた問題を処理しよう。

対策

01 教科書・用語集を中心とした学習を

まずは，教科書レベルの基本事項について，徹底した反復学習が求められる。基本事項で点を落とすことがないように，教科書の本文を精読するとともに，脚注やコラム，地図・視覚資料にも注意したい。加えて，『世界史用語集』（山川出版社）などの用語集を常に参照し，用語の説明も熟読して理解を深めながら，学習を進めるようにするとよい。

02 各国（地域）史・テーマ史・現代史対策を

特定の国や地域に関する通史に関連させた大問が出題されているので，主要な国の歴史は，年代を含めてきめ細かく整理しておく必要がある。地域史・各国史については，世界史図説の年表や系統図などを参考にしたり，市販のサブノートや『体系世界史』（教学社）などの問題集を用いたりして学習を深めておくのが望ましい。女性史などのテーマ史については，世界史図説のテーマページや特集を読み，一度自分でまとめてみるとよい対策になる。学習が手薄になりがちな現代史も要注意である。特に，第二次世界大戦後の国際政治経済については，「世界史」の教材のみならず，「政治・経済」の資料集を参考にすると，理解が深まるだろう。普段から時事的な問題にも関心をもって，歴史の学習を行いたい。

03 年代対策をしっかりと

年代を直接問うもののほか，年代を知らないと答えられない問題，重要な年代を知っていれば類推によって解答できる問題もあるので，年代に関する専門の参考書を利用し，語呂合わせなども使ってできるかぎり多く覚えておきたい。

04 過去の問題や他学部の問題を解く

立教大学は，日程が異なっても，出題される問題の内容や形式は似通っているため，本シリーズを利用して，他日程を含めて過去の問題にチャレンジしておくとよい。出題形式に慣れ，難易度を自分の力で確認するために過去問演習は必要不可欠である。

国語

年度	番号	種類	類別	内容	出典
2024 ◑	〔1〕	現代文	随筆	選択：空所補充，語意，ことわざ，内容説明，内容真偽 記述：書き取り，読み，内容説明（50字）	「案内者」 寺田寅彦
	〔2〕	漢文	史伝	選択：語意，口語訳，空所補充，書き下し文，内容真偽	「後漢書」 范曄・司馬彪
	〔3〕	古文	物語	選択：口語訳，内容説明，人物指摘，敬語，内容真偽 記述：口語訳（10字），語意	「狭衣物語」
2023 ◑	〔1〕	現代文	小説	選択：語意，内容説明，空所補充，内容真偽 記述：書き取り，内容説明（50字）	「台所の停戦」 津村記久子
	〔2〕	漢文	経書	選択：人物指摘，口語訳，書き下し文，内容説明，語意	「孟子」
	〔3〕	古文	歴史物語	選択：口語訳，内容説明，空所補充，語意，文法，内容真偽 記述：口語訳（6字）	「増鏡」
2022 ◑	〔1〕	現代文	随筆	選択：語意，空所補充，内容説明，内容真偽 記述：空所補充，書き取り，内容説明（50字）	「城」 和辻哲郎
	〔2〕	漢文	漢詩	選択：読み，内容説明，書き下し文，口語訳，空所補充，内容真偽	「思旧」 白居易
	〔3〕	古文	物語	選択：口語訳，人物指摘，和歌解釈，文法，内容説明 記述：口語訳（7字）	「源氏物語」 紫式部

（注）●印は全問，◑印は一部マークシート式採用であることを表す。

傾向 現代文と古文はやや難 高い精度の読解演習と入念な基礎学習を

01 出題形式は？

現代文・漢文・古文各１題の計３題の出題である。試験時間は 75 分。解答形式は，記述式とマークシート式による選択式の併用である。現代文の記述式は，漢字の書き取りや読み，空所補充，字数指定のある内容説明などが出題されている。古文にも記述式問題が含まれるが，いずれも短いものである。

02 出題内容はどうか？

現代文は，2024 年度は，2022 年度と同様に随筆が出題された。近年は評論文ではなく文学的文章の出題が続いている。本文の分量は年度によって異なる。読みやすいようで意外と簡単ではない文章が出題されている。設問は，内容説明が中心である。表面的な理解では読み間違う危険性があるので，精読する力が必要になる。また，50 字以内の説明記述問題が例年出題されているので，この対策も必要である。

漢文は，2024 年度は史伝から出題されたが，出題ジャンルは漢詩も含めて毎年多様である。分量も内容も標準的。設問は書き下し文，口語訳，内容説明，語意が中心で，内容真偽が出題されることもある。

古文は，さまざまな時代の作品が出題されているが，これまでは物語系統が多い。2024 年度も物語からの出題であったが，過去の傾向としては『源氏物語』からの出題が多い。設問は文法や語意など知識を問うものから，人物指摘・口語訳・内容説明など読解に関わるものまでさまざまであるが，人物関係の把握が重要視されている。文中の敬語などに注意して人物関係を把握できるようにしておきたい。

03 難易度は？

基礎・基本を中心とする設問が多いが，総合的にみて，標準～やや難の水準である。現代文は，2024 年度は標準であるが，内容に関する問題で丁寧な読解が求められた。古文は，2024 年度はやや難であり，単語力と内容の把握力が求められた。漢文は基本的な問題が中心。試験時間 75 分はやや厳しく，時間配分は，問題の難度を考えると，現代文 30 分，古文 30 分，漢文 15 分が合理的と考えられる。

対策

01 現代文

普段からある程度の長さの文章を速くかつ正確に読む練習を積んでおきたい。まず，新聞の社説やコラム，新書などを読んで文章に慣れ，読解力を養おう。問題集は標準的なレベルのもの2，3冊を丁寧に解くこと。評論・随筆・小説をバランスよく収載している『体系現代文』（教学社）をすすめる。答え合わせに時間をかけ，解答の根拠を意識できるようになりたい。漢字については，毎年，書き取りの問題が出題されている。問題数は少ないが，確実に得点しておきたい。漢字検定対策用などの漢字の問題集を活用することはもちろんだが，文章を読む際，難読熟語が出てきたら，辞書で確認する習慣をつけておこう。

02 漢　文

標準的な設問が出題されているので，基本的な知識をしっかり覚え込むことがポイント。基本句形や再読文字は，例文を繰り返し音読したり，書き写したりしてリズムで覚え，自然に口をついて出るまで練習したい。重要語についても読みと意味を確認しておこう。

03 古　文

まず基礎として文法・敬語・重要古語をきっちりマスターすること。基本古語が問われることも多いので，しっかり学習しておきたい。古典常識についても，便覧などを参考にしてまとめておこう。基礎が身についたら，教科書や問題集で物語や日記など人物関係の込み入った作品に当たり，文脈・敬語などを手がかりにして，主語や指示内容をきちんと把握しながら読み進める練習をすること。『源氏物語』などの有名作品については内容の概略や人物関係を多少でも知っていればかなり読解に役立つ。知識の強化として『大学入試 知らなきゃ解けない古文常識・和歌』（教学社）をすすめる。

04 過去問の徹底研究を

現代文や古文では，全日程に共通する傾向も見られるので，ぜひ他日程も含めて過去問に挑戦しておきたい。読解問題では自分なりに根拠をもって答えることを心がけ，知識問題では答え合わせの際に解説をよく読み，選択肢を含めてもう一度知識を確認しておくこと。仕上げの段階では時間を計って挑戦し，時間配分などを考えながら解く練習もしていこう。

立教大「国語」におすすめの参考書

Check!

- ✓『体系現代文』（教学社）
- ✓『大学入試 知らなきゃ解けない古文常識・和歌』（教学社）

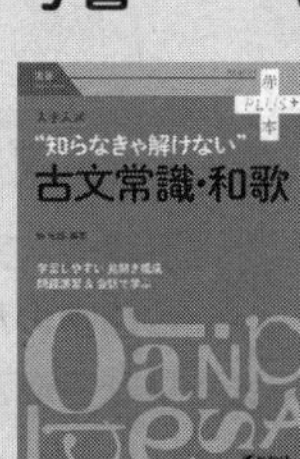

赤本チャンネル
&
赤本ブログ
YouTubeや
TikTokで
受験対策
赤本ブログ
詳しくはこちら
受験のメンタルケア、
合格者の声など、
受験に役立つ記事が充実。
赤本チャンネル
YouTube
人気講師の大学別講座や
共通テスト対策など、
役立つ動画を公開中！
TikTok

2024年度

問題と解答

文学部：一般入試〈大学独自の英語を課す日程〉

問題編

▶試験科目・配点

教 科	科 目	配 点
外国語	コミュニケーション英語Ⅰ・Ⅱ・Ⅲ，英語表現Ⅰ・Ⅱ	200 点
地 歴	日本史B，世界史Bのうちから１科目選択	史学科：200 点 キリスト教・文・教育学科：150 点
国 語	国語総合，現代文B，古典B	200 点

英　語

（75 分）

I. 次の文を読み，下記の1～10それぞれに続くものとして，本文の内容ともっともよく合致するものを，各イ～ニから1つずつ選び，その記号を解答用紙の所定欄にマークせよ。

*Jorge Luis Borges once wrote that to live in a time of great peril and promise is to experience both tragedy and comedy, with "the immediacy of a revelation" in comprehending ourselves and the world. Today our supposedly revolutionary advancements in artificial intelligence (AI) are indeed cause for both concern and optimism. Optimism because intelligence is the means by which we solve problems. Concern because we fear that the most popular and fashionable type of AI—machine learning—will degrade our science and debase our ethics by incorporating into our technology a fundamentally flawed conception of language and knowledge.

OpenAI's ChatGPT, Google's Bard, and Microsoft's Sydney are marvels of machine learning. Roughly speaking, they take huge amounts of data, search for patterns in it, and become increasingly good at creating probable outputs—such as humanlike language and thought. These programs have been described as the first signs of artificial general intelligence—that moment when mechanical minds surpass human brains not only quantitatively, in terms of processing speed and memory size, but also qualitatively, in terms of intellectual insight, artistic creativity, and every other distinctively human faculty.

That day may come, but it's not here yet, contrary to what can be read in the headlines and reckoned by business investments. The Borgesian revelation has not and will not—and, we submit, cannot—occur if machine learning programs like ChatGPT continue to dominate the AI field. However useful these programs may be in some areas (they can be helpful in computer programming, for example, or in suggesting rhymes for a poem), we know from the science of linguistics and the philosophy of knowledge that they differ profoundly from how humans reason and use language. These differences place significant limitations on what these programs can do, encoding them with permanent defects.

It is at once comic and tragic, as Borges might have noted, that so much money and attention should be concentrated on so little a thing—something so trivial when contrasted with the human mind, which because of language, in the words of **Wilhelm von Humboldt, can make "infinite use of finite means," creating ideas and theories with universal reach. The human mind is not, like ChatGPT, an awkward engine for pattern matching, using terabytes of data and guessing the most likely conversational response or most probable answer to a scientific question. On the contrary, the human mind is a surprisingly efficient and elegant system that operates with small amounts of information; it doesn't try to assume general connections among data points but to create explanations.

For instance, a young child acquiring a language is developing—unconsciously, automatically, and quickly from little data—a grammar, a complicated system of logical principles and boundaries. This grammar can be understood as the basic, genetically installed "operating system" that gives humans the capacity to generate complex sentences and long trains of thought. When linguists seek to develop a theory for why a given language works as it does ("Why are these—but not those—sentences considered grammatical?"), they are building a version of the grammar that the child builds instinctively and with small exposure to information. The child's operating system is completely different from that of a machine learning program.

Indeed, such programs are stuck in a prehuman or nonhuman phase of cognitive evolution. Their deepest flaw is the absence of the most critical capacity of any intelligence: to say not only what is the case, what was the case and what will be the case—that's description and prediction—but also what is not the case and what could and could not be the case. Those are the ingredients of explanation, the mark of true intelligence.

Here's an example. Suppose you are holding an apple in your hand. Now you let the apple go. You observe the result and say, "The apple falls." That is a description. A prediction might have been the statement: "The apple will fall if I open my hand." Both are valuable, and both can be correct. But an explanation is something more: It includes not only descriptions and predictions but also counterfactual claims like "Any such object would fall," plus the additional clause "because of the force of gravity," or "because of the shape of space-time," or whatever. That is a causal explanation: "The apple would not have fallen but for the force of gravity." That is thinking.

The essence of machine learning is description and prediction; it does not posit any causal mechanisms or physical laws. Of course, any human-style explanation is not necessarily correct; we can also make mistakes. But this is part of what it means to think: To be right, it must be possible to be wrong. Intelligence consists not only of creative claims but also of creative criticism. Human-style thought is based on possible explanations and error correction, a process that gradually limits what possibilities can be rationally considered. (As Sherlock Holmes said to Dr. Watson, "When you have eliminated the impossible, whatever remains, however improbable, must be the truth.")

But ChatGPT and similar programs are, by design, unlimited in what they can "learn" (which is to say, memorize); they are incapable of distinguishing the possible from the impossible. Unlike humans, for example, who have a universal grammar that limits the languages we can learn to those with a certain kind of almost mathematical elegance, these programs learn humanly possible and humanly impossible languages with ease. Whereas humans are limited in the kinds of explanations we can rationally <u>conjecture</u>, machine learning systems can learn both that the earth is flat and that the earth is round. They operate by using probabilities that change over time. For this reason, the predictions of machine learning systems will continue to be an open question.

*Jorge Luis Borges：ホルヘ・ルイス・ボルヘス、アルゼンチンの作家

**Wilhelm von Humboldt：ヴィルヘルム・フォン・フンボルト、ドイツの言語学者

1．The quote from Borges, "the immediacy of a revelation" (paragraph 1), suggests that

イ．we are living in a time of great confusion.

ロ．we are at the beginning of a new era of understanding.

ハ. human beings are becoming more logical.

ニ. this is a truly destructive period of human history.

2. According to paragraph 2, “artificial general intelligence” is expected to

イ. go beyond humans in its cleverness and imagination.

ロ. create a quantitative change in human behavior and thought.

ハ. show that human ideas are superior to machine-generated ideas.

ニ. be the final stage in the evolution of computer technology.

3. The passage states that AI programs, such as ChatGPT, are problematic because

イ. they can only generate machine language.

ロ. limitations are artificially placed on what they can do.

ハ. computer programming is impossible to improve.

ニ. AI reasoning is totally different from that of humans.

4. The phrase, “infinite use of finite means” (paragraph 4), is used to explain that

イ. the human mind can generate large ideas with limited information.

ロ. computers are far more original and inventive than humans.

ハ. program languages and human languages are very similar.

ニ. AI systems are limited by the amount of the data they use.

5. The “operating system” of grammar (paragraph 5) that develops as a child learns a language

イ. has been used by computer engineers in their AI programming.

ロ. occurs naturally over a short period of time.

ハ. is too complicated for linguists to understand and explain.

ニ. is very similar to the development of machine learning.

6. Based on paragraph 6, the greatest problem with AI is its failure to explain

イ. what has happened and what could be possible in the future.

ロ. what has and what has not happened in the past.

ハ. what might be true and what is not possibly true.

ニ. the past, present, and potential future.

7. The author of the passage would most likely agree that AI

イ. does not have a real understanding of cause and effect.

ロ. cannot explain scientific theories and concepts.

ハ. is not very useful for predicting the best result.

ニ. is quite able to understand and explain everything.

8. The passage mentions "error correction" (paragraph 8) in order to describe

イ. how humans communicate with each other.

ロ. an example of AI improvement efforts.

ハ. how humans construct a rational argument.

ニ. the difference between true and false.

9. The underlined word "conjecture" (final paragraph) is closest in meaning to

イ. approve.

ロ. provide.

ハ. request.

ニ. suppose.

10. The most appropriate title for this passage is

イ. AI and the Bright Future of Computer Science.

ロ. The Darkness of Cyberspace Exploration.

ハ. The False Promise of ChatGPT.

ニ. Digital Language and Machine Linguistics.

Ⅱ．次の文を読み，下記の設問Ａ・Ｂに答えよ。解答は解答用紙の所定欄にしるせ。

What do elephants, otters, and whales have in common? They all increase the amount of carbon that can be stored in their ecosystems. Elephants disperse seeds and crush low vegetation, enabling taller trees to grow. Sea otters eat sea urchins, allowing seaweed to flourish. Whales feed at depth and release nutrients as they breathe and rest at the surface, stimulating *phytoplankton production.

It isn't just these three. We are beginning to learn that many species have complex effects on their environments that change the amount of carbon stored by their surrounding ecosystems—ultimately affecting climate change. When the population of gnu in the Serengeti National Park dropped due to disease, they no longer grazed as much, and the uneaten grass caused more frequent and more intense fires. Bringing back the numbers of gnu through disease management has meant fewer and smaller fires. And the Serengeti has gone from releasing carbon back to storing it.

These are examples contained in a stunning new paper just published in *Nature*. It makes the case that animals cause ecosystems to be more effective in storing carbon, through their eating, moving, crushing, digging, and building. Looking across a range of different studies, it concludes that wild animals account for only 0.3% of the carbon in the total global biomass, but can cause anywhere between 15% and 250% difference in how much carbon is stored in a given ecosystem.

We already knew that so-called "nature-based solutions" need to be part of any effective strategy to tackle climate breakdown. Reducing emissions alone is not going to be enough—we need to use the immense power of nature to remove carbon from the atmosphere and lock it up. But this new research carries important lessons for how we pursue these nature-based solutions.

First, nature works. Specifically, the complex mechanisms that nature has developed are startlingly effective in ways we do not yet fully understand—and we destroy them at our peril. It may well be sensible to try to develop new technologies to capture carbon, but it is definitely not sensible to ignore the proven ways of doing so that nature already gives us. We would do well to be a little less fond of our own ingenuity, and a little more respectful of nature's.

This means avoiding the urge to go for quick and simple fixes that focus on plants to sequester carbon, devoid of animals. The current emphasis for nature-based solutions is on the plants—restoring mangroves and seagrasses, for example. These solutions are important, but can only be part of the answer. The *Nature* paper uses the example of the Arctic, where a huge amount of carbon is stored in the permafrost.** Ensuring there are herds of large animals will help keep the carbon there, by compacting the snow, keeping the soil frozen. Restoring populations of reindeer, wild horses, and American bison is not a nice-to-have option to the main effort against climate change, but a key part of that effort.

Second, conservation works. We know that nature can recover when given the chance, and that animal populations can bounce back quickly. We know how to do it—it needs habitats to be protected, interests to be aligned with local communities, and the conditions recreated for animal populations to return on a large scale. We now have numerous examples of conservation's success, from the return of rare birds in England to the recovery of tigers across much of Nepal and India.

This work is the purpose of the Zoological Society of London (ZSL). When I took the job of the head of the organization, a small part of me worried that working on wildlife was a bit of luxury, given the enormity of the threat from climate change. We know now that the opposite is true. Understanding the role that animals can play in helping nature capture carbon has profound implications for how we do conservation.

We are moving away from the tired old model of conservation through segregation—separating nature from people in order to allow it to flourish. That simply isn't enough. Instead, our focus is on helping wildlife and people co-exist, by supporting efforts to reduce conflict between them and working with communities who are vital to the health of their wild animals. This has long been the approach that ZSL has taken to conservation, and we know it works.

It was this approach that saw local communities set up their own sanctuaries for rare animals in the Philippines, and it is this approach that is helping to identify conservation solutions for the protection of the critically endangered angel shark off the UK's coastline. And it is just as true for cities as it is for the Serengeti—as our recent report explains, nature can help to limit the impact of extreme weather in urban areas as well. A world in which wildlife thrives is also a world that has the life it needs to withstand and control the climate crisis. Our future is directly connected to the wellbeing of the world's wild animals. If we want to save ourselves, we need to do better at protecting them.

*phytoplankton：植物プランクトン
**permafrost：永久凍土

A．次の１～９それぞれに続くものとして，本文の内容ともっともよく合致するものを，各イ～ニから１つずつ選び，その記号をマークせよ。

1．According to the first paragraph, elephants, otters, and whales help to limit carbon by

イ．using carbon-emitting organisms as a food source.
ロ．stimulating the growth of plants within their ecological systems.
ハ．storing carbon within their internal organs.
ニ．breathing in extreme amounts of carbon from the atmosphere.

2．Declining numbers of gnu in the Serengeti (paragraph 2) had an impact on

イ．the spread of invasive plant species in the region.
ロ．disease and starvation within the greater animal population.
ハ．the size and number of wildfires.
ニ．the ability of other animal species to reproduce.

3．A new article in *Nature* (paragraph 3) indicates that wild animals

イ．have a significant impact on the storage of carbon.
ロ．create between 15% and 250% of global carbon emissions.
ハ．are only able to remove 0.3% of carbon from the environment.
ニ．do not affect the overall amount of carbon within an ecosystem.

4．The underlined word "sequester" (paragraph 6) is closest in meaning to

イ．complete.

ロ. destroy.

ハ. remove.

ニ. reverse.

5. The *Nature* paper argues that large groups of animals in the Arctic region

イ. cause damage to the compacted snow of the area.

ロ. destroy the diversity of the many different plant species.

ハ. have little or no impact on the temperature of the environment.

ニ. help to contain carbon within the frozen soil.

6. Based on paragraph 7, all of the following statements are true about conservation efforts EXCEPT that

イ. new animal species always improve environmental health.

ロ. ecosystems should be secured and defended.

ハ. communities must be a part of conservation projects.

ニ. animal populations should be carefully monitored.

7. The passage indicates that the work of the Zoological Society of London (ZSL)

イ. is "a bit of a luxury" in terms of its organization.

ロ. cannot even begin to battle climate change.

ハ. has helped to reveal the ecological role of wildlife.

ニ. actually works to put an end to conservation efforts.

8. According to paragraph 9, the "tired old model of conservation" was

イ. meant to increase animal populations through farming and agriculture.

ロ. an attempt to divide and isolate human and animal populations.

ハ. an effort to combine natural ecosystems with man-made environments.

ニ. a failure due to the reduction in the health of local communities.

9. The most appropriate title for this passage is

イ. The Survival of Diversity and the Future of the Planet.

ロ. The Impact of Communities on the Natural Environment.

ハ. Weather and Wellness: A Zoological Approach to Conservation.

ニ. Wild Animals: Nature's Secret Weapons against Climate Change.

B. 文中の下線部 Reducing emissions alone is not going to be enough（第4段落）を25字以内で和訳せよ。ただし，句読点は合計字数に含まれる。

Ⅲ.

次の文1～8のそれぞれにおいて，下線部イ～ニのうち，英語表現上正しくないものを1つずつ選び，その記号を解答用紙の所定欄にマークせよ。

1. Don't forget to prepare for(イ) the worst, or(ロ) you'll be pleasantly surprised if(ハ) everything goes well after all(ニ).

2. Finding(イ) a hobby to do alone or with(ロ) friends give(ハ) you the opportunity to unplug for a(ニ) moment from your daily routine.

3. The task(イ) of the scholar is to shock, to cheer, and to rise(ロ) men by showing(ハ) them facts amid(ニ) appearances.

4. Many types of(イ) relationships that(ロ) men and women can create are in(ハ) different nature and people are free to choose any(ニ) option.

5. One of the books writing(イ) in English that I think(ロ) is a must read(ハ) for anyone is(ニ) Jane Austen's *Pride and Prejudice*.

6. It is extremely important to speak up what(イ) something is wrong so(ロ) that conflicts can(ハ) be cleared up(ニ) early.

7. Despite(イ) his financial circumstances, the landlady requested(ロ) that he paid(ハ) the rent(ニ)

in advance.

8．The philosopher's "ripe" material found its way (イ) into his diary, where it laid (ロ) until (ハ) he needed it in the preparation (ニ) of some lecture or essay.

Ⅳ．次の空所(1)～(6)を補うのにもっとも適当なものを，それぞれ対応する各イ～ニから1つずつ選び，その記号を解答用紙の所定欄にマークせよ。

A．

Jerome: Are you still planning to visit Mexico next month?

Sarah: Yes, but I haven't booked my flights yet. Any recommendations?

Jerome: Yeah. You should try the travel agent by the station. I got a great price on my last plane tickets.

Sarah: Thanks. (1)

(1) イ．I'll change my booking.

ロ．I'll take it easy.

ハ．I'll try to avoid the place.

ニ．I'll check it out.

B．

Doctor: I've got good news and bad news.

Patient: Uh, oh... OK... give me the bad news first.

Doctor: Well, the bad news is that the tests were more expensive than expected.

Patient: Ah, I see. (2)

Doctor: Well, it seems that you're perfectly healthy!

(2) イ．So, what's the good news?

ロ．So, how's that good news?

ハ．So, how is that possible?

ニ. So, is there any possibility?

C.

Manager: Hi there! How can I help you?

Customer: Well… I am very unhappy with this product!

Manager: (3)

Customer: It doesn't turn on… and I just bought it 10 minutes ago!

Manager: Well, it needs to charge first. Plug it in, wait a while for it to charge, and then it should work.

(3) イ. How can I direct you?
ロ. What seems to be the problem?
ハ. Do you need anything?
ニ. Are you paying by cash or by credit?

D.

Father: I heard that you volunteered at the animal shelter today. How was it?

Daughter: It was amazing, Dad! Seeing all those animals find good homes made me so happy.

Father: That's wonderful. I'm proud of you for making a difference in their lives.

Daughter: Thanks, Dad. (4) I can't wait to go back there and help out again.

(4) イ. I won the reward!
ロ. What's the reward?
ハ. It was really rewarding!
ニ. Who's paying the reward?

E.

Police Officer: Is everything alright? You look troubled.

Mr. Smith: Oh, Officer! (5) I accidentally locked myself out of my car. What should I do?

Police Officer: Actually, that's quite common. Do you have any idea where the keys might be?

Mr. Smith: The keys are inside the car. That's the problem!

(5) イ. You have something for me.

ロ. You can't even get it.

ハ. You don't have to help me.

ニ. You won't believe it.

F.

Gareth: So, you're a big fan of comedy, huh? At least, that's what I heard.

Timmon: Totally! I'm way into American stand-up these days.

Gareth: Same here! So, who's your favorite comedian?

Timmon: Gimme a break. (6) Impossible!

Gareth: I know what you mean… too many choices, right?

(6) イ. That's what you really think?

ロ. Is that really your first choice?

ハ. You want me to choose just one?

ニ. Are you going to make me think?

V. 次の空所(1)〜(5)それぞれにもっとも適当な1語を補い，英文を完成せよ。解答は解答用紙の所定欄にしるせ。

Of all our natural resources water has become the most precious. (1) far the greater part of the earth's surface is covered by its enveloping seas, yet in the midst of this plenty we are in want. By a strange paradox, most of the earth's abundant water is not usable for agriculture, industry, or human consumption (2) of its heavy load of sea salts, and so most of the world's population is either experiencing or is threatened with critical shortages.

In an (3) when human beings have forgotten their origins and are blind even to their most essential needs for survival, water along with other resources has become the victim of their indifference. The problem of water pollution by pesticides can be understood only in context, as part of the whole to which it (4)—the pollution of the total environment of mankind. The pollution entering our waterways comes from many sources: radioactive wastes from reactors, laboratories, and hospitals; fallout from nuclear explosions; domestic wastes from cities and towns; chemical wastes from factories. To these is added a new kind of fallout—the chemical sprays applied to croplands and gardens, forests and fields. Many of the chemical agents in this alarming mixture imitate and increase the harmful effects of radiation, and within the groups of chemicals themselves (5) are sinister and little understood interactions and transformations of effect.

日本史

(60分)

I. 次の文を読み，下記の設問A・Bに答えよ。解答は解答用紙の所定欄にしるせ。

雅楽は日本の音楽史において，政治・社会と密接なかかわりをもつ音楽として登場し，現在まで続く長い歴史をもつ。現在，雅楽は宮内庁式部職楽部が伝承するが，ほかにも上演する組織がある。例えば，徳川家光が大改造した，徳川家康を祀る（　イ　）や，伊勢神宮，春日大社などの神社，日本に戒律を伝えた（　ロ　）がひらいた唐招提寺，藤原氏の氏寺で，阿修羅像が安置されたことで知られる（　ハ　），東大寺1)などの仏教寺院でも特別な祭事で行われ，劇場で行う一般公演もある。雅楽には，日本古来のもの，外来のもの，平安時代に作られたものの三様があるが，狭義の雅楽は外来のものを指し，寺社や一般公演で行われるのも，これを主とする。

外来のものは5世紀から9世紀にかけて，朝鮮半島や中国大陸から伝来したとされる。5世紀の倭は朝鮮半島や中国と盛んに交渉を行なっていた。朝鮮半島北部には中国東北部でおこった高句麗が南下して中国と朝鮮半島を遮断し，南部には百済・新羅があった。倭は早くから鉄資源と新しい技術を求めて朝鮮半島に進出しており，百済とは同盟関係が，高句麗および新羅とは交戦した歴史もあった。この戦乱を避け，あるいは軍事援助の見返りとして倭に渡来した人々2)は，諸技術や文筆で倭に貢献した。また，倭は5世紀前半から約1世紀間，中国の南朝に使者を派遣3)しており，朝鮮半島における立場を有利にするのが目的だったとみられる。6世紀には百済から儒教や易・暦・医の学者が渡来4)し，仏教も伝来した5)。蘇我稲目の子の（　ニ　）は排仏派の物部守屋を滅ぼし，仏教を積極的に受容した。仏教興隆政策をとった聖徳太子（厩戸皇子）は（　ニ　）と協力して国家組織の形成を進めた。聖徳太子の伝記である『聖徳太子伝暦』には，聖徳太子が「三宝を供養するには諸蕃楽を用いよ」と命じたとあり，仏教の法会には外来楽を伴うことになった。狭義の雅楽である外来のものが中国大陸から伝来するのは遣隋使，遣唐使の派遣が始まってからであるとされ，朝鮮半島からの伝来よりも遅い。717年に出発した遣唐使の留学生である（　ホ　）は，帰国後は玄昉とともに聖武天皇に重用され，のちに右大臣になった。（　ホ　）は，帰国時に唐の儀式書や史書，天文暦書などを持ち帰ったが，そのなかには音楽理論書もあった。

701年に完成した大宝律令6)は現存しないが，養老令によると治部省に雅楽寮が設けられている。雅楽寮には歌人・舞人・楽師などが所属し，日本古来のものと外来のものの教習と，朝廷での演奏を担った。聖武天皇の詔によって造立された東大寺の大仏開眼供養会では，日本古来のものと外来の唐楽，高麗楽，林邑楽が奏されている。国家・仏教・朝廷と結びつき，主に儀礼や祭祀で奏されていた観賞芸能としての雅楽は，9～10世紀に天皇や貴族自らが奏して楽しむものへと変化する。9世紀前半7)に，唐楽の楽理や楽器の演奏に通じて外来の楽を編曲したり，新たに作曲したりする者が現われ，創作活動が盛んになった。外来のものも唐楽と高麗楽に集約され，器楽合奏だけを独立させた管絃が生まれて詩歌管弦は貴族のたしなみとなり，多様な楽器も類似したものは省くなど整理された。民謡の編曲や，漢詩に節をつけた歌物も生まれて，現行の雅楽の雛型ができた。

武家政権の時代になると，鎌倉の若宮大路を参道とし，源氏の氏神として御家人たちの崇敬を集めた（　ヘ　）でも雅楽が行われた。しかし，朝廷の経済力8)の低下とともに雅楽は弱体化し，その後，応仁の乱9)で壊滅的な影響を受けた。16世紀後半，朝廷は専属の楽人を有する四天王寺と（　ハ　）から楽人を集め，宮廷楽人と合わせて三方楽所とし，大規模な曲を復活させた。江戸時代には，幕府が一部の朝廷儀式や神事の再興を認めて雅楽を保護し，応仁の乱以降，伝承が途絶えた歌物や日本古来のものの復元なども行われた。また，徳川家康廟の祭祀を行うために，三方楽所から数名を江戸に移住させて紅葉山楽所とした。

明治になると雅楽を巡る環境は大きく変化する。天皇中心の新政府が樹立されると，王政復古と祭政一致の立場から神祇官10)が復興し，新しい儀式の創出などに着手した。一般人にも雅楽教習の道がひらかれ，伝承の整理や演目の選定，記譜法の統一などが行われた。薩摩藩軍楽隊のイギリス人指導者に西洋音楽を学ぶ楽師も現れ，のちに，楽師には西洋音楽と雅楽の兼修が課された。当時西洋音楽を演奏できるのは軍楽隊と雅楽の楽師のみだったため，楽師は，雅楽音階の「君が代」や，東京女子師範学校11)附属幼稚園の開設にあたり依頼された保育唱歌や，雅楽音階と西洋音階を折衷した祝日大祭日儀式唱歌の「天長節」などを作曲し，小学校で西洋音楽の指導もした。さらに楽師は，外国要人を接待する社交場として日比谷に建設された（　ト　）の舞踏会やその稽古の伴奏を担い，1887年開校の東京音楽学校12)や軍楽隊でも指導に当たった。現在も楽師は雅楽の歌，管・絃・打楽器，舞に加え，西洋音楽・楽器の習得を求められている。

A．文中の空所（イ）～（ト）それぞれにあてはまる適当な語句をしるせ。

B．文中の下線部1)〜12)にそれぞれ対応する次の問1〜12に答えよ。

1．これは12世紀後半の平氏の南都焼打ちにより甚大な被害を被った。勧進上人となり，これの再建に当たったのはどれか。次のa〜dから1つ選び，その記号をマークせよ。

a．叡尊　b．貞慶　c．重源　d．忍性

2．これに関する次の文ⅰ・ⅱについて，その正誤の組み合わせとして正しいのはどれか。下記のa〜dから1つ選び，その記号をマークせよ。

ⅰ．文筆で朝廷に仕えたとされる東漢氏の祖は弓月君である

ⅱ．ヤマト政権はこれを錦織部，鞍作部などの技術者集団に組織した

a．ⅰ：正　ⅱ：正　b．ⅰ：正　ⅱ：誤

c．ⅰ：誤　ⅱ：正　d．ⅰ：誤　ⅱ：誤

3．これを行った倭の五王の内，雄略天皇とされるのはどれか。次のa〜dから1つ選び，その記号をマークせよ。

a．興　b．済　c．珍　d．武

4．このうち，儒教の古典を教授する学者を何というか。その名をしるせ。

5．これに関する次の文ⅰ・ⅱについて，その正誤の組み合わせとして正しいのはどれか。下記のa〜dから1つ選び，その記号をマークせよ。

ⅰ．『日本書紀』によると，百済の聖明王が，欽明天皇の時に仏像や経論などを伝えた

ⅱ．日本に伝来したのは，北伝仏教（北方仏教）の系統に属する

a．ⅰ：正　ⅱ：正　b．ⅰ：正　ⅱ：誤

c．ⅰ：誤　ⅱ：正　d．ⅰ：誤　ⅱ：誤

6．これが完成した時の天皇は誰か。その名をしるせ。

7．この時期の天皇で，藤原冬嗣の娘との間の皇子に譲位したのはどれか。次のa〜dから1つ選び，その記号をマークせよ。

a．嵯峨天皇　b．淳仁天皇　c．清和天皇　d．仁明天皇

8．これに関して，鳥羽上皇がその皇女に伝えた荘園群で，のちに大覚寺統の財政基盤となった天皇家領荘園群は何か。その名をしるせ。

9．この時期に関する出来事の記述として，正しいのはどれか。次のa〜dから1つ選び，その記号をマークせよ。

a．足利政知は義政によって東国に派遣されたが，鎌倉に入れず古河に居を構えた

b．伊勢宗瑞は駿河に侵攻して，足利茶々丸を滅ぼした

c．管領家の畠山氏は義就と政長が家督をめぐって争った

d．細川政元は足利義澄を擁して足利義尚を廃位した

10. 律令制におけるこれに関する次の文ｉ・ⅱについて，その正誤の組み合わせとして正しいのはどれか。下記のａ～ｄから１つ選び，その記号をマークせよ。

ｉ．国家の祭祀を司り，地方の寺社を管轄した

ⅱ．大宝律令で定められた中央行政組織の二官の１つである

ａ．ｉ：正　ⅱ：正　　ｂ．ｉ：正　ⅱ：誤

ｃ．ｉ：誤　ⅱ：正　　ｄ．ｉ：誤　ⅱ：誤

11. これに関して，1886年の師範学校令公布時の文部大臣は誰か。その名をしるせ。

12. これの初代校長で，西洋の歌謡を模した「唱歌」を小学校教育に導入したのは誰か。その名をしるせ。

Ⅱ. 次の文１～３を読み，下記の設問Ａ・Ｂに答えよ。解答は解答用紙の所定欄にしるせ。

１．５代将軍徳川綱吉は，生類憐みの令や，死者の近親者が喪に服したり死の穢(けが)れなどに触れた際にとるべき措置を定めた（　イ　）令を出して，死や血を忌み嫌う風潮を作り出した。生類憐み政策の重要な柱となったのが「捨て子禁止令」である。「捨て子禁止令」では，捨て子の発見者のみでなく，村や町などがその養育の責任をとるべきとした。そして，1696年の幕法では，宅地の一部や全体を借り自分で家屋を建てて住む（　ロ　）の者や，家屋を借りて暮らす店借の者が妊娠した際は，地主・大家へ届出をするなど，妊娠・出産を管理することで捨て子防止をはかろうとした。

綱吉の死後も「捨て子禁止令」は継続し，妊娠・出産管理政策の実際の日常的職務には，村役人層[1)]があたった。妊娠・出産の管理は，女性の産む身体を監視するとともに，間引きや堕胎を戒め，ひいては村役人による婚姻[2)]への介入にもつながった。たとえば寛政[3)]年間の米沢藩中津川の村々でつくられた（　ハ　）改帳には，女子を嫁に出す場合には，「遣はす」「縁付」，婿を取る場合は，「養婿に呼取」「養子呼取」などと表記され，婚姻は村の維持・存続のために重視されていたことがわかる。（　ハ　）改帳は，もともとキリシタン禁制を徹底させるために作成され，檀家であることを寺院が個人ごとに証明したものだが，18世紀には戸籍の役割を果たすようになった。

２．版籍奉還後，明治政府は公家や大名を華族，旧武士を士族と（　ニ　），農工商を平民とした。（　ニ　）は主として足軽以下の下級武士が分類されたが，やがて廃止された。1872年には全国的に統一された（　ホ　）戸籍が作成され，政府は戸主を通じた家族の掌握を目指した。

一方，近代になると，女性たち自身が，産むことと産まないことについての思索を深めていった。1911年に雑誌『(　ヘ　)』を創刊した平塚らいてうは，この問題を考えた一人である。のちに平塚は雑誌『(　ヘ　)』の誌上で，女性が貧困，あるいは「個人としての生活と性としての生活」の両立に苦しむ場合には，避妊や堕胎は認められるべきだと主張した。

1922年になると，アメリカでバース・コントロール運動を実施していたマーガレット＝サンガーの来日をきっかけに，日本でも避妊の方法を教える産児調節運動がひろがっていった。貧困や産めない事情などを抱えて妊娠を躊躇(ちゅうちょ)する人々は数多く，産児調節に対する人々の関心は高かった。生物学者の山本宣治がサンガーの産児調節法を解説した『山峨女史家族制限法批判』は５万部を突破する売れゆきを見せ，産児調節運動は，労働組合[4)]，農民組合を通してもひろがっていった。1926年に単一無産政党を目指して(　ト　)党が結成されるが，同党はその後(　ト　)党・社会民衆党・日本労農党に分裂してしまう。山本宣治は，1928年におこなわれた普通選挙制による最初の総選挙で(　ト　)党から立候補して当選を果たした。また，婦人参政権運動[5)]を担った人々も産児調節運動にかかわっていった。

しかし，日中戦争がはじまると，1938年に，体力の向上，医療・衛生，労働条件などを管轄する(　チ　)省が設立され，同省を中心として，政府は戦争遂行のための人口管理政策をすすめていった。

3．1947年の衆参両議院議員選挙で衆議院第一党となった(　リ　)党の太田典礼，加藤シヅエらは，議員立法として，優生保護法案を国会に提出した。同法は1948年に制定された。人工妊娠中絶を母体の危険などの条件つきで合法化するとともに，「優生上の見地から不良な子孫の出生を防止する」ことを目的にかかげた法律であった。しかし，敗戦直後の生活難を背景に闇堕胎が増加するなかで，中絶要件の緩和を要求する声は大きく，翌1949年[6)]になると同法は改正され，経済的理由による中絶が公認された。

その後，産児調節は「家族計画」という名称で国策となった。そして1950年代には日本鋼管など多くの企業が，社員を対象に，「家族計画」を目的とした運動を実施，もしくは実施を決定した。そうした企業の１つには，芦田均内閣退陣のきっかけとなった(　ヌ　)疑獄事件で有名な(　ヌ　)もある。

高度経済成長期[7)]になると，労働力不足の声が高まるようになり，一方で一部の国会議員等を中心に胎児の生命尊重をかかげた中絶禁止のキャンペーンがひろがった。1969年には参議院自由民主党[8)]政策審議会で優生保護法改正問題が議題として取り上げられ，1972年，優生保護法改正案が国会に提出された。この改正案は，経済的理由による中絶を禁止する一方で，胎児が重度の精神又は身体の障害の原因となる疾病等を有しているおそれが著しいと認められる場合は中絶を認めるという「胎児条項」などを新たに加えたものであった。この改正案に対しては，ウーマン・リブをかかげる女性たちや障害者団体等による反対運動が起こり，法案は廃案に至った。1996年には，優生保護法から，優生思想に基づく部分を削除する改正が行なわれ，法律名も母体保護法に改められた。

A．文中の空所（イ）～（ヌ）それぞれにあてはまる適当な語句をしるせ。

B．文中の下線部１）～８）にそれぞれ対応する次の問１～８に答えよ。

1．これに関係して，村方三役**でない**のはどれか。次のａ～ｄから１つ選び，その記号をマークせよ。

ａ．組頭　　ｂ．名主　　ｃ．年行司　　ｄ．百姓代

2．これに関連して，次の史料は，離縁にあたって作成された「三行半（みくだりはん）」である。この史料について述べた下記の文ⅰ・ⅱの正誤の組み合わせとして正しいのはどれか。以下のａ～ｄから１つ選び，その記号をマークせよ。なお，史料は一部改変してある。

去り状之（の）事
一　其方儀（そのほうぎ），今般（こんぱん）離縁致（りえんいたし）候，
此後何方（このいずかた）へ縁付致（えんづきいたし）候とも，
故障筋無之（こしょうすじこれなく）候，依（よっ）て去り状
差遣（さしつかわ）シ候，以上
巳（み）正月　　喜蔵
とくとの

ⅰ．喜蔵は離縁するにあたり，こののちとくが誰とも結婚しないことをとくに約束させている

ⅱ．とくは喜蔵と離縁するにあたり，この「三行半」を作成して喜蔵に渡している

ａ．ⅰ：正　ⅱ：正　　ｂ．ⅰ：正　ⅱ：誤
ｃ．ⅰ：誤　ⅱ：正　　ｄ．ⅰ：誤　ⅱ：誤

3．これに関連して，寛政の改革について述べた文として正しいのはどれか。次のａ～ｄから１つ選び，その記号をマークせよ。

ａ．大岡忠相や田中丘隅を登用した

b．各地に社倉・義倉をつくらせ，米穀を蓄えさせた

c．株仲間の解散を命じた

d．石高1万石について100石を臨時に上納させる上米を実施した

4．1920年代のこれについて述べた文として正しいのはどれか。次のa～dから1つ選び，その記号をマークせよ。

a．全日本産業別労働組合会議が結成された

b．高野房太郎・片山潜らが労働組合期成会を結成した

c．鉄工組合や日本鉄道矯正会が結成された

d．日本労働総同盟友愛会が，日本労働総同盟と改称した

5．これを要求した新婦人協会は，治安警察法の改正を求め，同法は，1922年に改正された。この時の同法の改正の内容について，下記の甲・乙両グループからそれぞれ1つずつ語句を使用して50字以内で説明せよ。

甲：第5条　　第17条

乙：政治演説会　　争議権

6．この年に起こった出来事でないのはどれか。次のa～dから1つ選び，その記号をマークせよ。

a．北大西洋条約機構の結成

b．下山事件・三鷹事件・松川事件の続発

c．中華人民共和国の成立

d．トルーマン＝ドクトリンの発表

7．この時期に起こった次の出来事a～dのうち，もっとも古いものを解答欄のⅰに，次に古いものをⅱに，以下同じようにⅳまで年代順にマークせよ。

a．安保条約改定阻止国民会議の結成

b．沖縄返還協定の調印

c．小田実らによるべ平連（「ベトナムに平和を！市民連合」）の運動の開始

d．東京大学学生らによる安田講堂占拠

8．これに関する記述として正しいのはどれか。次のa～dから1つ選び，その記号をマークせよ。

a．1993年に成立した日本新党の細川護熙を首相とする連立内閣に参加した

b．1993年に分裂し，離党者たちは，新生党と社会民主連合を結成した

c．1994年に社会党・新党さきがけと連立政権を組織し，村山富市が首相となった

d．1996年に実施された総選挙の結果，新進党・公明党との連立政権を組織した

世界史

（60分）

Ⅰ．身分と格差に関する下記の設問Ａ・Ｂに答えよ。解答は解答用紙の所定欄にしるせ。

Ａ．次の問１～12に答えよ。

1．古代ポリスのアテネにおいて，借財を負った市民を奴隷として売ることを禁じる改革をおこなった人物はだれか。次のａ～ｄから１つ選び，その記号をマークせよ。あてはまるものがない場合は，ｅをマークせよ。

ａ．クレイステネス　　ｂ．ソロン
ｃ．テミストクレス　　ｄ．ペリクレス

2．古代ポリスのスパルタで行われた統治体制は，市民内部で格差が生まれないようにするための施策を含んでいた。この体制は何と呼ばれるか。次のａ～ｄから１つ選び，その記号をマークせよ。あてはまるものがない場合は，ｅをマークせよ。

ａ．テトラルキア　　ｂ．テュランノス
ｃ．ヘイロータイ　　ｄ．リュクルゴスの制

3．前近代の中国において隷属的な立場に置かれた農民の生活を安定させ，税収を確保するために，国家が土地所有に介入する施策について，現れた時期がもっとも古いものを解答欄のⅰに，次に古いものをⅱに，以下同じようにⅳまで年代順にマークせよ。

ａ．均田制　　ｂ．占田・課田法　　ｃ．屯田制　　ｄ．里甲制

4．朝鮮半島の王朝で「骨品制」と呼ばれる身分制度を社会の基盤にしていた王朝はどれか。次のａ～ｄから１つ選び，その記号をマークせよ。あてはまるものがない場合は，ｅをマークせよ。

ａ．高句麗　　ｂ．高麗　　ｃ．新羅　　ｄ．百済

5．イスラーム世界では奴隷を忠実な配下として重用し，軍人として活用した。ゴール朝の奴隷出身の将軍で，インドで王朝を創始した人物はだれか。次のａ～ｄから１つ選び，その記号をマークせよ。あてはまるものがない場合は，ｅをマークせよ。

ａ．アイバク　　ｂ．イスマーイール　　ｃ．バイバルス　　ｄ．バーブル

6．中国では宦官は皇族に隷属した。宦官であった鄭和が，船団の拠点を置いたことが１つの契機となり，15世紀に海域アジアにおける貿易の中心となった国はどこか。次

のａ～ｄから１つ選び，その記号をマークせよ。あてはまるものがない場合は，ｅをマークせよ。

ａ．大越国　ｂ．マジャパヒト王国　ｃ．マラッカ王国　ｄ．琉球王国

7．明代の中国で，士大夫だけでなく無学な庶民も生まれつき備えている道徳心に基づいて聖人の道を実践することができると説いた思想家はだれか。次のａ～ｄから１つ選び，その記号をマークせよ。あてはまるものがない場合は，ｅをマークせよ。

ａ．王重陽　ｂ．黄宗羲　ｃ．顧炎武　ｄ．徐光啓

8．「アダムが耕しイヴが紡いでいたとき，だれが貴族であったか」と述べて，身分制度を批判した人物はだれか。次のａ～ｄから１つ選び，その記号をマークせよ。あてはまるものがない場合は，ｅをマークせよ。

ａ．ウィクリフ　ｂ．ジョン＝ボール　ｃ．フス　ｄ．ミュンツァー

9．インドのヴァルナ制度は時代によって変化する。その成立期には隷属民が位置づけられていたが，後７世紀以降は鍛冶職人などの生産者をさすようになった階級は何か。次のａ～ｄから１つ選び，その記号をマークせよ。あてはまるものがない場合は，ｅをマークせよ。

ａ．ヴァイシャ　ｂ．クシャトリヤ　ｃ．シュードラ　ｄ．バラモン

10．奴隷制度廃止に関する次の出来事ａ～ｄのうち，もっとも古いものを解答欄のⅰに，次に古いものをⅱに，以下同じようにⅳまで年代順にマークせよ。

ａ．アメリカ合衆国で憲法修正第13条によって奴隷制度が廃止された

ｂ．イギリスで奴隷制度廃止が決定された

ｃ．ウィルバーフォースが奴隷解放運動をはじめた

ｄ．ハイチが独立し，同時に奴隷制度が廃止された

11．格差のない社会を造るとして都市住民や知識人などを虐殺した指導者の一人がカンボジアのポル＝ポトである。彼が政権を掌握できた背景には，インドシナにおける政治的な混乱がある。インドシナに関する次の出来事ａ～ｄのうち，もっとも古いものを解答欄のⅰに，次に古いものをⅱに，以下同じようにⅳまで年代順にマークせよ。

ａ．アメリカ合衆国が北ベトナムへの爆撃を始めた

ｂ．ベトナム（パリ）和平協定が成立した

ｃ．南ベトナム解放民族戦線が結成された

ｄ．民主カンプチアが成立した

12．アメリカ合衆国における黒人差別撤廃に関する次の出来事ａ～ｄのうち，もっとも古いものを解答欄のⅰに，次に古いものをⅱに，以下同じようにⅳまで年代順にマークせよ。

a．公共施設での人種差別を禁止する公民権法が成立した

b．黒人差別撤廃の動きに理解を示していたケネディ大統領が暗殺された

c．黒人差別に抗議する運動を進めていたキング牧師が暗殺された

d．最高裁判所で公立学校での人種隔離を違憲とするブラウン判決が下された

B．国際的分業と格差に関する次の問1～3に答えよ。

1．16世紀以降のヨーロッパにおいて，西欧における産業の発展による商工業の発達が農奴制を強化させた地域もあった。農奴制が強化された地域とその理由を，「穀物」という言葉を用いて2行で説明せよ。

2．次の文の空所(イ)・(ロ)それぞれにあてはまる適当な語句をしるせ。

19世紀にラテンアメリカやアフリカでは，先進国の産業が必要とする特定の商品作物など生産を行う（　イ　）化が進み，これらの地域の国は先進国の経済に従属したために，経済的に立ち遅れた。こうした格差を是正するために，1964年に国連の常設機関として国連（　ロ　）が設けられ，一次産品の価格の安定化，先進国からの経済援助が取り決められた。

3．1980年代以降，グローバリゼーションが進むなかで，先進国の国内で経済的な格差が深刻化し始めた。どのような事態が起きて，どのような人が苦境に陥ったのか。「人件費」，「製造業」，「移転」という言葉をすべて用いて2行で説明せよ。

Ⅱ. 次の文を読み，下記の設問A～Cに答えよ。解答は解答用紙の所定欄にしるせ。

避雷針の発明で有名なベンジャミン＝フランクリンは，実に多様な分野で多彩な能力を発揮したアメリカ合衆国建国の父の一人である。

フランクリンは1706年，イギリス領北アメリカのマサチューセッツ植民地のボストンで生まれた。イギリスは当時北アメリカに次々と植民地を建設し，18世紀前半までに13の植民地1)が成立した。彼はやがてペンシルヴェニア植民地のフィラデルフィアに出奔し，印刷工として身を立てるとともに，新聞社の経営に乗り出し，さらに植民地社会の学芸・文化・教育など幅広い分野で活躍した。

フランクリンは発明・科学にも大きな関心を寄せ，新型ストーブや遠近両用メガネの発明，気象学の研究，雷の実験などをおこなった。とくに凧を使った実験で稲妻と電気の同一性を証明し，その業績により，1660年に組織化され，のちに国王チャールズ２世の勅許を得た科学者団体である（　イ　）の会員に選出された。

フランクリンはペンシルヴェニア植民地の代表として，1750年代後半にロンドンに渡り，以後10年以上にわたりロンドンに滞在した。彼はやがてペンシルヴェニアだけではなく植民地全体を代表して，七年戦争2)後にイギリス本国政府が植民地に対する課税を強化した3)時，これを自分たちが長年享受してきた広範な自治権を侵害する行為として激しく抗議，反発した。フランクリンはまたこの滞在中，多くの学者，知識人との交友を深めた。そのなかには，スコットランドの道徳哲学者・経済学者で，「共感（同感）」による公共心によって，人間は道徳的に行動することができると説く（　ロ　）がいた。

フランクリンは1773年に起きたボストン茶会事件4)を契機に，本国政府と植民地との対立がさらに激化すると，フィラデルフィアに戻り，1774年にこの都市で開催された第１回（　ハ　）に出席した。（　ハ　）は植民地軍とイギリス軍との軍事衝突がおこるや，武力による本国からの独立を決議した。植民地人の独立に至る過程で，イギリスから移住したばかりの（　ニ　）が発表した『コモン＝センス』は絶大な影響を与えた。（　ニ　）の移住については，ロンドンに滞在していたフランクリンが便宜をはかった経緯があった。

フランクリンは独立宣言において，その主要な起草者を助け，人間の基本的権利として「生命，自由，そして＜　あ　＞の追求」を主張した。彼はまもなくパリに派遣され，フランスに援助を求める交渉を始めた。イギリスと対立するヨーロッパ諸国の多くは植民地人の戦いに同情的であり，戦争が始まるやヨーロッパから義勇軍が来援した。フランクリンらの努力と植民地軍の善戦により，フランスは同盟条約の締結に応じるとともに，まずフランス，次に（　ホ　），そしてオランダがイギリスに宣戦した。さらにロシアのエカチ5)

ェリーナ2世が提唱した（　へ　）同盟にはヨーロッパの主要な国々が参加するなど，イギリスは外交的に孤立した。フランクリンはパリ滞在中にも，フランスの政治家，知識人と広く交際し，なかでも，啓蒙思想家で思想・信教・表現の自由を唱え，イギリスの政治体制を称賛する『哲学書簡』を著した（　ト　）や，物体の燃焼が酸素との結びつきによるものであることを明らかにした化学者の（　チ　）との関係は有名である。

植民地軍は苦戦を続けたが，ようやく1781年のヨークタウンの戦いで決定的勝利を得た。イギリスは1783年にパリ講和条約を結んで，植民地の独立を認めるとともに，ミシシッピ川以東の広大な領土を割譲した。フランクリンはパリ講和条約の締結においても重要な役割を果たし，1785年に帰国した。彼は1787年にフィラデルフィアで開かれた憲法制定会議に長老として出席し，人民主権，州政府に広範な権限を認めながら中央政府の権限を強化する（　リ　）主義，立法・行政・司法の三権分立を原則とするアメリカ合衆国憲法6)の制定に貢献した。

フランクリンはワシントン政権7)の発足を見届けて，1790年にその長い人生を終えた。フランスではミラボー伯爵8)が国民公会に登壇し，フランクリンを評して「稲妻と暴君をともに屈服させることができた」人物であったと述べ，その死を悼んだことが知られている。

A．文中の空所（イ）～（リ）それぞれにあてはまる適当な語句をしるせ。

B．文中の空所〈あ〉にあてはまる適当な語句を次のa～dから1つ選び，その記号をマークせよ。

a．幸福　　b．財産　　c．博愛　　d．平等

C．文中の下線部1)～8)にそれぞれ対応する次の問1～8に答えよ。

1．この中で最初に植民地議会が設けられた植民地はどこか。その名をしるせ。

2．この戦争に関わる出来事として正しくないものを，次のa～dから1つ選び，その記号をマークせよ。すべて正しい場合は，eをマークせよ。

a．講和条約はパリで結ばれた

b．この戦争の結果，フランスは北アメリカ大陸における領土をすべて失った

c．プロイセンは最終的にシュレジエンを確保した

d．南インドではカーナティック（カルナータカ）戦争がおきた

3．これに関する次の法律a～dのうち，もっとも古いものを解答欄のⅰに，次に古いものをⅱに，以下同じようにⅳまで年代順にマークせよ。

a．印紙法　　b．砂糖法　　c．タウンゼンド諸法　　d．茶法

4．これは，イギリス東インド会社が中国から輸入した茶をめぐる事件であるが，アメリカは独立を達成後，中国と本格的な交易を始める。アメリカが中国との間で1844年に結んだ最初の修好通商条約は何か。その条約名をしるせ。

5．この人物の施策にあてはまらないものはどれか。次のａ～ｄから１つ選び，その記号をマークせよ。すべてあてはまる場合は，ｅをマークせよ。

ａ．オスマン帝国と戦い，黒海に進出した

ｂ．クリム＝ハン国を併合した

ｃ．ポーランドの分割に参加した

ｄ．ラクスマンを日本に派遣し，通商を求めた

6．1787年制定時のこれに関する説明で正しくないものはどれか。次のａ～ｄから１つ選び，その記号をマークせよ。すべて正しい場合は，ｅをマークせよ。

ａ．下院の議員定数を定める人口算定にあたり，黒人奴隷１人を自由人0.6人として計算した

ｂ．言論・出版・信仰・集会の自由など基本的人権の保障が明記された

ｃ．上院には各州２名の議員が割り当てられた

ｄ．中央政府は国防・通商・外交などの分野で主要な権限が与えられた

7．この政権の施策にあてはまらないものはどれか。次のａ～ｄから１つ選び，その記号をマークせよ。すべてあてはまる場合は，ｅをマークせよ。

ａ．ハミルトンが財務長官を務め，財政基盤を整えた

ｂ．フランス革命戦争では中立を維持した

ｃ．フランスよりミシシッピ川以西のルイジアナを買収した

ｄ．ワシントンは「告別演説」で孤立主義を提唱した

8．1791年にジャコバン＝クラブから分裂する形で，この人物がラ＝ファイエットら立憲君主派と結成した政治グループの名を何というか。その名をしるせ。

4　女一の宮は狭衣のことが忘れられなかったということ。
5　女一の宮も帝のことを心の底から気に入ったということ。

(K)　══線部(a)〜(c)はそれぞれ誰に対する敬意を表しているか。最も適当なものを、次のうちから一つずつ選び、それぞれ番号で答えよ。ただし、同じ番号を何度用いてもよい。

1　帝　2　女一の宮　3　嵯峨院　4　大殿　5　狭衣

(L)　次の各項について、本文の内容と合致するものを1、合致しないものを2として、それぞれ番号で答えよ。

イ　大殿は、大人びた様子を見せる若宮のことを可愛らしいと感じている。
ロ　大殿は、息子である狭衣の成長を喜び、思うとおりにやらせてみようと思った。
ハ　狭衣に不満を抱いていた女一の宮の後見の女房達も、手のひらを返したように狭衣を見直した。
ニ　女一の宮は、狭衣への想いを断って入内するくらいならば出家したいと思っていたが、かなわなかった。
ホ　女一の宮入内の話を聞いた帝は、狭衣が妻としなかった女性を受け入れるのは外聞が悪いと思っていた。

(H) ――線部(8)の解釈として最も適当なものを、次のうちから一つ選び、番号で答えよ。

1 女一の宮は不本意ながらも参内した
2 女一の宮は意外なことに参内した
3 女一の宮は狭衣を慕いつつ参内した
4 女一の宮は我を忘れて神に祈った
5 女一の宮は我を忘れて仏に祈った

(I) ――線部(9)の解釈として最も適当なものを、次のうちから一つ選び、番号で答えよ。

1 帝はとても愛情深い方であり
2 狭衣は何ごとにも秀でており
3 大殿の家柄は群を抜いており
4 女一の宮は容姿も素晴らしく
5 誰も反対するものなどおらず

(J) ――線部(10)の説明として最も適当なものを、次のうちから一つ選び、番号で答えよ。

1 帝が狭衣に対して最上の評価を与えたということ。
2 帝は狭衣に勝るとも劣らない人物であったということ。
3 女一の宮が帝から理想的な寵愛(ちょう)を受けたということ。

3　実現し難いと　　4　立派であると
5　迷惑であると

(D)　――線部(4)の現代語訳を十字以内で記せ。ただし、句読点は含まない。

(E)　――線部(5)の解釈として最も適当なものを、次のうちから一つ選び、番号で答えよ。

1　嵯峨院は、大殿からの進言を断ることなどできないとあきらめた。
2　嵯峨院は、女一の宮が狭衣と結ばれないことを不思議に感じた。
3　嵯峨院は、手を尽くして女一の宮の入内を阻止しようと決意した。
4　嵯峨院も、今度ばかりは狭衣の自分勝手なたくらみを見抜いた。
5　嵯峨院も、女一の宮を帝に入内させるという狭衣の提案を喜んだ。

(F)　――線部(6)は誰のことをたとえているか。その解釈として最も適当なものを、次のうちから一つ選び、番号で答えよ。

1　狭衣　　2　女一の宮
3　女二の宮　　4　女一の宮と女二の宮
5　嵯峨院と女一の宮

(G)　――線部(7)について。「様変ふ」と同一の行為を表している動詞を本文から五字以内で抜き出し、終止形で記せ。

問

(A) ――線部(1)の現代語訳として最も適当なものを、次のうちから一つ選び、番号で答えよ。

1 良い機会だと思って
2 当然のことだと思って
3 気がかりなことだと思って
4 しかたがないことだと思って
5 信仰心が足りないからだと思って

(B) ――線部(2)について。なぜ嘆いたのか。その説明として最も適当なものを、次のうちから一つ選び、番号で答えよ。

1 帝のことを深く憂える人が少ないから。
2 大殿が他人に嫉妬してばかりいるから。
3 自分の娘が帝から愛されていないから。
4 参内させるのに適当な娘がいないから。
5 狭衣が女であれば参内できていたから。

(C) ――線部(3)の現代語訳として最も適当なものを、次のうちから一つ選び、番号で答えよ。

1 おそれ多いと　　2 めずらしいと

（注）
1　大殿――堀川の大臣。狭衣の父で先帝の弟。
2　さやうにても――女一の宮を後見して入内させること。
3　げに若宮の御ありさまなど――狭衣と若宮の親子関係を知らない大殿は、狭衣が嵯峨院への深い厚意から若宮を大切に養育していると感じている。
4　斎院の御代り――新たに斎院となった堀川の大臣の養女の代わりに。養女は、斎院に選ばれなければ入内するはずであった。
5　心ゆかざりつる御後見ども――嵯峨院の意向を受け入れない狭衣に対して、納得していなかった女一の宮の後見の女房達。
6　けざやぎ――きっぱりとふるまうこと。ここでは、女一の宮に対して他人行儀な態度をとること。
7　自らの御心――女一の宮ご自身のお気持ち。
8　罪深き御ありさま――斎院として神に仕えていたため、仏教的には罪を負っていたことになる。
9　故宮――女一の宮・女二の宮らの亡母。

登場人物系図

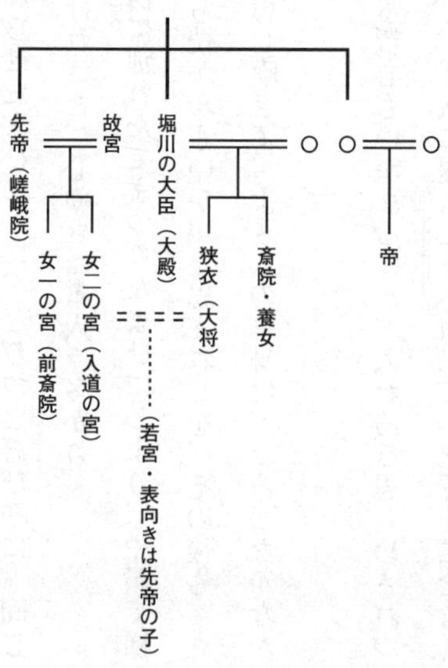

どを、(4)見えたてまつらまほしく」など、聞こえさせたまへば、げに(注3)若宮の御ありさまなどを見たてまつりたまふにも、ありがたき御心ざしぞかし、かかる御大人心をうつくしう思ひきこえたまへば、「いかにも、心にこそ。我もいとつれづれなるに、(注4)斎院の御代りに扱ひきこえさせん」とのたまひて、嵯峨院に、「かやうになん、大将ものしはべる」と聞こえさせたまへれば、(5)いかでかおろかに思(おぼ)されん。(注5)心ゆかざりつる御後見(うしろみ)どもも、「かかる御心にて、(注6)けざやぎ過ぐしたまふにこそ。入道の宮の思はずにならせたまひにしに、とりつき喜び顔に、(6)同じ枝のゆかりに伝ひて見えたてまつらじと、心深く思すにこそありけれ」と、心ゆきたる人々多かり。(注7)自らの御心にぞ、年ごろ、(注8)罪深き御ありさまなりつるに、(注9)故宮に別れたてまつりたまひにしより、やがて(7)様変へんと思ししも、二の宮、思はずにやつしたまひてしかば、うち続かんもいかがと思されしを、その後も、さすがに、すがすがと御心一つには任せがたかりつれば、今更にと思し嘆きて、よき人の御身は、よろづなかなか任せがたければ、(8)心よりほかにて参りたまひぬ。

御局(つぼね)、昔の弘徽殿(こうきでん)なり。内も、かねては大将の思ひ放ちたまへる親心もいかなるにか、人わろう思しめされつれど、さは言へど、(9)なべてならず、気高く心にくき御ありさまなど、異人に優れ(a)たまへれば、いとやんごとなく、(10)あらまほしき御覚えなり。嵯峨院も、ただ大殿に任せ(b)きこえたまへれば、まことの御女のやうに、扱ひ(c)きこえたまへり。

3　龐公は、城内に入って官僚となるよりも、山で薬草を採取して医者になることで天下を救おうと考えた。

4　劉表は、龐公に天下のためにその能力を発揮してもらいたいと願い、子孫に遺すものを作るよう迫った。

5　劉表は、田舎で苦しい生活をしている龐公に同情し、なんとかして官位と俸禄を与えようとしたが、できなかった。

三　左の文章は『狭衣(さごろも)物語』の一節で、帝が先帝（嵯峨院(さがのゐん)）の子（若宮）を養子にすればよかったと嘆く場面の続きである。若宮は実は狭衣（大将）と嵯峨院の娘（女二の宮・入道の宮）との子であり、実子であることを隠しながら現在は狭衣が養育している。狭衣は、かつて結婚が望まれていた女二の宮に対して身分を隠して契りを結び、結果として若宮が生まれて女二の宮は出家してしまう。事情を知らない嵯峨院は、今度は姉の女一の宮（前斎院）と狭衣との結婚を望んでいた。これを読んで後の設問に答えよ。（**解答**はすべて**解答用紙**に書くこと）

男皇子(みこ)のおはしまさぬことを、(1)世人心もとなきやうに思ひて、女(むすめ)持ちたまへる人々、参らせ集めたまふを、大殿(注1)はいとうらやましう、今更に、かかる人のいと少なうおはしましけることを、(2)嘆かせたまひければ、大将殿、前斎院の御事を聞こえ出(い)でたまひて、「昔より、嵯峨院の御心ざし、(3)ありがたくおぼえさせたまひしかど、さまざまかひなきやうに御覧ぜられて、止(や)みぬる代(かは)りには、同じくは、(注2)さやうにても、かひなからざりける御心のほび、番号で答えよ。

1　雖二所レ遺不一レ同、未レ為レ無レ所レ遺也。
遺す所は同じからずと雖も、未だ遺す所無しとは為さざるなり。

2　雖レ所レ遺不レ同、未レ為レ無レ所レ遺也。
遺す所と雖も同じからず、未だ遺す所無しとは為さざるなり。

3　雖二所レ遺不一レ同、未レ為レ無レ所レ遺也。
遺す所は同じからずと雖も、未だ為さずして遺す所無きなり。

4　雖レ所レ遺不レ同、未レ為三無二所遺一也。
遺す所と雖も同じからず、未だ遺す無き所を為さざるなり。

5　雖二所レ遺不一レ同、未レ為三無二所遺一也。
遺す所は同じからずと雖も、未だ遺す無き所を為さざるなり。

(F)　本文の内容と合致するものを、次のうちから一つ選び、番号で答えよ。

1　龐公は、かねてから鴻鵠や黿鼉のように過酷な環境で暮らすことに憧れていて、ついに自らも山へ入って行った。

2　龐公は、自らにふさわしい身の振り方を模索しようとしたが、結局はあきらめて生まれ故郷に帰って行った。

1　たびたび　2　たまたま　3　ようやく　4　はじめて　5　すぐに

(B)　――線部(2)の解釈として最も適当なものを、次のうちから一つ選び、番号で答えよ。

1　そもそも一身を保全する方法で、どのようにして天下を保全するのでしょうか。
2　そもそも一身を保全することは、天下を保全することと比べてどうでしょうか。
3　そもそも一身を保全しながら、どうしたら天下を保全することができるのでしょうか。
4　そもそも一身を保全する人なら、だれでも天下を保全することができるのでしょうか。
5　そもそも一身を保全することは、天下を保全することとどうして矛盾するでしょうか。

(C)　――線部(3)の解釈として最も適当なものを、次のうちから一つ選び、番号で答えよ。

1　田畑の仕事に忙殺され苦しんでいては、官職に就くことはできない。
2　田畑の仕事はけっして楽ではないのに、その収入は官職の俸禄には及ばない。
3　田畑の仕事は苦労もあるが、官位や俸禄を受ける生活に劣るものではない。
4　田舎で苦しい生活をしながら、官位や俸禄を受けようとしない。
5　田舎ののどかな生活でさえ苦しんでいるようでは、官職はとても務まらない。

(D)　空欄［　］に入る語として最も適当なものを、次のうちから一つ選び、番号で答えよ。

1　富　2　志　3　苦　4　安　5　忠

(E)　――線部(4)の返り点の付け方と書き下し文との組み合わせとして最も適当なものを、次のうちから一つ選

同、未為無所遺也」。表歎息而去。後遂携其妻子登鹿門山(注12)、因采薬不反。

(『後漢書』による)

(注)
1 南郡襄陽――地名。現在の湖北省襄樊市の南に位置する。
2 峴山――襄陽の南に位置する山。
3 荊州刺史――湖北・湖南地方の長官。
4 延請――招く。
5 鴻鵠――おおとりとくぐい。
6 黿鼉――おおがめとわに。
7 趣舎行止――出処進退。
8 釈――劉表をそのまま放っておくこと。
9 壟――うね。畑の中の土を盛り上げたところ。
10 指――妻子を指さして。
11 畎畝――田畑。
12 鹿門山――襄陽の南東に位置する山。

問

(A) ――線部(1)の意味として最も適当なものを、次のうちから一つ選び、番号で答えよ。

二　左の文章を読んで後の設問に答えよ。ただし、設問の関係で返り点、送り仮名を省いたところがある。（解答はすべて解答用紙に書くこと）

龐公者、南郡襄陽人也。居峴山之南、未嘗入城府。夫妻相敬如賓。荊州刺史劉表（1）数延請、不能屈。乃就候之、謂曰、（2）「夫保全一身、孰若保全天下乎」。龐公笑曰、「鴻鵠巣於高林之上、暮而得所栖。黿鼉穴於深淵之下、夕而得所宿。夫趣舎行止、亦人之巣穴也。且各得其栖宿而已。天下非所保也」。因釈耕於壟上、而妻子耘於前。表指而問曰、「先生（3）苦居畎畝而不肯官禄。後世何以遺子孫乎」。龐公曰、「世人皆遺之以危、今独遺之以□。（4）雖所遺不

4 科学者にとって最も重要な資質は事柄の可能不可能に関係なく科学を進歩させようとする探究心だから。

5 既成科学が妥当だと判断したことを疑うことによって科学者としての真価を発揮することができるから。

(J) 次の各項について、本文の内容と合致するものを1、合致しないものを2として、それぞれ番号で答えよ。

イ 案内者に求められているのは、被案内者の自由な観照を妨げない範囲で彼らを正しく導くことである。

ロ 一般公衆を騙(だま)すだけの非科学的実験であっても、やりようによって新たな研究につなげることができる。

ハ 案内者はあくまでも案内者に過ぎず、どれほど努力を重ねても科学者になることはできない。

ニ 自分が日々説明している物を新しい眼で見直すことができなければ、知識の案内者にはなれない。

ホ 科学の領域において、案内者と被案内者の関係を円滑にするためには信仰や愛情が必要である。

4　未知の扉を開かせまいとした人々。
5　真理の殿堂にある第一室の壮麗に酔わされた人々。

(G)　――線部(2)について。ここでいう「田舎者」とはどのような意味か。その説明として最も適当なものを、次のうちから一つ選び、番号で答えよ。

1　案内者でもなければ旅行者でもなく常に自在な立場で「物」を見られる者。
2　「言葉」と「物」を正しく使い分けながら純粋な観覧者でい続けようとする者。
3　自分の眼に映るものを「物」それ自体として捉えることができる者。
4　同じことを繰り返し経験しても頭の中に「言葉」を沈殿させることのない者。
5　案内者の「言葉」に騙(だま)されることなく自分の意志を貫くことができる者。

(H)　――線部(3)について。案内者がはまりやすい「洞窟(どうくつ)」とはどのようなものか。本文中の表現を用いて、句読点とも五十字以内で説明せよ。

(I)　――線部(4)について。なぜ「見当の外れる」ほうが「科学者として妥当である場合がないでもない」のか。その説明として最も適当なものを、次のうちから一つ選び、番号で答えよ。

1　新しい発見をするために既成科学で非科学的とされた実験に挑戦することには一定の価値があるから。
2　科学者は既成科学の成果に対して忠実であると同時にその成果を崩そうとする両義的な存在だから。
3　既成科学の系統に照らして新発見の妥当性を判断するという科学者としてあるべき姿勢をもっているから。

(い) 玲瓏たる
1 たくさんの宝物で溢(あふ)れるさま
2 前人未踏のまっさらなさま
3 幻想的な雰囲気を醸し出すさま
4 豪華絢爛(けんらん)に彩られたさま
5 さえざえと澄みきったさま

(E) ——線部(b)について。同じ意味のことわざとして最も適当なものを、次のうちから一つ選び、番号で答えよ。
1 弘法も筆の誤り
2 策士策に溺れる
3 画竜点睛(せい)を欠く
4 犬も歩けば棒にあたる
5 角を矯(た)めて牛を殺す

(F) ——線部(1)について。ここでいう「罪人」とはどのような意味か。その説明として最も適当なものを、次のうちから一つ選び、番号で答えよ。
1 権威ある案内記を誌した人々。
2 オーソリティとなって後進に盲従を強いた人々。
3 第一の扉を通過しないで第二の扉を開こうとした人々。

(B) ━━線部(a)の読みを、平仮名・現代仮名遣いで記せ。

(C) 空欄 □ にはどのような言葉を補ったらよいか。最も適当なものを、次のうちから一つ選び、番号で答えよ。

1 観念的
2 客観的
3 便宜的
4 相対的
5 合理的

(D) 〰〰線部(あ)・(い)について。本文中の意味として最も適当なものを、次のうちから一つずつ選び、番号で答えよ。

(あ) 泉下に瞑する
1 先人を弔う
2 安心して死んでいく
3 黙って見逃す
4 あの世でゆっくり眠る
5 墓場まで持っていく

（注）
1　ニュートン――アイザック・ニュートン（一六四二～一七二七）。イングランド生まれの自然哲学者、数学者、物理学者、天文学者、神学者。
2　ラプラス――ピエール＝シモン・ラプラス（一七四九～一八二七）。フランス生まれの数学者、物理学者、天文学者。
3　アインシュタイン――アルベルト・アインシュタイン（一八七九～一九五五）。ドイツ生まれの理論物理学者。
4　黒谷――京都にある金戒光明寺の俗称。
5　狩野永徳――一五四三～一五九〇。安土桃山時代の絵師。
6　ニュールンベルク――ドイツの都市。
7　「鉄の処女（アイゼルネユングフラウ）」――中世ヨーロッパの刑罰、拷問具。
8　ナポリ――イタリアの都市。
9　ポツオリ――イタリアの都市。周辺は火山地域で、一五三八年の噴火で新山「モンテ・ヌオボ」が誕生したことで知られる。
10　ベデカ――ドイツの出版社から出ている旅行案内書。
11　グラハム――ゼノブ・テオフィル・グラム（一八二六～一九〇一）。ベルギー生まれの電気技術者・発明家。
12　ヘルムホルツ――ヘルマン・フォン・ヘルムホルツ（一八二一～一八九四）。ドイツ生まれの生理学者、物理学者。

問
(A)　＝＝線部(イ)・(ロ)を漢字に改めよ。（ただし、楷書（かいしょ）で記すこと）

しかしあらゆる誤解を予想してこれに備える事は神様でなければ六ケ(むつか)しい。ここにも案内者と被案内者の困難がある。

私の厄介になったポツオリの案内者は別れ際に更に余分の酒代をねだって気永く附き纏(つきまと)って来た。それを我慢して相手にしないでいたら、最後の捨言葉(すてことば)に「日本人はもっとゼントルマンかと思った」と云うから、私も「イタリア人はもっとゼントルマンかと思った」と答えて、それきり永久に別れてしまった。私も少し悪かったようである。しかしこんなのはさすがに知識の案内者にはない。

考えてみると案内者になるのも被案内者になるのもなかなか容易ではない。すべての困難は「案内者は結局案内者である」という自明的な道理を忘れやすいから起るのではあるまいか。

景色や科学的知識の案内ではこのような困難がある。もっとちがった色々の精神的方面ではどんなものであろうか。この方には更にハナハだしい困難があるかもしれないが、あるいは事によると却(かえ)って事柄が簡単になるかもしれない。そこには「信仰」や「愛情」のようなものが入り込んで来るからである。しかしそうなるともう私がここに云っているただの「案内者」ではなくなって、それは「師」となり「友」となる。師や友に導かれて誤って曠野(こうや)の道に迷っても怨(うら)みはないはずではあるまいか。

（寺田寅彦「案内者」による）

する。しかしそのような場合があっても、判断が外れた事は必ずしもその科学者の科学者としての恥辱にはならない。その場合には要するに科学が一歩を進めたという事になる。そういう風にして進歩するのが科学ではあるまいか。(4)むしろ見当の外れる方が科学者として妥当である場合がないでもない。

このような場合は別として、純粋な真面目（まじめ）な科学者でも、やはり人間である限り(b)千慮の一失がないとは限らない。そして不知不識（しらずしらず）にポツオリの松明に類した実験や理論を人に示さないとは限らない。

(注11)グラハムが発電機を作った時に当時の大家某は一論文を書いて、そのような事が不可能だという「証明」をした。それにかかわらずグラハムの器械からは電流が遠慮なく流出した。その後にこの器械から電流の生ずるという方の証明がだんだん現われて来たという話を何かで読んだ事がある。しかしその大家の論文をよく読んでみなければうっかりその人の非難は出来ない。

(注12)ヘルムホルツが「人間が鳥と同じようにして空を翔（かけ）る事は出来ない」と云ったのに、現に飛行機が出来たではないかという人があらばそれは見当ちがいの弁難である。現在でも将来でも鳥のように翼を自分の力で動かして、ただそれだけで鳥のように翔る事は出来はしない。

すべての案内者も時々これに類した誤解から起る非難を受ける恐れのある事を覚悟しなければならない。例えば、案内者が「この河を渡る橋がない」という意味で渡れないと云ったのを、船で渡っておいて「この通り渡れるではないか」と云われるのはどうも仕方がない。これらはおそらくどちらも悪いかどちらも悪くないかである。意志が疎通（そつう）しないから起る誤解である。

よくついて来て、そして息を切らせながらしつこく同じ事を繰返している。それを叱(しか)りつけるだけの勇気のない私は、結局その五月蠅(うるさ)さを免れる唯一の方法として彼の意に従う外はなかった。その結果は予想の通り(ロ)ハナハだ悪かった。始め定めた案内料の外に、色々の口実で少しずつ金を取り上げられて、そして案内者を雇っただけの効能はほとんどなかった。ただ一つの面白(おもしろ)かったのは、麻糸か何かの束を黄蠟(おうろう)で固めた松明(たいまつ)を買わされて持って行ったが、噴気口の傍(そば)へ来ると、案内者はそれに点火して穴の上で振り廻した。そして「蒸気の噴出が増したから見ろ」と云うのだが、私には一向(いっこう)何の変りもないように思われた。すると彼はそことはだいぶ離れた後方の火口壁のところどころに立上る蒸気を指さして「あの通りだ」という。しかし松明を振る前にはそれが出ていなかったのか、またどれくらい出ていたのか、まるで私は知らなかったのだから、結局この松明の実験(エキスペリメント)は全然無意味なものに終ってしまった。しかしそういう飛びはなれた非科学的の「実験」がおそらく毎日ここで行われて、そして見物人の幾割かはそれで納得するものだとすると、そういう事自身がかなり興味のある事だと思われた。

知識の案内者と呼ばれ、権威(オーソリティ)と呼ばれる人にはさすがにこんな人は無いはずである。それでは被案内者が承知しない。しかし名を科学に借りて専門知識のない一般公衆の眼を眩(くら)ますような非科学的実験を行った者が西洋には昔からずいぶんあった。そのような場合には、ほとんどきまって、平生科学に対して反感のようなものをもっている一群の公衆、殊(こと)に新聞などによって既成科学の権威が疑われ、そのような「発見」に冷淡な学者が攻撃される。しかし科学者としては事柄の可能不可能や(a)蓋然性の多少を既成科学の系統に照らして妥当に判断を下す外はないので、もし万に一つその判断が外(はず)れれば、それは真に新しい発見であって科学はそのために著しい進歩を

(注6)ニュールンベルクの古城で、そこに蒐集(しゅうしゅう)された昔の物凄い刑具の類を見物した事がある。名高い(注7)「鉄の処女(アイゼルネユングフラウ)」の前で説明をしていた案内者はまだうら若い女であった。一体に病身らしくて顔色も悪く、何となく陰気な容貌(ようぼう)をしていた。見物人中の学生風の男が「失礼ですが、貴嬢は毎日何遍(なんべん)となく、そんな恐ろしい事柄を口にしている、それで神経をいためるような事はありませんか」と聞くと、何とも返事しないでただ音を立てて息を吸い込んで、暗い顔をして眼を伏せた。私はずいぶん残酷な質問をするものだと思ってあまりいい気持はしなかった。おそらくこの女も毎日自分の繰返している言葉の内容にはとうに無感覚になっていたのだろう。それがこの無遠慮な男の質問で始めて忘れていた内容の恐ろしさと、それを繰返す自分の職業の不快さを思い出させられたのではあるまいか。

　これと場合はちがうが、吾々は子供などに科学上の知識を教えている時にしばしば自分が何(なん)の気も付かずに云っている常套(じょうとう)の事柄の奥の深みに隠れたあるものを指摘されて、職業科学者の弱点を際(きわ)どく射通される思いがする事はないでもない。

　案内者になる人はよほど気を付けねばならないと思う。

(注8)ナポリを見物に行ったついでに、程遠からぬ(注9)ポッオリの旧火口とその中にある噴気口を見に行った。電車を下りて(注10)ベデカを頼りに尋ねて行こうとすると、すぐに一人の案内者が追いすがって来てしきりにすすめる。まだ三十にならないかと思われるあまり人相のよくない男である。てんで相手にしないつもりでいたがどこまでも根気

第三の扉の事は如何に権威ある案内記にも誌してないのである。

想うにうっかり案内者などになるのは考えものである。(注4)黒谷や金閣寺の案内の小僧でも、始めてあの建築や古器物に接した時にはおそらく様々な深い感興に動かされたに相違ない。それが毎日同じ事を繰り返している間にあらゆる興味は蒸発してしまって、すっかり(イ)コウジョウを暗記する頃には、品物自身はもう頭の中から消えてなくなる。残るものはただ「言葉」だけになる。眼はその言葉に蔽われて「物」を見なくなる。そうして丹波の山奥から出て来た観覧者の眼に映るような美しい影像はもう再び認める時はなくなってしまう。これは実にその人にとっては取返しのつかない損失でなければならない。

このような人は単に自分の担任の建築や美術品のみならず、他の同種のものに対しても無感覚になる恐れがある。例えば他所の寺で(注5)狩野永徳の筆を見せられた時に「狩野永徳の筆」という声が直ちにこの人の眼を蔽い隠して、眼前の絵の代りに自分の頭の中に沈着して黴の生えた自分の寺の絵の像のみが照らし出される。たとえその頭の中の絵が如何に立派でもこれでは困る。手を触れるものがみんな黄金になるのでは飢死する外はない。

職業的案内者がこのような不幸な境界に陥らぬためには絶えざる努力が必要である。自分の日々説明している物を絶えず新しい眼で見直して、一日に一度あるいは一月に一度でも何かしら今まで見出さなかった新しいものを見出す事が必要である。それには勿論異常な努力が必要であるが、そういう努力は苦しい。それをしなくても今日には困らない。(3)そこに案内者のはまりやすい「洞窟」がある。

内者はその専門の領域が狭ければ狭いほど多いように見えるが、これは無理もない事である。自分の「お山」以外のものは皆つまらなく見えるからである。

一方で案内者の方から云うと、その率いている被案内者からあまりに信頼され過ぎて困る場合もずいぶんあり得る。どこまでも忠実に附従して来るはいいとしても、まさかに手洗所までものそのついて来られては迷惑を感じるに相違ない。

ニュートン(注1)の光学が波動説の普及を妨げたとか、ラプラス(注2)の権威が熱の機械論の発達に邪魔になったとかいう事はよく耳にする事である。ある意味では確かにそうかもしれない。しかしこの全責任を負わされてはこれらの大家達はおそらく(あ)泉下に瞑(めい)する事が出来まい。少なくも責任の半分以上は彼等のオーソリティに盲従した後進の学徒に帰せなければなるまい。近頃相対原理の発見に際してまたまたニュートンが引合に出され、彼の絶対論がしばしば俎(まないた)の上に載せられている。これは当然の事としても、それがためにニュートンを罪人呼ばわりするのはあまりに不公平である。(1)罪人はもっともっと外に沢山ある。云わばニュートンは真理の殿堂の第一の扉を開いただけで逝(ゆ)いてしまった。彼の被案内者は第一室の壮麗に酔わされてその奥に第二室のある事を考えるものは稀(まれ)であった。つい近頃にアインシュタイン(注3)が突然第二の扉を蹴開(けひら)いてそこに(い)玲瓏(れいろう)たる幾何学的宇宙の宮殿を発見した。しかし第一の扉を通過しないで第二の扉に達し得られたかどうかは疑問である。

この次の第三の扉はどこにあるだろう。これは吾々には全然予想もつかない。しかしその未知の扉にぶつかってこれを開く人があるとすれば、(2)その人はやはり案内者などの厄介にならない風采の田舎者でなければならない。

国語

（七五分）

一　左の文章は一九二三年に書かれた随筆である。これを読んで後の設問に答えよ。（解答はすべて解答用紙に書くこと）

名所旧跡の案内者の一番困るのは、何か少し余計なものを見ようとするとNo time, Sir! などと云って引立てる事である。しかしこれも時間の制限があってみれば無理もない事である。それで本当に自分で見物するには、もう一遍独りで出直さなければならない事になる。ただその時に、例の案内者が「邪魔」をしてくれさえしなければいい。

しかし案内者や先達の中には、自己のオーソリティに対する信念から割出された親切から、個々の旅行者の自由な観照を抑制する者もないとは云われない。旅行者が特別な興味をもつ対象の前にしばらく歩を止めようとするのを、そんなものはつまらないから見るのじゃないと世話をやく場合もある。つまるとつまらないとが明らかに「□」のものである場合にはこれは困る。案内者が善意であるだけに一層困る訳である。この種の案

解答編

英語

I 解答 1—ロ 2—イ 3—ニ 4—イ 5—ロ 6—ハ 7—イ 8—ハ 9—ニ 10—ハ

全訳

《見かけ倒しのChatGPT》

1 ホルヘ=ルイス=ボルヘスはかつて，大きな危険と将来性のある時代に生きることは，自分たち自身や世界を理解する際に「新たな発見が突如現れて」，悲劇と喜劇の両方を体験することであると書いた。今日，人工知能（AI）における革命的進歩と考えられているものは，実は懸念と希望的観測の両方の原因となっている。希望的観測というのは，（人工）知能は，私たちが問題を解決する手段となるからである。懸念というのは，最も一般的で流行っている種類のAIすなわち機械学習が，私たちの持つ科学技術に，言語や知識に関する根本的に欠陥のある概念を持ち込んでしまうことにより，私たちの学問の価値や倫理観が低下してしまうと私たちが恐れているからである。

2 OpenAIのChatGPTやGoogleのBard，MicrosoftのSydneyは機械学習の驚異である。大雑把に言うと，それらは大量のデータを取り込み，その中にあるパターンを検索し，その結果，人間らしい言葉や思考といった実際にあり得そうな生産物を作り出すことがますます上手になる。これらのプログラムは，人工汎用知能の黎明期の訪れを知らせるものであると言われてきた。すなわち機械的知能が処理速度や記憶容量に関して量的に人間の頭脳を凌駕するだけでなく，知的見識，芸術的創造性，そして人間が特徴的に持つ他のあらゆる能力に関して質的にも人間の能力を上回る瞬間が来たことを知らせるものだと言われてきたのだ。

③　その日はいつかやってくるかもしれないが，新聞の見出しに書かれていることや企業投資によって見込まれていることに反して，その日はまだ来てはいない。ボルヘスが言うところの新たな発見は，これまで起こっておらず，これからも起こることはないだろうし，起こり得ないと言わざるを得ない――もしChatGPTのような機械学習のプログラムが今後もAIの領域を支配し続けるのであれば。いくつかの分野においてこれらのプログラムがどれほど役立つものであろうとも（例えばコンピュータプログラミングや詩的な文章の韻を提案することにおいては，これらのプログラムは役に立つ），これらのプログラムは人間の推論の仕方や言語の使い方とは大いに異なるということを，言語学や知識論により私たちはわかっている。これらの違いは，これらのプログラムができることに対して重大な制約を加え，永遠に残る欠陥を伴ってそれらをコード化してしまう。

④　ボルヘスが書いたように，莫大なお金や注目がほんの小さなもの――人間の頭脳と比べると取るに足らない些細なもの――に集中してしまうことは，喜劇的であり悲劇的でもある。なぜなら，ヴィルヘルム=フォン=フンボルトの言葉を借りれば，人間の頭脳は言語によって「有限の手段を無限に使用」できて，普遍的に考えや理論を作り出すことができるからだ。人間の持つ頭脳はChatGPTのようなものではない。つまり，数テラバイトのデータを使用して科学的な質問に対して実際に最もあり得そうな会話調の返答をしたり，最も蓋然的な応答を推測したりするような，パターン照合のための使いにくいエンジンではないのである。それどころか，人間の頭脳は少ない情報量で動作できる，驚くほど効率的で簡潔なシステムなのだ。人間の頭脳はデータポイント間の普遍的な結びつきを作り出そうとするのではなく，説明を行おうとするのである。

⑤　例えば，言語を獲得しつつある小さな子どもは，わずかな量のデータを基にして，無意識に，自動的にそして素早く，論理的法則や論理的境界に関する複雑な仕組みである文法を身につけている。この文法は基本的かつ遺伝子的に人間に備わっている「基本ソフト」として理解することができ，この「基本ソフト」が，複雑な文や長い一連の思考を生み出すことのできる能力を人間に与えてくれるのだ。ある言語がどうしてそのように機能するのか（「どうしてこれらの文は文法的に正しく，あれらの文は文法的に正しくないのか」）を説明する理論を言語学者が構築しようとする際，彼

らはその言語を話す子どもが本能的に，そしてその言語に少ししか触れていない状況で作り出す文法のヴァージョンを構築している。子どもが持つ基本ソフトは，機械学習のプログラムの基本ソフトとは完全に異なるのだ。

6 実際，そのようなプログラムは，認知能力の発達段階においては，人類出現以前もしくは人類以外のものの段階で行き詰まっている。それらの最も大きな欠点は，知能の最も重大な能力が欠落しているという点にある。その能力とは，現在，過去，未来における事実――つまり事実の描写と未来の予測――を述べるだけでなく，事実でないことや事実であるかもしれないこと，事実ではあり得ないことを述べる能力である。それらは説明を構成するものであり，本物の知能の証である。

7 ここに例がある。仮にあなたが手にリンゴを一つ持っているとしよう。そして手を離してリンゴを落とす。その結果を見てあなたは「リンゴは落ちる」と言う。それは事実の描写である。未来の予測は次のようなものであろう。「もし私が手を離すとリンゴは落ちるだろう」。どちらも有用で，どちらも正しいだろう。しかし，説明はもう少し上の段階のものである。それには，事実の描写と未来の予想だけでなく，「どんな物体でも落ちるだろう」に，「重力が原因で」や「時空の形が理由で」といった節を付け加えた反事実的な内容の言及も含まれる。それが「重力がなければリンゴは落ちなかっただろう」という因果関係の説明であり，これこそが思考なのである。

8 機械学習の本質は事実の描写と未来の予測であり，因果関係や物理的法則を示すことではない。もちろん，人間が行う説明がどんなものでも必ず正しいとは限らない。私たち人間は失敗をしてしまうこともあるからだ。しかし失敗をしてしまうというそのことが，思考の意味するものの一部なのだ。正しくあろうとするために間違ってしまうことは必ずある。知能は，創造的な発言だけでなく，創造的な批判によっても成り立つ。人間が行う思考は，可能である説明と間違いの訂正，つまり合理的に考えられ得る可能性を徐々に狭めるプロセスに基づいている。（シャーロック=ホームズがワトソン博士に言ったように，「実際に起こり得ないことを切り捨てた後に残るものは，それがどれほどあり得なさそうなことであったとしても，事実に違いないのだ」。）

9 しかしChatGPTや同類のプログラムは，「学ぶ」（言い換えると，記憶する）ことができるものに制限が意図的にかけられていない。というのも，それらのプログラムは，あり得ることとあり得ないことを区別できないからだ。例えば，人間は自分が学ぶことができる言語を，ある種のほぼ数学的な簡潔さを持つ言語に限定する普遍的文法を持つが，これらのプログラムは人間と違って，人間の言語としてあり得る言語とそうでない言語の両方を簡単に学んでしまう。人間には合理的に推測できる説明の種類に限りがあるが，一方，機械学習のシステムは，地球が平らであるということと地球が丸いということを両方とも学習することができる。機械学習のシステムは，時間の経過とともに変化する可能性を用いることで機能している。この理由から，機械学習システムによる予測には議論の余地が残り続けるだろう。

解説

1. immediacy は「直接性，即時性」という訳語が辞書にはあるが，つまり対象物と人間との間に何も障壁がないということを意味している。revelation は「新たな発見，新事実」という意味である。以上から，ロ「私たちは知性の新たな時代の幕開けを迎えている」が正解となる。

2. 第２段第３文（These programs …）の when 以下に「機械的知能が量的にも質的にも人間の頭脳を上回る」という内容の記述があることから，イ「（人工汎用知能は）賢さや創造力の点において人間を超える（ことを期待されている）」が答えとなる。

3. 第３段第３文（However useful …）の後半の that 以下に「これらのプログラムは人間の推論の仕方や言語の使い方とは大いに異なる」と書かれていることから，ニ「AI による推論は人間の推論とは全く異なる」が正解であると判断できる。

4. 第４段最終文（On the contrary …）に「人間の頭脳は少ない情報量で動作できる，驚くほど効率的で簡潔なシステムなのだ」とあることから，イ「人間の頭脳は限られた情報から大量のアイデアを生み出すことができる」が答えとなる。

5. 第５段第１文（For instance, …）に「言語を獲得しつつある小さな子どもは，わずかな量のデータを基にして，無意識に，自動的にそして素早く，論理的法則や論理的境界に関する複雑な仕組みである文法を身につけている」という内容の記述があることから，ロ「（子どもが言語を獲得する際に身につける文法の「基本ソフト」は）短い期間のうちに自然に生じる」が正解であると判断できる。

6．第6段第2文（Their deepest flaw …）に，事実と事実でないことを区別するという，知能の最も重要な能力が機械学習のプログラムには欠落しているという内容の記述があることから，正解はハ「(AIの最も大きな問題は，AIが）何がきっと真実で，何がおそらく真実でなさそうか（を説明できないことである)」であるとわかる。

7．第8段第1文（The essence of …）のセミコロン以下に「機械学習の本質は（事実の描写と未来の予測であり，）因果関係や物理的法則を示すことではない」とあることから，イ「(この文章の筆者はおそらく，AIは）因果関係を本当に理解することはできないだろう（ということに同意するだろう)」が正解となる。

8．第8段第5文（Human-style thought …）の error correction 以下に，error correction の説明として「合理的に考えられ得る可能性を徐々に狭めるプロセス」という内容が記述されているため，ハ「人間がどのように合理的な理論を組み立てるのか（を説明するために「誤り訂正」という言葉が使われている)」が正解となる。

9．第9段第3文の conjecture の箇所の文構造は，explanations の後ろに目的格の関係代名詞 which もしくは that が省略されていて，元の文は we can rationally conjecture explanations となる。「人間が合理的に説明（解釈）を」に続く動詞としては，ニ「(考えなどを）推測する」が最も適切である。

10．本文全体を通して筆者は ChatGPT に対して批判的な立場をとっていることから，ハ「見かけ倒しの ChatGPT」が正解となる。false promise は「空手形」「あてにならない約束」といった意味である。

Ⅱ　解答

A．**1**－ロ　**2**－ハ　**3**－イ　**4**－ハ　**5**－ニ　**6**－イ　**7**－ハ　**8**－ロ　**9**－ニ

B．炭素排出量を減らすことだけでは不十分だろう。(25字以内)

全訳

《野生動物：気候変動に立ち向かうための自然の秘密兵器》

1　象，ラッコ，クジラが共通して持っているものは何だろうか。彼らはみ

な，それらが暮らす生態系の中に閉じ込めることができる炭素の総量を増加させるのだ。象は植物の種をまき散らし，背の低い草木を踏み潰すことで背の高い木が育つことを可能にする。ラッコはウニを食べ，それにより海藻がたくさん育つ。クジラは海の深いところでエサを食べ，水面に上がってきて呼吸をして休憩をしながら栄養分を放出することで，植物プランクトンの生産を活性化させる。

2 そのようなことはこれら三種類の動物に限った話ではない。多くの種の生き物が彼らの周囲の生態系に閉じ込められている炭素の総量を変化させ，究極的には気候変動に影響を与えるような複雑な影響を周囲の環境に与えているということを，私たちは理解し始めている。病気が原因でセレンゲティ国立公園のヌーの数が急減したとき，彼らはもう以前ほど多くの草を食べなくなり，食べられずに残った草によって，それまでよりも頻繁で大規模な火災が生じるようになった。病気の対策を講じることでヌーの個体数を元に戻すことは，火災を減らし火災の規模を小さくすることにつながる。そしてセレンゲティ国立公園は，炭素を放出するのではなく，再び炭素を閉じ込めるようになった。

3 これらは『Nature』誌に掲載されたばかりの驚くべき内容の新しい論文に書かれていた例である。エサを食べたり移動をしたり草を踏み潰したり穴を掘ったり何かを作ったりする際に，より効果的に動物たちが生態系に炭素を閉じ込めているとその論文は主張している。様々な異なる研究結果を確認した上でその論文が結論付けているのは，野生動物はバイオマス全体の二酸化炭素のわずか0.3パーセントしか占めていないが，一定の生態系に閉じ込めることができる炭素量を15から250パーセント変化させることが可能だということだ。

4 気候崩壊の問題に取り組むための効果的な方策の中に，いわゆる「自然を基盤とした解決策」を取り入れる必要があるということを，私たちはすでに知っていた。炭素排出量を減らすことだけでは不十分だろう――私たちは，炭素を大気から取り除いて閉じ込めておくために，自然が持つ強大な力を使う必要がある。だが，この新しい研究は，私たちがどのようにして自然を基盤としたこれらの解決策を追求していくかについて，重要な教訓を伝えているのだ。

5 第一に，自然はうまく機能しているということ。とりわけ，自然が発展させてきた複雑な仕組みは，私たちがまだ完全には解明できていない点において，驚くほど効果的である――そして私たちは危険を承知の上でそれらの仕組みを破壊している。炭素を捕まえる新しい科学技術を作り出そうとすることは賢明かもしれないが，自然がすでに私たちに与えてくれている炭素を閉じ込めておく確実な方法を無視することは，決して賢明ではない。私たちは，自分たちの発明の才への自惚れを少し捨て，自然の発明の才をもう少し大切にするのがよいだろう。

6　これが意味するのは，炭素を除去するために，動物を抜きにして植物だけに焦点を当てた手早く簡単な解決策を求めたいという衝動を抑えることだ。自然に基づいた解決策においては，最近では，例えばマングローブや海藻の回復といった，植物の活動に重点が置かれている。これらの解決策は重要ではあるが，解決策の一部にしかなり得ない。『Nature』誌は永久凍土の中に莫大な量の炭素が閉じ込められている北極の例を用いている。そこに大型動物の群れが確実に存在すれば，動物たちが雪を踏み固めて永久凍土を凍ったままにでき，そこに炭素を閉じ込めておきやすくなる。トナカイ，野生の馬，アメリカバイソンの個体数を増やして元に戻すことは，気候変動に対する主な取り組みにおいて，あると嬉しい選択肢などではなく，その取り組みにおける重要な一部分となっているのだ。

7　第二に，保護活動は役に立っているということ。私たちは，自然は機会を与えられれば回復して，動物の個体数もすぐに元通りになるということを知っている。私たちはどのようにすればいいのかも知っている――動物の個体数が大規模に回復できるように，動物たちの環境が保護され，地域社会との利害関係が調整され，諸条件が作り直される必要がある。今では私たちは，イングランドに生息する希少な鳥の個体数の回復からネパールやインドの広範囲に生息するトラの個体数の回復まで，保護活動の成功例をたくさん知っている。

8　この取り組みが，ロンドン動物学会（ZSL）の目的である。私がこの学会の会長の仕事を引き受けたとき，気候変動による脅威がこれほど大きいことを考慮すれば，野生動物保護に関する仕事をすることは少しぜいたくなことではなかろうかとちょっと悩んだ。だが，実際には全く逆であることが今でははっきりしている。自然が炭素を閉じ込めるのを動物が手伝う際に彼らが果たせる役割を理解することは，私たちがどのように保護活動を行うかに関して，大きな意味を持つのだ。

9 私たちは現在，隔離による保護という使い古した旧式の方法——自然の動植物がよく成育するように，自然と人間を切り離す方法——から脱却しつつある。それだけでは全く不十分なのだ。その代わりに，私たちの活動の焦点は，野生動物と人間の間の摩擦を減らす取り組みを支援し，野生動物の健康を守るのに重要な地域の人々と協力することによって，野生動物と人間が共存することを手伝うことに向けられている。これは動物保護活動に対してZSLが長い間行ってきている取り組みであり，それが効果的であることを私たちは知っている。

10 フィリピンで希少な動物のための保護区を地域社会が設けることができたのはこの取り組みのおかげであり，イギリス海岸線の沖合で絶滅寸前とされているカスザメの保護対策の策定に役立っているのも，この取り組みである。そしてセレンゲティだけでなく都市部についても同様のことが当てはまる。私たちの最近の報告書が説明しているように，都市部においても，自然は異常気象の影響を抑えるのに役立つ。野生動物が力強く成長する世界は，気候危機に耐えてそれを制御するために必要な生物が存在する世界でもある。私たちの未来は，世界中の野生動物の幸福度と直接的に結びついている。もし私たちが自分自身を守りたいと思うのであれば，野生動物をもっとうまく保護する必要がある。

解説

A. 1. 第1段第3～5文の内容が解答の根拠となる。第3文(Elephants disperse seeds …)には「象によって背の高い植物が育ちやすくなる」，第4文(Sea otters eat …)には「ラッコのおかげで海藻がよく育つ」，第5文(Whales feed at …)には「クジラが植物プランクトンの生産を活性化させる」という内容の記述があることから，ロ「(象やラッコやクジラは)自分の生態系の中にいる植物の成長を促す(ことによって炭素を抑制している)」が正解と判断できる。

2. 第2段第3文(When the population …)のand以下に「食べられずに残った草によって，それまでよりも頻繁で大規模な火災が生じるようになった」と書かれていることから，ハ「山火事の規模や回数(にセレンゲティ国立公園におけるヌーの個体数の減少が影響を与えた)」が答えとなる。

3. 第3段第2文（It makes the …）の that 以下に「動物が様々な活動を通して炭素を閉じ込める」という内容の記述があることから，イ「(野生動物は）炭素の蓄積に大きな影響を与えている」が正解と判断できる。

4. 第6段までの内容は，野生動物の保護を通して炭素を閉じ込めておくことにより環境の保護につながるという内容である。sequester の後ろには目的語として carbon があるため，炭素を閉じ込めるという本文の内容と矛盾しないハ「(炭素を）取り除く」が正解となる。

5. 第6段第5文（Ensuring there are …）に「そこ（北極）に大型動物の群れが存在するようにすることで，動物たちが雪を踏み固めて永久凍土を凍ったままにでき，そこに炭素を閉じ込めておきやすくなる」と書かれていることから，ニ「(北極地域の動物の大きな群れは）凍った土の中に炭素を閉じ込めておくのに役に立つ」が正解となる。

6. 第7段第3文（We know how …）に，動物の生息地の保護や地域社会との利害関係の調整などが動物の個体数の回復には必要であると書かれていることから，ロ「生態系は保護されるべきだ」，ハ「地域社会が保護活動に加わらなければならない」，ニ「動物の個体数は注意深く調査されるべきだ」はすべて本文の内容と一致すると言える。一方で，イ「新しい種の動物は常に環境の健康状態を改善させる」については，新しい種の動物については本文では全く言及されていないため，イが正解となる。

7. 第8段最終文（Understanding the role …）に「自然が炭素を閉じ込めるのを動物が手伝う際に彼らが果たせる役割を理解することは，私たちがどのように保護活動を行うかに関して，大きな意味を持つ」と書かれていることから，正解はハ「(ZSL の仕事は）野生動物の生態学的役割を明らかにすることに役立った」であると判断できる。

8. 第9段第1文（We are moving …）の through 以下に「隔離による保護，つまり自然の動植物がよく成育するように自然と人間を切り離すという方法」という内容が書かれているので，ロ「(「使い古した旧式の保護活動」とは）人間と動物を分けて孤立させる試み（のことだった)」が正解となる。

9. 本文全体が，野生動物の保護が最終的に環境全体の保護につながるという内容のため，ニ「野生動物：気候変動に立ち向かうための自然の秘密兵器」が正解となる。

B. reducing は reduce の動名詞で，この文の主語である。emissions は「排出（量）」という意味だが，この文脈では「炭素の排出（量）」を意味している。is not going to be enough は「十分ではないだろう」が直訳だが，字数制限があるため「不十分だろう」と訳出すると字数を節約できる。

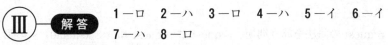

Ⅲ 解答

1―ロ　**2**―ハ　**3**―ロ　**4**―ハ　**5**―イ　**6**―イ　**7**―ハ　**8**―ロ

解説

1.「最悪の事態に備えるのを忘れてはならない。そうすれば，もしすべてが結局うまくいったときにうれしい驚きがある」

ロの or を and にすると，命令文＋and …「～しなさい。そうすれば…」になり，意味が通る英文になる。

2.「自分一人で，もしくは友達と一緒にできる趣味を見つけることで，毎日の決まった仕事から少しの間離れる機会を持つことができる」

この英文の主語は動名詞 Finding であるが，動名詞の主語は三人称・単数扱いであるため，動詞 give には三単現の s を付ける必要がある。

3.「学者の仕事とは，様々な外観の中に存在する事実を示すことによって，人々に衝撃を与え，勇気づけ，成長させることだ」

ロの後ろに目的語 men があるため，自動詞の rise ではなく他動詞の raise が適切。

4.「男女が作ることのできるたくさんの種類の関係性は異なる性質を持っており，人々はどのような選択でも自由に行うことができる」

ハの in を of にすると，of different nature という表現になる。of＋形容詞＋nature で「～な性質の」という意味になる。ここでの of は「（性質などを）持つ，帯びている」という意味である。nature の「本質，性質」という意味は，受験生なら必ず知っておきたい。

5.「誰もが読むべきだと私が思う英語で書かれた本の一つは，ジェーン＝オースティンの『高慢と偏見』である」

下線部イから English までは，直前の books にかかる形容詞句であり，本は「書かれる」ものであるから，受け身を表す過去分詞の written が正解となる。

6.「争いを早期に解決できるように，なにか間違ったことが生じているときには声を上げることが極めて重要だ」

イの what の後ろの something is wrong のまとまりには名詞の欠落がないため，ここで関係代名詞の what を用いることはできない。正しくは，時を表す副詞節を導く接続詞の when を用いる。

7.「彼がお金に困っているのに，大家は家賃を前もって支払うことを彼に求めた」

request の語法を問う問題。request は request that S (should) V の形で用いる。request の時制に関係なく，後ろの that 節内の動詞は原形 (pay)，もしくは should＋動詞の原形（should pay）になる。

8.「その哲学者の『熟した』題材は彼の日記に記され，講義や評論の準備のために彼がそれを必要とするときまでずっと，そこ（日記の中）で眠っていた」

ロの laid は他動詞 lay の過去形であるが，ここでは後ろに目的語がないため，自動詞 lie の過去形である lay が適切。

Ⅳ 解答

A. (1)—ニ **B.** (2)—イ **C.** (3)—ロ
D. (4)—ハ **E.** (5)—ニ **F.** (6)—ハ

全訳

A.

ジェローム：来月まだメキシコに行く予定でいるのかい？

サラ：ええ，でもまだ飛行機の予約をしていないの。おすすめはある？

ジェローム：あるよ。駅のそばの旅行会社に行ってみるといいよ。この前，飛行機のチケットをとても安く手に入れることができたよ。

サラ：ありがとう。ちょっと調べてみるわ。

B.

医師：良い知らせと悪い知らせがあります。

患者：あ，ああ…わかりました…まずは悪い知らせから教えてください。

医師：そうですね，悪い知らせというのは，予想以上に検査に費用が掛かってしまったということです。

患者：ええ。わかりました。では良い知らせは何ですか？

医師：はい，どうやらあなたは完全に健康なようです。

C.

店長：こんにちは。いらっしゃいませ。
客：あの…この製品のことでとても不満に思っているんです。
店長：いかがなさいましたか？
客：電源が入らなくて…10 分前に買ったところなんですが。
店長：そうですね，まずは充電する必要があります。プラグを差し込んで，充電されるのを少し待って下さい。そうすれば作動するはずです。

D.

父親：今日，動物保護施設でボランティアをしてきたって聞いたよ。どうだった？
娘：素晴らしかったわ，お父さん。そこの動物たちみんなに良い飼い主さんが見つかるのを見届けられて，とても幸せな気持ちになったわ。
父親：それは素晴らしいね。君が動物たちの生活を良くすることができて，お父さんは君のことを誇りに思うよ。
娘：お父さん，ありがとう。本当にやりがいがあったわ。またあそこに戻って手伝いがしたくてたまらないの。

E.

警察官：どうされましたか。お困りのようですが。
スミス氏：あ，お巡りさん。信じられないかもしれませんが，車から自分をうっかり締め出してしまったんです。どうすればいいでしょうか？
警察官：いやいや，よくあることですよ。車のカギはどこにあるかわかりますか？
スミス氏：車の中です。だから困っているんですよ！

F.

ガレス：お笑いが大好きなんだよね？　少なくとも僕が聞いたところでは。
ティモン：そうなんだよ！　最近はアメリカのスタンドアップコメディにハマってるんだ。
ガレス：僕もだよ！　じゃあ好きなコメディアンは誰？
ティモン：待ってくれよ。一人に決めないといけない？　それは無理だよ！
ガレス：言いたいことはわかるよ…選択肢が多すぎるよね。

解説

A. 飛行機のチケットをどこで買うべきかと相談を持ち掛けたサラに対して，ジェロームが駅の近くの旅行会社に行ってみることを勧めている。このことから空所には，ニ「それを調べる」が入る。check *A* out で「*A* を検討する，調べる，確かめる」という意味になる。

B. 良い知らせと悪い知らせのうち，まずは悪い知らせを医師が患者に伝え，それに続く患者の発話（空所）の後で医師が患者に良い知らせを伝えていることから，空所にはイ「では良い知らせは何ですか？」が入る。

C. 購入した商品に対して文句を言いに来た顧客に対して，店員が何かを発言（空所）した後，10分前に購入した商品の電源が入らないという顧客からのクレームの細かな内容が続いている。このことから空所には，商品の不具合の状態を尋ねるロ「いかがなさいましたか？」が入る。なお，この表現は病院で不調を訴える患者に対して医師が問いかける際に使われることもある。

D. ボランティア活動を頑張った娘のことを誇りに思っているという父親の発言の後，娘が空所の発言に続いて，もう一度そのボランティア活動に取り組みたいという趣旨の話をしていることから，空所にはハ「本当にやりがいがあった」が入る。ここでの rewarding は「やりがいがある」「報われる」という意味。なお，残りの3つの選択肢に出てくる reward はすべて名詞で「褒美，報酬」という意味であるため，通常は無報酬で行うボランティア活動にはそぐわない内容であると判断できる。

E. 手助けを申し出てくれた警察官に対して，スミス氏は空所の発言の後，状況を伝えて解決策を求めている。それ対して警察官が Actually, that's quite common.「いやいや，よくあることですよ」と答えている。ここでの Actually は，相手の発言を柔らかく訂正する働きがあるため，答えはニの You won't believe it.「信じられないかもしれませんが」であるとわかる。

F. 好きなコメディアンを答えるためにティモンは少し時間が必要であると言い，それに続く空所の後ではさらにそれは不可能だと言っている。それに対してガレスが「言いたいことはわかるよ，選択肢が多すぎる」と答えていることから，空所にはハ「僕に一人だけを選べと言っているのかい？」が入る。

V 解答 (1) By　(2) because　(3) age　(4) belongs　(5) there

全訳

《水質汚染》

1 すべての天然資源の中で，水は最も貴重なものとなった。地表の極めて広い部分がそれを包み込む海に覆われているが，私たちはこの豊富な水の最中にいながら，それでも水が不足している。奇妙な矛盾ではあるが，地球上の豊富な水のほとんどには海塩が多く含まれているため，農業や工業や人間が消費するのに適しておらず，ゆえに世界の人口のほとんどは重大な水不足を現在経験しているか，その危機にさらされているのである。

2 人類がその起源を忘れてしまい，生存のために自分たちに最も不可欠なものさえ見失っている時代において，他の資源に加えて水資源は，人類の無関心の犠牲となってしまった。殺虫剤による水質汚染の問題は，この問題が属する全体の一部として，つまり人類の総合的環境汚染という全体の一部として，その文脈においてのみ理解することができる。水路に流れ込む汚染物質は，様々な源からやってくる。例えば放射性廃棄物は原子炉や実験室や病院から，放射性降下物は核爆発から，家庭ごみは市や町から，化学廃棄物は工場から。さらにこれらに加わるのが，新しい種類の降下物，つまり耕作地や庭園，森林，畑に散布された薬剤である。人々を不安にさせるこの混合物質に含まれる化学物質の多くは，放射線の有害な影響と同様かそれ以上の影響を持つ。そして化学物質間においては，ほとんど解明されていない危険な影響の相互作用や変化が生じている。

解説

(1) 空所の後ろに far があり，さらにその後ろに比較級を伴う名詞句が続いていることから，空所に by を入れることで比較級を強調する by far という表現を作ることができる。

(2) 空所の手前には地球上の水のほとんどが農業や工業や人間の消費には適さないという内容が書かれており，空所の後ろには，その水に海塩分が含まれているという内容の名詞句があるため，空所の手前の内容の理由を表しているとわかる。よって，空所には because が入る。

(3) まず，空所の手前は不定冠詞の an があるため，空所には母音で始まる単語が入るとわかる。次に，空所の後ろには時を表す関係詞の when があるため，空所には時を表す内容の言葉が入るとわかる。よって空所に入る語は，「時代」という意味の age が適切である。また，別解として era も考えられる。

(4) 空所の手前にある to がヒントになる。この to は前置詞＋関係代名詞の前置詞であるため，本来は空所に入る動詞の後ろに来る前置詞であると推測できる。そこで空所に動詞 belong を入れると part of the whole to which it（＝the problem of water pollution）belongs「それ（水質汚染の問題）が含まれる全体の中の一部」となり，意味が通る。belong to ～「～に所属する，含まれる」

(5) 空所の前には within で始まる，場所を表す前置詞句があり，空所の後ろには be 動詞の are があるため，空所に there を入れると，場所を表す前置詞句が文頭に出てくるタイプの there are ～ の形が成立する。

講評

大問５題の出題であった。2024 年度も 2023 年度と同様，Ⅰ・Ⅱが長文読解，Ⅲが文法・語彙，Ⅳが会話文，Ⅴが比較的短い文章の空所補充の出題だった。

Ⅰ・Ⅱ（読解）：Ⅰは近年話題になっている生成 AI の一種である ChatGPT を批判する内容の英文，Ⅱは野生動物の保護が環境全体の保護に与える影響に関する内容の英文で，Ⅰ・Ⅱどちらも時代を反映した内容の英文であると言える。

例年に比べ，Ⅰの英文に出てくる文構造や語彙の中には難しいものがあり，試験時間内に英文の内容を完全に理解できた受験生はそう多くないだろう。Ⅱについては文法や語彙は平均的なもので，文構造についても難解な箇所は特に見当たらなかった。

内容についてであるが，Ⅰの ChatGPT を批判する内容の英文は，アメリカの著名な言語学者であるノーム=チョムスキーが書いた英文であり，この英文を細かいところまで理解しようとするのであれば言語学の様々な理論の中でもチョムスキーの提唱する理論についての知識を多少なりとも持っておく必要がある。ただ，この英文においてチョムスキーの言語理論は，容量の限界がほぼ無限で膨大な情報を処理する中で一定のパターンを見つけて出力を行うChatGPTの対極にある人間の頭脳が，どのように有限の情報を処理して言語を使い思考するかを説明するための理論として扱われているにすぎないため，ChatGPTやAIの仕組みを少し知っていれば，それと対比的に読むことで大まかな内容はつかむことはでき，設問に答えるためにもチョムスキーの理論を知っている必要はないだろう。

Ⅱの英文では，野生動物の保護が環境全体の保護にどのように影響を与えるのかということが，バイオマスや永久凍土内に含まれる温室効果ガスの話題にも触れながら説明されている。これらの内容は理科や地理の授業で学ぶ事柄であるが，そういった背景知識をあまり持っていない受験生は本文の論理展開についていくのに苦労しただろう。また，比較的平易ではあるが，字数制限（25字）のある英文和訳が出題された。

Ⅰ・Ⅱともに，多くの設問で解答の根拠を探すべき段落が指定されていたり，ポイントとなる単語が示されているため，必要な情報を探しながら根気強く読むとよい。

Ⅲ（文法・語彙）：文法語法の知識を問う問題であった。誤りの箇所を4つの選択肢の中から指摘する問題形式で，難易度は標準的である。

Ⅳ（会話文）：短い会話文が6問出題され，すべて脱落文の空所補充という形式だった。使われている文法や語彙は標準的なものなので，会話の流れを正しく捉えることが重要である。

Ⅴ（読解）：比較的短い文章の空所に適語を入れる記述式の出題であった。英文は，アメリカの著名な生物学者であるレイチェル=カーソンが書いた『沈黙の春』からの引用で，Ⅱと同様に環境問題に関する内容である。空所に入る語は前後の文脈や語句とのつながりから，比較的容易に推測が可能である。

日本史

I 解答

A. (イ)日光東照宮 (ロ)鑑真 (ハ)興福寺 (ニ)蘇我馬子 (ホ)吉備真備 (ヘ)鶴岡八幡宮 (ト)鹿鳴館

B. **1**—c **2**—c **3**—d **4.** 五経博士 **5**—a **6.** 文武天皇 **7**—d **8.** 八条院領（八条女院領も可） **9**—c **10**—c **11.** 森有礼 **12.** 伊沢修二

解説

《古代～近代までの雅楽》

A. (イ) 徳川家康は，死後に「東照大権現」として久能山東照宮に祀られ，のちに日光東照宮に改葬された。

(ロ) 鑑真は，5度の失敗ののち，日本に戒律を伝え，東大寺戒壇院や唐招提寺を創建した。

(ハ) 興福寺は藤原氏の氏寺で，有名な阿修羅像は八部衆の1つで，三面六臂の像である。

(ニ) 蘇我馬子は稲目の子で，大臣を世襲した。同じく大連を世襲した物部尾輿の子の守屋と対立し，587年守屋を滅ぼした。

(ホ) 吉備真備は学者政治家で，717年に唐に留学して，帰国後に橘諸兄に登用される。752年遣唐副使として再び唐に派遣された。

(ヘ) 鶴岡八幡宮は，源頼義が石清水八幡宮を勧請した神社で，源氏の守護神とされた。

(ト) 鹿鳴館は，井上馨の条約改正の一環として，欧化政策のためにつくられた外国人接待の場である。

B. **1.** 正解はc。a．律宗の僧で，西大寺を中心に戒律の復興を進める。b．法相宗の僧で，「興福寺奏状」で法然の専修念仏を批判。d．律宗の僧で，北山十八間戸を建てるなど社会事業に従事。

2. i．誤文。東漢氏の祖は「弓月君」ではなく阿知使主の誤り。

ii．正文。ヤマト政権は朝鮮半島からやってきた渡来人たちを錦織部や鞍作部などの技術者集団である品部に編成した。

3. 正解はd。a．「興」は安康天皇，b．「済」は允恭天皇，c「珍」は反正天皇か仁徳天皇に比定されている。

4. 継体天皇の513年に百済から五経博士が来日して，儒教が体系的に伝来した。

5. ⅰ．正文。『日本書紀』によると，552年に百済の聖明王が欽明天皇に仏像や経論などを献上した。

ⅱ．正文。日本に伝来した北伝仏教（北方仏教）は，大乗仏教が主流である。

6. 大宝律令は701年，文武天皇の時代に刑部親王・藤原不比等らにより編纂された。

7. 正解はｄ。仁明天皇は，藤原冬嗣の娘順子との間の子の道康親王（のちの文徳天皇）に譲位した。

8. 鳥羽上皇が皇女に伝えた荘園群は八条（女）院領で，平安時代末に約100カ所，最終的に220カ所を数え，大覚寺統に継承された。

9. ｃ．正文。応仁の乱で，畠山義就は，父持国の養子となっていた持富およびその子政長と家督を争った。

ａ．誤文。足利政知は，鎌倉に入れず「古河」ではなく伊豆の堀越に留まったため，堀越公方と称された。

ｂ．誤文。伊勢宗瑞（北条早雲）は，「駿河」ではなく伊豆に侵攻して，堀越公方の足利茶々丸を滅ぼした。

ｄ．誤文。細川政元は，「足利義尚」ではなく10代将軍足利義材（義稙）を廃した明応の政変を起こした。

10. ⅰ．誤文。神祇官は，「地方の寺社」ではなく諸国の官社を管轄した。

ⅱ．正文。神祇官は，律令官制の二官の一つで，神祇祭祀をつかさどった。

11. 森有礼は薩摩の出身で，初代文部大臣としていわゆる学校令（小学校令・中学校令・師範学校令・帝国大学令）を公布した。

12. 伊沢修二は，文部省につとめ，旧来の三味線音楽・民謡などに代わり，唱歌教育を始めた。

Ⅱ 解答

A. ㈠服忌　㈡地借　㈢宗門（宗旨人別も可）　㈣卒　㈤壬申　㈥青鞜　㈦労働農民　㈧厚生　㈨日本社会　㈩昭和電工

B. **1**－ｃ　**2**－ｄ　**3**－ｂ　**4**－ｄ

5． 女性の政治活動を禁じた治安警察法第5条が改正されて，女性が政治演説会に参加できるようになった。(50字以内)

6―d　**7．** i―a　ii―c　iii―d　iv―b　**8**―c

解説

《近世～現代の女性史》

A． **(イ)** 服忌令は，親族の忌引などの日数や，死の穢れなどに触れた際の措置を定めた法令。

(ロ) 地借は，地主から土地を借りて，家屋を建てて居住する町人。

(ハ) 宗門改帳は家族ごとに宗旨と檀那寺を記載した帳簿で，のちに人別改と合わせ宗門人別改帳となり，戸籍の役割を果たすようになった。

(ニ) 卒は，旧足軽以下に与えた族籍で，のちに一部を士族，残りは平民に編入された。

(ホ) 壬申戸籍は，1871年の戸籍法にもとづいて，1872年に作成された最初の近代的戸籍。

(ヘ) 『青鞜』は，平塚らいてうらにより創刊された文学団体の雑誌。

(ト) 1926年組織された労働農民党は，合法的な無産政党である。

(チ) 厚生省は，1938年に内務省から分離した官庁で，公衆衛生を担当した。

(リ) 1947年日本国憲法施行後の総選挙で，衆議院第一党となったのは片山哲率いる日本社会党。

(ヌ) 芦田均内閣は，化学肥料会社の復興金融金庫からの融資をめぐる贈収賄事件である昭和電工事件で退陣した。

B． **1．** 正解はｃ。村方三役は，名主（肝煎・庄屋）・組頭・百姓代のこと。年行司は博多で自治を行っていた12人の豪商。

2． i．誤文。史料に「此後何方(このちいずかた)へ縁付致(えんづきいたし)候とも，故障筋無之(こしょうすじこれなく)候」とあることから，誤り。

ii．誤文。史料に宛名が「とくとの」とあることから，喜蔵がとくにわたしているので誤り。

3． b．正文。寛政の改革では，飢饉対策として囲米を命じた。

a．誤文。大岡忠相や田中丘隅を登用したのは，享保の改革。

c．誤文。株仲間の解散を命じたのは，天保の改革。

d．誤文。上米を実施したのは，享保の改革。

4． d．正文。日本労働総同盟と改称したのは1921年。
a．誤文。全日本産業別労働組合会議が結成されたのは1946年。
b．誤文。労働組合期成会を結成したのは1897年。
c．誤文。鉄工組合が結成されたのは1897年，日本鉄道矯正会が結成されたのは1898年。
5． 設問は新婦人協会が求めた治安警察法の改正の内容について問うている。新婦人協会は，治安警察法第5条の女子の政治結社と政治演説会への参加の禁止の条項の撤廃を求め，1922年政治演説会への参加が認められた。
6． 正解はd。トルーマン=ドクトリンの発表は1947年。
7． a．安保改定阻止国民会議の結成は1959年。c．ベ平連の運動開始は1965年。d．安田講堂占拠は1969年。b．沖縄返還協定の調印は1971年。
8． c．正文。村山富市は，片山哲以来の日本社会党出身の首相。
a．誤文。細川護熙内閣は，非自民八党派による連立内閣。
b．誤文。自民党離党者が結成したのは，「社会民主連合」ではなく新党さきがけである。
d．誤文。「1996年」ではなく1998年，自由民主党は「新進党・公明党」ではなく自由党・公明党と連立政権を組織した。

講評

Ⅰ　古代～近代までの雅楽から出題された。文化史は頻出であり，2021年度には芸能史が出題されている。2024年度は，2023年度まで出題されていた視覚資料問題の出題がなかった。Aの空所補充問題は，標準的な問題が多く，全問正解したい。Bの2・5・10の正誤問題は教科書を熟読していれば確実に得点できる良問であった。全体的に高得点が期待できる。

Ⅱ　近世～現代の女性史を問う時事問題からの出題であった。近年注目のジェンダー問題である。共通テストの影響もあり，史料の内容読み取り問題が初めて出題された。また，新婦人協会が求めた治安警察法の改正の内容を50字以内で記す論述問題が出題された。

全体としては，空所補充問題が2023年度の13問から17問に増加したが，正誤問題は2023年度と同様の4問であり，難易度は2023年度並みと言える。年代や時期を問う問題はⅡのBの4・6・7と3問出題されており，年号や年代はなるべく覚えておきたい。

世界史

I 解答

A. 1—b　**2**—d

3. i—c　ii—b　iii—a　iv—d

4—c　**5**—a　**6**—c　**7**—e　**8**—b　**9**—c

10. i—c　ii—d　iii—b　iv—a

11. i—c　ii—a　iii—b　iv—d

12. i—d　ii—b　iii—a　iv—c

B. 1. 16世紀には，商工業地域となった西欧に穀物を供給する農場領主制がエルベ川以東の東欧で形成され，領主は農奴制を強化した。

2. (イ)モノカルチャー　(ロ)貿易開発会議

3. 人件費の安い国への製造業の工場移転によって，雇用の機会を失った労働者は苦境に陥り，グローバル企業は収益を増大させた。

解説

《身分と格差の世界史》

A. 1. bのソロンは，負債の帳消しを決定して中小農民を救い，債務奴隷を禁止し，市民が奴隷化することを防いだ。

2. スパルタは，多数の征服民（ヘロット）の反乱を封ずるための軍国主義体制を確立するとともに，鎖国を行って市民内部での格差発生を防止した。こうした国制を，リュクルゴスの制と呼ぶ。

3. 中国の土地制度は，屯田制（魏），占田・課田法（西晋），均田制（北魏），里甲制（明）の順番。

7. 明代の中国で，無学な庶民も生まれつき備えている道徳心に基づいて聖人の道を実践することができる（つまり，「心即理」「致良知」），と唱えたのは，王陽明である。したがって，eが解答。

9. やや難。シュードラはドラヴィダ系先住民をルーツとするヴァルナ制の最下位であったが，7世紀以降は，商人を除く農牧業・手工業に従事する一般庶民がすべてシュードラとされるようになった。「鍛冶職人」もその手工業者の一つである。

10. フランスからハイチが独立し奴隷制度を廃止（1804年）する前より，

イギリスのウィルバーフォースらの奴隷解放運動が開始され（1780年代），1833年には奴隷制廃止を決定した。一方，独立したアメリカにも奴隷制が残存していたが，南北戦争による北軍の勝利を受けて，1865年に憲法修正第13条によって奴隷制は廃止された。

11. アメリカ軍による南ベトナムへの介入強化を受けて，1960年，南ベトナム解放民族戦線が結成された。敗色を強めたアメリカは，1965年以降，北ベトナム全域への空爆（北爆）を行うも戦況は悪化し続け，1973年のパリ和平協定でベトナムからの完全撤退を決定した。その後，1975年ベトナムではサイゴンが解放勢力の手に落ちたが，隣国のカンボジアでは1976年に民主カンプチア政権がポル=ポト派によって樹立された。

12. やや難。dのブラウン判決（1954年）は，南部諸州で行われていた公立学校における人種隔離を違憲とする最高裁判決。ブラウン判決を受けてアメリカの黒人差別撤廃運動が盛り上がるが，公民権法制定を目指したケネディ大統領は1963年に暗殺された。ケネディの志を受け継いだジョンソン政権の1964年に公民権法は成立するが，1968年にはキング牧師も暗殺された。

B．1． 16世紀以降に農奴制が強化された①地域と②その理由，というのが論題である。①はエルベ川以東の東欧，②は商業革命を背景に，「商工業地域として発展した西欧に穀物を供給する東欧」というヨーロッパ内分業体制の成立のなかで，東欧では農場領主制がより強化された再版農奴制を伴って登場することを述べればよい。

2． (ロ)には，「国連」の語が問題文中にあり，UNCTADの語は入らない。

3． グローバリゼーションが進むなかでの先進国国内の経済格差の深刻さについて，①どういう事態が起きたか，②どのような人が苦境に陥ったか，というのが論題である。3つの語句が与えられているので，①は，製造業工場の人件費の安い外国への移転，となる。②は，製造業工場の労働者の失業と困窮，下請け中小企業の困窮に対し，グローバリゼーションで収益を増大させた多国籍企業（グローバル企業）の存在があり，①に関連して経済格差が深刻化した，となる。

Ⅱ 解答　**A.** (イ)王立協会　(ロ)アダム=スミス　(ハ)大陸会議
(ニ)トマス=ペイン　(ホ)スペイン　(ヘ)武装中立
(ト)ヴォルテール　(チ)ラヴォワジェ　(リ)連邦

B－a

C. **1.** ヴァージニア植民地　**2**－e
3. i－b　ii－a　iii－c　iv－d　**4.** 望厦条約
5－e　**6**－b　**7**－c　**8.** フイヤン派

解説

《アメリカ独立とフランス革命》

A. (イ)　王立協会はイギリスの学術団体だが，フランクリンのような外国人の会員も認められた。

(ロ)　イギリス古典派経済学で著名なアダム=スミスは，スコットランドのグラスゴー大学道徳哲学教授であった。

(ニ)　トマス=ペインはイギリス生まれだが，ロンドンでフランクリンと出会い，人物証明書を得て植民地アメリカに移住していた。

(ト)　ヴォルテールはフランスから追放されてイギリスにわたり，イギリスの自由主義を知ることになった。『哲学書簡（イギリスだより）』の中で，イギリスと比較する形でフランス政治を批判した。

(リ)　アメリカ合衆国憲法は，アメリカ連合規約の州権主義を退けて，中央集権的な連邦主義を採用した。

C. **2.** a．正文。七年戦争の講和条約は，パリ条約である。

b．正文。パリ条約でフランスは，カナダ・ミシシッピ以東のルイジアナをイギリスに割譲し，ミシシッピ以西のルイジアナをスペインに割譲した。その結果，フランスは，それ以前に失っていたニューファンドランド・ハドソン湾・アカディアと合わせ，北米大陸のすべての領土を失った。

c．正文。プロイセンは，オーストリア継承戦争の結果としてのアーヘンの和約でオーストリアから獲得したシュレジエンの領有を，フベルトゥスブルク条約でオーストリアに認めさせた。

d．正文。第三次カーナティック戦争（1758～63年）はプラッシーの戦いと並行して起こった。

3. やや難。砂糖法（1764年），印紙法（1765年），タウンゼンド諸法（1767年），茶法（1773年）の順である。タウンゼンド諸法とは，アメリカ植民地に輸入される特定商品に課する輸入税を定めた法の総称。

4．アヘン戦争後の南京条約（1842 年）を皮切りに，清朝の本格的な対外交易が始まり，1844 年には，アメリカと望厦条約，フランスと黄埔条約を締結した。

5．a．正文。エカチェリーナ 2 世は，南下政策を展開してオスマン帝国と戦争を繰り返した。

b．正文。エカチェリーナ 2 世は，クリム=ハン国を併合するなどして黒海への進出を果たした。

c．正文。エカチェリーナ 2 世は，東欧では，オーストリア・プロイセンとともにポーランド分割を行い，1795 年には，ポーランドの領土を消滅させている。

d．正文。エカチェリーナ 2 世は，ラクスマンを北海道の根室に派遣し，通商を求めた。

6．やや難。a．正文。アメリカ合衆国憲法では，黒人奴隷の人口は，自由人の 5 分の 3 と数える，と規定されていた。

b．誤文。1787 年の憲法は，連邦制と人民主権などの基本原則を定めるのみであったため，1791 年に基本的人権保持を修正条項として加えた。これで初めて憲法に，言論・出版・信仰・集会の自由が明記された。

c．正文。d．正文。

7．やや難。a．正文。ハミルトンは，ワシントン大統領時代の初代財務大臣であった。

b．正文。フランス革命前に米仏は同盟関係にあったが，ワシントンは，フランス革命戦争にあたり 1792 年に中立宣言を発した。

c．誤文。ミシシッピ以西のルイジアナをフランス（ナポレオン政権）から買い取ったのは，ワシントンではなくジェファソン。

d．正文。ワシントンは，辞任の演説（告別演説）で，自らの大統領 3 選を辞退し，連邦主義や孤立主義外交の方針を提唱した。

講評

Ⅰ　世界史における身分と格差をテーマに，時代は古代から近・現代全般にわたり，地域も，西アジア・ヨーロッパ・アメリカからアジア全般にかかわる幅広い出題であった。選択式の設問は全般的に標準レベルであったが，一部に難問も見られた。Aの12は，詳細なアメリカの黒人差別撤廃運動の知識（ブラウン判決など）を背景にした難問であった。論述問題では，Bの1は，商業革命後のヨーロッパ内の分業体制の理解を問う問題だったが，農奴制強化の「理由」という観点を持つことを求める出題と言える。Bの3は，1980年代以降のグローバリゼーションがもたらした影響を問うもので，製造業労働者の苦境といった問題意識は，日常の世界史学習以外に社会全般の変化を時事的に捉えておくことが求められる。世界史学習を幅広く捉えて，日常的に時事問題についても考えておきたい。

Ⅱ　フランクリンの人生を追いながら，アメリカ独立とフランス革命の歴史全般について問う出題であった。時代は18～19世紀，地域は，ヨーロッパ・アメリカからアジアにかかわる出題であった。記述式の設問は全般的に標準レベルであったが，選択式は，教科書レベルを超えているものも見られる。Cの3は詳細な年代知識を求める設問。Cの6は1787年憲法の内容の詳細についての知識を，Cの7はワシントン政権における外交政策の詳細についての知識を求めている。日頃から年代に留意しつつ学習を進めるとともに，より深く教科書・資料集を読み込んでおきたい。

ではなく、狭衣の「親切心」を意味する。「人わろし」は重要な単語であり、〝外聞が悪い・みっともない〟の意である。以上のことからホは合致していると判断する。

講評

大問の構成は例年どおり現代文・漢文・古文の三題からなる。

一 現代文は寺田寅彦の随筆から出題された。「案内者」についての主旨は読み取りやすいが、文章自体は必ずしも読みやすいものではない。語句の問題でも、「泉下に瞑する」「玲瓏たる」「千慮の一失」のように日常ほとんど耳にすることのない古語的な言葉が出題されており、読書を通じての語彙力が試されていた。しかし、読解問題としては、筆者が言っているかどうかを丁寧に見ていけば解答が絞れるようになっているので、標準の難易度と言える。

二 漢文は史伝『後漢書』からの出題であった。問題レベルとしては標準と言えるが、漢文学習に相応の時間を割かないとすんなりとは答えられない問題が多い。たとえば(B)では、比較形の一種である「孰若(いづれゾ)（与ニ）」の用法がわからなければ答えは絞れない。また、(D)では対句の用法、(E)では返読文字と再読文字の用法が問われており、あらかじめ知っていないと判断に手間取ってしまう。

三 古文は『狭衣物語』からの出題だったが、問題の難易度としてはやや難であった。リード文と（注）の説明をしっかり読まないと正答に至るのは難しい。難しい単語も出ているので、単語暗記にはかなり時間を割かなければならない。読解問題としては(L)の内容真偽問題において、選択肢の語句が本文に明確に書かれていないため判断に迷うものがいくつかある。こうした問題は内容の理解力が問われるもので、対処法としては、『源氏物語』などをテキストとし、読解を中心とした問題演習を積み重ねることが有効だろう。

(J)　口語訳の問題と言ってよい。「あらまほし」が〝①理想的だ、②望ましい〟、「覚え」が〝①寵愛、②評判・信望〟の意なので、当てはまるものは3であり、これが正解。

(K)　(a)　尊敬の補助動詞で、動作主への敬意。異人に優れなさっていたのは女一の宮。正解は2。

(b)　謙譲の補助動詞で、動作の受け手への敬意。嵯峨院からお任せ申し上げられたのは大殿。正解は4。

(c)　(b)と同様の敬意。大殿に本当の御娘のように扱い申し上げられたのは女一の宮。正解は2。

(L)　**イ、**傍線部(4)の次の行に「かかる御大人心を」とあるが、この「御大人心」とは狭衣の心を指すのであり、若宮の心ではない。合致せず。

ロ、本文では、このように明確には書かれていないので判定は微妙である。対象箇所は傍線部(4)を含む以下の二文であり、「大臣（大殿）は、実に若宮のご様子などを見申し上げなさるにつけても、もったいない御厚意であるよ（と）、このような一人前の大人としての御配慮を立派だと思い申し上げなさ」ったので、嵯峨院に女一の宮の入内を提案した。言い換えれば、大殿は狭衣が一人前の大人になっていることを喜び、狭衣の意向に従って院に提案しているので、ロの内容と矛盾しない。合致と判断できる。

ハ、これも判定するには微妙な部分がある。傍線部(5)の後に「心ゆかざりつる御後見どもも」とあり、その女房たちも狭衣のことを「心に深くお思いなさっていたのだ」と、一転した評価を与えている。その結果、「心ゆきたる人々多かり」となる。選択肢の「手のひらを返したように」の表現が引っかかるところではあるが、内容としては矛盾がない。ハは合致。

ニ、「狭衣への想いを断って入内するくらいならば」の文中根拠はない。合致せず。

ホ、判断は難しい。解答対象は傍線部(8)の次行にある「内も、かねては…思しめされつれど」であるが、ここをどう理解するかが問われている。「思ひ放つ」は、〝思いを捨てる・あきらめる〟の意であり、狭衣は嵯峨院の意向に反して女一の宮との結婚への思いを捨てたのである。「親心」というのが引っかかる言葉であり、この場合は「親の心」

への深い厚意から若宮を大切に養育している」との関連から考えて、①の意味では適当でない。「もったいない」＝「おそれ多い」ということから1が適当。

(D) 傍線部(4)は「見え」(ヤ下二動詞「見ゆ」の連用形)＋「たてまつら」(謙譲の補助動詞「たてまつる」の未然形)＋「まほしく」(希望の助動詞「まほし」の連用形)の三単語に分解される。「見ゆ」は〝①見える、②見られる、③見せる、④結婚する〟、「たてまつる」は〝〜申し上げる〟、「まほし」は〝〜(し)たい〟と訳される。狭衣は、自分と女一の宮との結婚を期待していた嵯峨院の御意向に添えなかった代わりに、女一の宮の入内を世話するという形で自分の誠実さを見せようとしている。ということから「見ゆ」は③の意味を用いて訳す。

(E) 傍線部(5)は「(院も)どうしていい加減にお思いになられようか(いや、いい加減に思われることなどない)」と反語の意味で訳される。大殿が申し上げた狭衣の大将の提案に対して、嵯峨院がいい加減に思うことはない、つまり、院は狭衣の提案を受け入れるということである。よって5が正解。

(F) 「枝」は親族、「ゆかり」は血縁をたとえている。入道の宮(妹・女二の宮)が突然出家なさった後、狭衣の次の好意の対象者と思われたのは、同じ血縁の姉・女一の宮である。2が正解。

(G) 「様(を)変ふ」は「出家する」ことを意味する。「出家する」の表現には多様なものがあるが、その中に「(身を)やつす」がある。傍線部(7)の後に、「思はずにやつしたまひて…」とあり、設問条件が、動詞を五字以内で抜き出し、その終止形を記すということなので、正解は「やつす」。

(H) 「心よりほか(外)」というのは、不本意・自分の思い通りでないことを意味する。文脈からも、身分の高い人の立場は、何事もかえって思うに任せられなかった、と読み取れるので、女一の宮にとって入内することは、納得していないことであり、つまり不本意だったのである。1が正解。

(I) 傍線部(9)を含む部分の口語訳が、「(女一の宮は容姿も)並一通りでなく、気高く奥ゆかしいご様子など、他の方よりも優れていらっしゃったので」となる。この内容と一致する解釈として4が適当。

（女一の宮）ご自身のお気持ちとしては、長年、（斎院として神に仕えていたため仏道の上では）罪を負ったご状態だったので、母宮と死に別れ申し上げなさった時から、そのまま出家しようとお思いになったのだが、（妹の）女二の宮が、思いがけず出家しなさってしまったので、（姉妹二人が）ひき続いて出家するようなこともどうかとお思いになったのだが、その後も、そうはいっても、すっきりと自分一人のお考えのままにすることも難しかったので、（入内のことを）今更のことと思い嘆きになさって（いるものの）、身分の高い人の御立場というものは、何事もかえって思うに任せられないものなので、不本意ながらも入内なさった。

（女二の宮の）御局は、昔住まわれた弘徽殿である。帝も、以前は狭衣の大将の（女一の宮をいやがって）入内させなさった親切心もどういうわけなのか（と）、体裁悪くお思いになったが、そうはいっても、（女一の宮は容姿も）並一通りでなく、気高く奥ゆかしいご様子など、他の方よりも優れていらっしゃったので、（帝は）たいそう大切になさり、（そのご様子は）理想的なご寵愛であった。嵯峨院も、ひたすら堀川の大臣にお任せ申し上げなさっているので、（大臣も）本当の御娘のように、（女二の宮を）お世話申し上げなさっている。

解説

(A)「心もとなし」は多義語で、〝①気がかりだ・不安だ、②はっきりしない・ぼんやりしている、③待ち遠しい・じれったい〟の意味がある。このうちのどれかに該当するのは3しかなく、これが正解。

(B)「女持ちたまへる人々、…おはしましけることを」までを読み取っていく。大殿は、娘のいる貴族たちが、自分の娘を参内させることに夢中になっているのを、とてもうらやましがり、自分には参内させられる娘が非常に少ないことを、嘆きなさっていたのである。この文脈に合う4が正解。

(C)注意を要する問題である。「ありがたし」は一般の古文単語集では、〝①めったにない・珍しい、②ありそうにない・生きていくのが難しい〟のように説明されるが、あまり知られていない意味として、〝③尊い・もったいない〟がある。解答は1と2に絞られるが、傍線部(3)の上に「嵯峨院の御心ざし（御意向）」とあり、（注）の3「狭衣が嵯峨院

(I)　4

(J)　3

(K)　(a)―2　(b)―4　(c)―2

(L)　イ―2　ロ―1　ハ―1　ニ―2　ホ―1

全訳

（帝に）男子の皇子がいらっしゃらないことを、世の人々は気がかりなことのように思って、娘を持ちなさっている方々は、参内させて（宮中に）集めなさっているのを、堀川の大臣はたいそううらやましく、今更ながらに、こうした人（姫君）が本当に少なくていらっしゃったことを、お嘆きなさったので、狭衣の大将殿は、前斎院の御事を（大臣に）申し出しなさって、「以前より、嵯峨院の御意向を、おそれ多いと思いなさっていたが、いろいろと甲斐がないように御覧になって、終わってしまった代わりには、同じことならば、そのようであっても（女一の宮を後見して入内させることでも）、（嵯峨院の御意向に対して）甲斐のなかった（私の）気持ちのほどを、お見せ申し上げたく（存じます）」などと申し上げなさると、（大臣は）実に若宮のご様子などを見申し上げなさるにつけても、もったいない御厚意であるよ（と）、このような一人前の大人としての御配慮を立派だと思い申し上げなさるので、「確かに、心に（思っていたことだ）。私もとても手持ち無沙汰にいたが、（入内するはずだった）斎院の御代わりにお世話をし申し上げよう」とおっしゃって、嵯峨院に、「このように、狭衣の大将が申しております」と申し上げなさると、（院も）どうしていい加減にお思いになられようか（いや、いい加減に思われることなどない）。（嵯峨院の御意向を受け入れない狭衣の大将の態度に対して）納得していなかった（女一の宮の）後見の女房たちも、「（狭衣の大将は）このようなお考えで、（女一の宮に対して）他人行儀な態度で過ごしてこられたのでしょう。入道の宮が思いがけずに（出家を）なさったのに、飛びついてうれしがるような顔で、同じ血筋のきょうだい（の姉）に気持ちを移しているようには見え申し上げないようにしようと、心に深くお思いになっていたのだ」と、納得している女房たちが多かった。

も」（劉表はたびたび招聘したが）は、劉表が龐公に仕官することを求めたことを言っている。その上で自ら足を運んで「保全天下」に協力してほしいことを暗に伝えた。これらは劉表が龐公の為政者としての才能を認めているからのことであって、4の前半はこれに合致する。さらに「後世何を以て子孫に遺さんや」と述べているので、後半とも噛み合う。4が正解。5については、後半の内容は合致しているが、「苦しい生活をしている龐公に同情」したのかというと、それが劉表の本来の動機と言うことはできない。やはり龐公への才能評価ということから仕官させようとしたのであり、5は合致とは言えない。
1、「かねてから…憧れていて」は本文にない。
2、「結局は…帰って行った」が本文にない。
3、「医者になることで天下を救おうと考えた」とは本文で言っていない。

三

出典 『狭衣物語』〈第三〉

解答

(A) 3
(B) 4
(C) 1
(D) お見せ申し上げたい
(E) 5
(F) 2
(G) やつす
(H) 1

穴ほり、夕にして宿る所を得。夫れ趣舎行止は、亦た人の巣穴なり。且く各 其の栖宿を得るのみ。天下は保んずる所には非ざるなり」と。因りて釈てて壟上に耕し、而して妻子は前に耘る。表指して問ひて曰はく、「先生は畎畝に苦居して官禄を肯んぜず。後世何を以て子孫に遺さんや」と。龐公曰はく、「世人は皆之に遺すに危ふきを以てす、今独り之に遺すに安きを以てす。遺す所は同じからずと雖も、未だ遺す所無しとは為さざるなり」と。表歎息して去る。後遂に其の妻子を携へて鹿門山に登り、因りて薬を采りて反らず。

解説

(A) 「数」には「しばしば」の読みがある。これと同義であるのが1「たびたび」であり、これが正解。

(B) 句形を押さえよう。ここには比較形の一つ、「A孰二若B一」(AはBに孰若ぞ／AとBとではどちらがよいか)が用いられている。傍線部(2)は「夫れ一身を保全するは、天下を保全するに孰若ぞや」(「乎」は疑問の意)と読み、「そもそも我が身の安全を守ることと、天下の安全を守ることではどちらが大切だろうか」と訳すことができる。この比較の内容を含む2が正解。

(C) 傍線部(3)に訓点を施せば「苦二居畎畝一而不レ肯二官禄一」となる。「肯んず」とは、〝承諾する・受け入れる〟ということであり、この意味が踏まえられている4が正解。

(D) 「世人皆遺レ之以レ危」と「今独遺レ之以レ□」の部分は対句の構造になっており、「危ふし」に対しては、対照的な語として「安し」が空欄に入る。正解は4「安」。

(E) まず、前半が逆接確定の句形「雖二～一」(～だけれど)であるので1・3・5と絞る。次に、後半は「為」「無」「所」がそれぞれ返読文字であることを確認する。「無所遺」は「無レ所レ遺」(遺す所無し)となり、「為」は「為二～一」の形をとるので、ここは「為レ無レ所レ遺」となる。これに再読文字「未」と断定の助動詞「也」の読みが加わり、「未レ為レ無レ所レ遺也」(未だ遺す所無しとは為さざるなり)となる。1が正解。

(F) 4と5で迷うだろう。ここは劉表が龐公のもとを自ら訪ねた理由について考えなければならない。「劉表数延請せし

(C) 4
(D) 4
(E) 1
(F) 4

全訳

龐公という人物は、南郡襄陽の人であった。峴山の南に住んでいて、これまで一度も都市に出向いたことがなかった。夫婦は互いに敬い合い、その態度は賓客に接するかのようであった。荊州の長官である劉表が、龐公をたびたび招聘したが、受け入れさせることはできなかった。そこで劉表自ら足を運んで龐公を訪問し、次のように言った、「そもそも我が身の安全を守ることと、天下の安全を守ることではどちらが大切であろうか」と。龐公は笑って答えた、「鴻や鵠は林の高い木の上に巣を作り、日が暮れても休む所がある。黿や鼉は水の深い場所に穴を掘り、夜になっても宿る所がある。そもそも出処進退というものも同様に、人にとっては巣穴のようなものだ。一定の間、それぞれ自分の住む所、宿る所を得ているだけだ。天下は安心して身を寄せる所ではない」と。そこで劉表をそのまま放っておいて畝を耕し、妻と子はその前で草取りをしている。劉表は妻と子を指差しながら尋ねて言った、「先生は苦労して田畑を耕しているが、官職に就いて俸禄を受けることをよしとしない。では、後々子や孫たちに何を遺されるおつもりか」と。龐公は答えた、「世の人々は誰もが子や孫に安心できないものを遺しているが、私は今、この者たちに安心できるものを遺すだけだ。遺すものは同じではないが、これまでに遺すものが何もないと思ったことはない」と。劉表は溜息をついて立ち去った。その後、龐公は妻子を連れて鹿門山に登り、薬草を採りに行ったまま、とうとう帰ってこなかった。

読み 龐公なる者は、南郡襄陽の人なり。峴山の南に居りて、未だ嘗て城府に入らず。夫妻相敬すること賓のごとし。荊州刺史の劉表数延請せしも、屈する能はず。乃ち就きて之を候ひ、謂ひて曰はく、「夫れ一身を保全するは、天下を保全するに孰若ぞや」と。龐公笑ひて曰はく、「鴻鵠は高林の上に巣つくり、暮にして栖む所を得。黿鼉は深淵の下にと、「自分の日々説明している物を絶えず新しい眼で見直す努力を怠っている状態。」となる。だが、これでは字数不足でありかつ説明不足である。そこで、第六段落の「様々な深い感興に動かされたに相違ない」「毎日同じ事を繰返している」「ただ『言葉』だけになる」「眼はその言葉に蔽われて『物』を見なくなる」などの箇所を材料として用い、〈初期状態＝当初は「新しい眼」で見ていた〉〈原因＝同じ説明を反復すること〉〈結果＝「新しい眼」で見る努力を怠っている状態〉というように三つの要素で文を構成していく。

(I) 傍線部(4)は二重否定の文なので端的に言えば、「見当の外れる方が科学者として妥当である場合が」ある、ということである。その理由は前四行で述べられている。「科学者としては…既成科学の系統に照らして妥当に判断を下す」「万に一つその判断が外れれば、それは真に新しい発見であって…」とあるように、ここでの科学者は非科学的実験をしたわけではなく、新たな発見について、すでに認められている既成科学の系統に照らして判断を下しているということから、真っ当な科学者ということができる。この内容に一致する3が適当。

(J) **イ**、第一・二段落の内容と合致する。
ロ、第十三段落二〜五行目の内容に合致しない。
ハ、本文では全く述べられていない。
ニ、第八段落の内容に合致する。
ホ、本文では全く述べられていない。

二

出典 范曄・司馬彪『後漢書』〈巻八十三 逸民列伝〉

解答

(A) 1
(B) 2

難は「案内者は結局案内者である」という自明的な道理を忘れやすいから起こるのではないか。精神的方面の案内では、ただの「案内者」ではなく「師」や「友」になるので、かえって簡単かもしれない。

解説

(C) 「そんなものはつまらないから見るのじゃない」というのは案内者の主観によるもので、そこには「つまる」ものと「つまらない」ものとの比較がなされている。よって〝他との比較の上で成り立つ様〟を意味する「相対的」が適当。

(D) (あ) 「泉下」とは、あの世のことであり、「瞑する」は、眠ること。4が正解。

(い) 「玲瓏」とは、玉などが透き通るような美しい様をいう。この意味に近い「本文中の意味」としては5が適当。

(E) 「千慮の一失」は、どんな知者でも一つぐらいは誤りもある、という意味の故事成語である。同様の意味にあたるのは「弘法も筆の誤り」であり、1が正解。

(F) 傍線部(1)の「ここでいう『罪人』」とは、ニュートン以外の「もっともっと外に沢山ある」罪人のことである。それはつまり、「少なくも責任の半分以上は彼等（ニュートン、ラプラス）のオーソリティに盲従した後進の学徒」（傍線部(1)の三行前）であり、「（真理の殿堂の）第一室の壮麗に酔わされ」た「彼（ニュートン）の被案内者」（傍線部(1)の次行）である。5が正解。他はどれも本文の内容に一致しない。

(G) 傍線部(2)の事例として、第六段落では「丹波の山奥から出て来た」と思われる「黒谷や金閣寺の案内の小僧」が出てくる。この小僧が案内者になる前は、建築や古器物に初めて接して「おそらく様々な深い感興に動かされた」と考えられる。それが案内者になってみると、「品物自身はもう頭の中から消えてなくな」り、「言葉」だけとなって「眼はその言葉に蔽われて『物』を見なくなる」。よってこの小僧がまだ「田舎者」だったときは、「自分の眼に映るものを『物』それ自体として捉え」ていたと言える。この内容に合致する3が適当。

(H) 設問は、「洞窟」がどのようなものかについて、「本文中の表現を用いて」説明することを要求している。「洞窟」とは空間的な比喩であるが、傍線部(3)の指示語「そこ」を踏まえ、第八段落内の言葉を用いて簡潔に答えを作ってみる

国語

一

出典　寺田寅彦「案内者」『寺田寅彦随筆集　第一巻』（岩波文庫）

解答

(A)　(イ)口上　(ロ)甚
(B)　がいぜんせい
(C)　4
(D)　(あ)―4　(い)―5
(E)　1
(F)　5
(G)　3
(H)　同じ説明を反復する間に最初の深い感興を忘れ、「物」を絶えず新しい眼で見直す努力を怠るようになること。（五十字以内）
(I)　3
(J)　イ―1　ロ―2　ハ―2　ニ―1　ホ―2

要旨

名所旧跡の案内者と科学的知識を伝える科学者には、意志が疎通しないゆえに誤解されて非難されるなどの、さまざまな共通した困難がある。景色にせよ科学的知識にせよ、案内者になるのも被案内者になるのも容易ではない。すべての困

/////////////////// · memo · ///////////////////

//////////////////// · memo · ////////////////////

· memo ·

/////////////////// · memo · ///////////////////

/////////////////// · memo · ///////////////////

/////////////////// · memo · ///////////////////

2023年度

問題と解答

■文学部：一般入試〈大学独自の英語を課す日程〉

問題編

▶試験科目・配点

教　科	科　　目	配　点
外国語	コミュニケーション英語Ⅰ・Ⅱ・Ⅲ，英語表現Ⅰ・Ⅱ	200点
地　歴	日本史Ｂ，世界史Ｂのうちから１科目選択	史学科：200点 キリスト教･文･教育学科：150点
国　語	国語総合，現代文Ｂ，古典Ｂ	200点

英語

(75分)

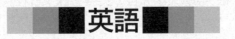

I. 次の文を読み, 下記の設問A・Bに答えよ。解答は解答用紙の所定欄にしるせ。

The exact origins of curling are unclear, but it is widely believed to be one of the world's oldest team sports. While written records of early curling games are rare, the sport appears to have been popular in various European locations in the sixteenth century. The date 1511 was carved into a stone found in a lake near Edinburgh in Scotland (UK). Paintings by the *Flemish artist, Pieter Bruegel (c. 1525-1569), portrayed an activity similar to curling being played on frozen ponds. At that time, European countries had strong trade links, which suggests that the sport had already migrated from one region to another. Over the next five hundred years, the game of curling continued to travel to new countries and regions. Curling has now reached audiences around the world, in part because of international events such as the Olympics and Paralympics, but also through activities such as cultural exchange programs. When or where curling began may be impossible to determine, but its history has long been associated with innovation and adaptation.

What exactly is the sport of curling? Deceptively simple, curling is a sport in which players in two opposing teams slide heavy, smooth stones along ice toward a target. The rink's ice is carefully prepared, so that the stones will smoothly glide along its surface. Brushes are used to smooth the ice in front of the moving stone. The amount of brushing (known in curling as "sweeping") affects the friction and speed of the stone. Success requires teamwork and constant communication between team members. Play continues until all the stones have been played by both teams (five or eight stones for each team, depending on the competition). Expert players take years to perfect their technique because the game requires balance, strength, and coordination. One winning strategy is to knock the opposition's stone out of place just in time for the end of the round. The team that finishes with more stones close to the target wins the round. A full game of curling includes eight or ten rounds.

In its early days, curling was played on frozen lakes and ponds. Its history was shaped by the natural environment in which it was played. The winters in the sixteenth century in Europe were much colder than now, with plentiful snow and ice. Curling is nicknamed the "Roaring Game," with the "roar" coming from the noise of a granite stone as it travels over the ice. Granite is a gray, hard stone with very low water absorption. Each stone weighs around twenty kilograms and the density of granite prevents the frequent contact with freezing water from <u>eroding</u> the stone. The first written description of a curling game appeared in Latin in 1540. A local official in Paisley, Scotland, wrote about a challenge between two local men. In this early game, the two men threw stones along a frozen lake to settle their dispute. It wasn't until 1838 when the first rules of the game were written as a way of standardizing the game. During the nineteenth century, the game traveled wherever Scots settled around the world in cold climates, most notably in Canada, the United States, Sweden, Switzerland, Norway, and New Zealand. When these migrants moved, curling traveled with them.

International curling events were staged in the nineteenth century in Europe and North America, but it was not until the first Olympic Winter Games in 1924, in Chamonix, France, that any form of official international competition took place for men's teams. On that occasion, Great Britain defeated Sweden and France in a series of demonstration matches. In 1932 at Lake Placid, United States, curling again was listed as a demonstration sport at the Olympic Winter Games. Another twenty-five years passed before a meeting in 1957 to consider forming an international organization that would be required to apply for Olympic medal status. Later, various countries expressed an interest in joining the proposed international association, including the United States (1961), Sweden (1962), Norway, Switzerland (both 1964), France (1966), and Germany (1967).

The road to becoming an accepted Olympic sport was not smooth, however. Curling continued to be a demonstration sport at the 1988 Olympic Winter Games and the 1992 Games for women's and men's teams. On 21 July 1992, at its session in Barcelona, Spain, the International Olympic Committee granted official medal status to women's and men's curling. The Organizing Committee of the Nagano

Olympic Winter Games officially agreed to include curling in the Olympic Winter Games in 1998. Eight teams for women and men participated in Nagano. This number was increased to ten from the 2002 Salt Lake City Olympic Winter Games.

Modern-day curling traveled to Japan through a relationship between Alberta, Canada, and Hokkaido, Japan. The prefecture of Hokkaido became a "sister province" of Alberta in 1980. As part of the cultural exchange programs which followed, Alberta sent curlers to Hokkaido to demonstrate the sport. From there, the growth of the sport in Asia was seen when the first World Women's Curling Championship was held in Aomori, Japan, in 2007, and the first World Men's Curling Championship was hosted by Beijing, China, in 2014. Japan's women's team took their first medal at the 2018 Winter Olympics. Following this, the Japanese women's team enjoyed national recognition for their victory. Most recently, the women's final at the Winter Olympics in 2022 was between Great Britain and Japan, with the two countries representing the old and new worlds of the ancient game.

Further innovations in the game have followed with the development of curling as a Paralympic sport. Wheelchair curling was introduced during the 2000 World Ski Championship for Disabled in Switzerland. For that competition, Switzerland and Sweden were the only countries competing. In March 2002, the International Paralympic Committee granted official medal status to wheelchair curling for future competitions. As a result of that decision, the organizing committee of the Torino Paralympic Winter Games in 2006 agreed to include wheelchair curling in their program. Since then, wheelchair curling has been staged at five consecutive Olympics from 2006 to 2022. Mixed doubles wheelchair curling marks a break from traditional curling, as teams are comprised of two players—one female and one male. The rules of wheelchair curling in the Paralympics are also innovative in that sweeping the ice is prohibited. In 2018, the International Paralympic Committee expanded the wheelchair curling event in PyeongChang, South Korea. The number of mixed doubles events was increased again for Beijing's Winter Games in 2022.

What may have started as an enjoyable pastime of throwing stones over ice during a harsh Northern European winter has evolved into a popular modern sport with its own world championships. What is surprising about the popularity of curling is that it cannot simply be played anywhere, since there will always be a need for purpose-built facilities. Curling is still enjoyed outside in some countries when the weather permits. However, these days all national and international competitions take place in indoor rinks with the condition and temperature of the ice carefully controlled. Curling has succeeded in gaining new audiences, with positive implications for funding and investment in local and regional sports. Furthermore, its success coincides with public support for more inclusive sports such as the Paralympics and greater opportunities for female athletes than ever before. Through these innovations, it seems certain that there is a positive outlook for international curling.

*Flemish：フランドル地方（フランス北部，ベルギー，オランダ南西部にまたがる地域）の

A．次の1～9それぞれに続くものとして，本文の内容ともっともよく合致するものを，各イ～ニから1つずつ選び，その記号をマークせよ。

1．The first paragraph states that curling

イ．began in Southern Europe and traveled around the world.

ロ．has been associated with intercultural communication.

ハ．has been depicted in paintings from various countries.

ニ．was confirmed as played in one particular country first.

2．Paragraph 2 is included for the general reader because the author assumes that

イ．curling is taught in school and is familiar to everyone.

ロ．the scoring system is complicated.

ハ．some people are unlikely to have played or seen curling.

ニ．those who already watched can easily understand it.

3．The underlined word eroding（paragraph 3）is closest in meaning to

イ．damaging.

ロ．expanding.

ハ．hardening.

ニ. heating.

4. One reason for the first rules of the game being written was

イ. to clarify the history of curling up to that period.

ロ. to give to travelers who were visiting Scotland.

ハ. to make sure that the game was played with the same rules everywhere.

ニ. to settle the dispute of the men from Paisley.

5. In paragraphs 4 and 5, the author emphasizes

イ. how long it took for curling to attain medal status in the Olympics.

ロ. that many people supported the inclusion of curling in the 1924 Olympic Winter Games.

ハ. that winning a curling tournament in 1924 was more difficult than in 2022.

ニ. why the origins of curling could be traced back to the fifteenth century.

6. The underlined word recognition (paragraph 6) is closest in meaning to

イ. effort.

ロ. fame.

ハ. funding.

ニ. perception.

7. The author of the passage is likely to agree that without Hokkaido's connection to Alberta

イ. curling could not have traveled beyond Canada.

ロ. the Japan women's team might have won more medals.

ハ. Japan's curling culture might not have developed so early.

ニ. wheelchair curling might not have been invented.

8. According to paragraph 7, all of the following statements are true EXCEPT that

イ. the 2006 Winter Paralympics included wheelchair curling.

ロ. mixed doubles wheelchair curling is unlike traditional curling.

ハ. the number of Paralympic wheelchair curling events has been increasing.

ニ．wheelchair curling requires players to sweep the ice during the game.

9．The most appropriate title for this passage is

イ．Curling Players Overcome Physical Challenges.

ロ．Gender Equality in Curling.

ハ．How Curling Became an International Sport.

ニ．Is Mixed Curling the Way of the Future?

B．文中の下線部 Brushes are used to smooth the ice in front of the moving stone.（第2段落）を30字以内で和訳せよ。ただし，句読点は合計字数に含まれる。

Ⅱ．次の文を読み，下記の1～10それぞれに続くものとして，本文の内容ともっともよく合致するものを，各イ～ニから1つずつ選び，その記号を解答用紙の所定欄にマークせよ。

Although social media has potential benefits, it is also important to know its negative aspects. By doing so, we can more fully understand the psychology of our relationships with social media. Recently published research has revealed that the connection between anxiety and social media is one of the core drivers of digital usage. These data suggest that people who use social media frequently turn to it to reduce feelings of anxiety caused by daily life. However, some users of social media may end up with another form of anxiety produced by engaging with their digital platforms. The unfavorable implications for mental health caused by this so-called "double anxiety" are clear. Scientists have found evidence to indicate that some people turn to addictive behaviors like drinking to reduce their stress levels. There are fears that this overuse creates a negative cycle, which is adding to feelings of worry in various ways.

To make sure we have a balanced understanding of our interactions with social media, we should be aware of the problems caused by its overuse. One recent study has revealed that higher amounts of engagement with social media are associated with higher levels of anxiety and depression. What is striking about this new research is that it provides evidence from a long-term study. Another study has demonstrated that educational use of the Internet is not as harmful as spending so much time on social media. Of course, it may be hard to know for sure from the results of these research projects that the use of social media directly causes mental health problems. It may be that people who are anxious in their daily lives use social media to lessen their worries and that this usage makes them worse. It is also possible that other factors could have contributed to the mental health problems in people who used social media heavily. Yet the results of the long-term study seem to suggest an alarming link between social media use and anxiety-related effects. We need to learn more about the types of people who are most likely to overuse social media, and what can be done to help them.

The idea that anxious people tend to turn to social media to escape from their worries has some evidence to support it. Removing access to social media suddenly seems to produce a cycle of increased anxiety. Some consumers of social media are considered "heavy" users if they use it more than four hours a day or if their use exceeds 26% of their time online. When a person is taking a break from a habit they have become addicted to, they may experience unpleasant effects, known as "withdrawal symptoms." For example, when a person suddenly stops drinking caffeine, they may feel depressed for a short time. The same is true of heavy social media use. Despite withdrawal effects, a break from social media use appears to provide relief for heavy users. Still, recent research has suggested, whatever the stresses that motivated entry into the alternative digital world, these may be replaced by other stresses. Social media use itself can fuel the unease. For example, some people tend to make upward comparisons, viewing themselves unfavorably in relation to others. While the tendency to make upward comparisons will not affect every user of social media, there may be problems for some people. They can become even more anxious than they were before the comparisons.

The design of the interaction in social media, measured by "likes" and "followers," relies on perceived likeability. These features can cause damaging comparisons to continue. This is because users may perceive themselves as unlikeable if they do not receive frequent "likes" and "followers." Thus, anxious individuals leave their digital platforms with new anxieties, making them easier to be affected by the harmful effects of life stresses. What happens next is that the additional stress drives them back to the social media platforms in a futile attempt to relieve the anxieties. Coupled with the effects of withdrawal in very heavy users, which also tend to increase anxiety, this situation acts as a powerful driver for more and more use. Also, some highly anxious individuals tend to engage in alcohol consumption when posting on their return to social media. Their anxieties might increase in the longer term, which in turn can harm their health. All these things create a very negative picture of social media. We might consider that these platforms depend on the production of anxiety and depression. People keep on using them partly because of their negative effects.

An additional process fuels social media use for the digital addict. It is often termed the "fear of missing out" or FOMO. In general terms, FOMO is an anxiety about being disconnected from such digital resources as social media. It might happen if you are in a remote area without a signal or, in extreme cases, when you are trapped in a real "face to face" situation and you cannot get your device out for a few minutes. In another recent article, the authors even suggest that FOMO can happen when "people have multiple devices and social media accounts and have little time to check them all.... FOMO can also happen when people get frustrated by others not responding." This fear produces a need to reconnect digitally, and the cycle starts again.

It also turns out that FOMO may have several smaller categories linked to the specific features of using social media. These types of FOMO include: missing out on popularity; missing out on information; missing out on social group interactions; and missing out on the chance to prevent negative comments about the self by others. All of which will drive anxieties that may also exist in the real world, apart from social media. Thus, being digitally disconnected, quite apart from withdrawal and the effects of day-to-day life stresses, will produce FOMO. None of this looks like a good promotion for the use of social media.

It is important to note that not everybody will experience the negative effects of FOMO. Many users of social media interact successfully, with positive feelings of satisfaction. The negative effects may be more prevalent for those with clinically problematic anxieties. However, the numbers affected could still be a relatively high proportion of users, estimated at around 20% of the population. It may also be that some people use social media not as a temporary escape from everyday troubles but as a means of generating excitement in an otherwise dull life. These people may not experience the same withdrawal effects. Still, they may well share the worries associated with social comparison and FOMO, meaning that they are not free from increases in anxiety-related problems.

Social media can provide opportunities for people to connect and reconnect with others and it can help us stay connected with friends and family. Some positive effects of using social media include the expansion of in-person networks and the development of online interactions. However, as shown in the above, several recent articles have made connections between social media use and anxiety. These problems come in many forms. While there is still room for further research to clarify the emerging picture, the work already seems to show that the various forms of anxiety caused by social media are harmful to a person's wellbeing. More than this association, it appears that social media, at least in part, takes advantage of the anxieties that it generates. Although more and more governmental effort is going into digitizing the world to drive the economy, keeping people healthy in body and mind should be part of that effort. Many questions remain about whether or not social media is damaging to our physical and mental health. If the claims about social media are shown to be true, we must find solutions to these society-wide problems.

1. According to the first paragraph, "double anxiety" is caused by
イ. the side-effect of using social media too much.
ロ. a desire to reduce stress while taking exercise.
ハ. the double enjoyment created by social media usage.
ニ. the uneasiness of real life and social media.

2. The evidence from the long-term study of social media use shows that
イ. even those people who do not use social media are affected by it.
ロ. people overusing social media have higher levels of anxiety.
ハ. people using social media can overcome most mental challenges.
ニ. young people are less affected by social media than older people.

3．In paragraph 3, the underlined expression make upward comparisons describes a tendency to

イ．consider ways to become more upwardly mobile.

ロ．talk unfavorably about the problems of others.

ハ．feel inferior to others.

ニ．understand the comparison of others.

4．Using "likes" and "followers" may be problematic because

イ．heavy users of social media are more likely to "like" posts by other anxious people.

ロ．without "likes," heavy users would have nothing to do on social media.

ハ．the "followers" stop using social media platforms.

ニ．people who are already anxious can become more anxious because of these features.

5．In paragraph 4, the underlined word futile is closest in meaning to

イ．ineffective.

ロ．premature.

ハ．unrelated.

ニ．unwise.

6．Paragraph 5 mentions all of the following points EXCEPT

イ．FOMO being an anxiety associated with switching off social media.

ロ．FOMO being unlikely to affect people in rural areas.

ハ．FOMO occurring when people become frustrated by others.

ニ．FOMO occurring when people cannot divide their time effectively.

7．The underlined phrase digitally disconnected (paragraph 6) refers to the action of

イ．suspending the use of social media.

ロ．engaging in social media to avoid FOMO.

ハ．experimenting with the uses of social media at night.

ニ．becoming happier because of day-to-day life.

8. The author gives the example of people who use social media to make their lives more exciting in order to show how

イ. social anxiety happens to everyone in the same way.

ロ. even those with no serious anxiety may still be affected by FOMO.

ハ. anxious people use social media to escape their daily lives.

ニ. the creators of social media platforms are affected by FOMO.

9. The passage suggests that

イ. there is already enough evidence about the specific positive and negative effects of social media.

ロ. more and more government money is being spent on research into social media.

ハ. overuse of social media creates an unhealthy cycle in people's minds.

ニ. children should be protected against social media by creating new laws to control it.

10. The most appropriate title for this passage is

イ. Causes and Effects of Excessive Social Media Usage.

ロ. Reasons to Be Optimistic about Social Media.

ハ. How to Be Creative in Your Social Media Life.

ニ. Life without Social Media: Creating a Working Solution.

Ⅲ．次の文1～8のそれぞれにおいて，下線部イ～ニのうち，英語表現上正しくないものを1つずつ選び，その記号を解答用紙の所定欄にマークせよ。

1．We all(イ) want to protect us(ロ) and our families(ハ) from what is still(ニ) a new and unknown disease.

2．There is(イ) evidence that fireflies have(ロ) vanished from(ハ) many places where they are(ニ) abundant.

3．The recently elected(イ) mayor resigned as a consequence(ロ) of political trouble over(ハ) the support she has(ニ) received from an anti-social group.

4．Federer and Nadal attracted whatever(イ) organizers said(ロ) was a world-record crowd for(ハ) a tennis match(ニ) yesterday.

5．According to(イ) newspaper reports, a suspicious man had been seen surveying(ロ) the jewelry shop just two days ago(ハ) the theft took place(ニ).

6．Familiar as(イ) I was with(ロ) things Japanese, I had never(ハ) encountered such strange manners by(ニ) that moment.

7．When it(イ) comes to play(ロ) golf, Michael is always cutting short(ハ) his business so that(ニ) he can leave work early.

8．I wondered(イ) why couldn't she(ロ) tell me frankly, instead of(ハ) pretending to know(ニ) nothing about it.

Ⅳ. 次の空所(1)～(6)を補うのにもっとも適当なものを，それぞれ対応する各イ～ニから1つずつ選び，その記号を解答用紙の所定欄にマークせよ。

A.

Angela: Since the colder weather started this month, I'm finding it difficult to get up in the morning. How about you?

Barry: I've got the same problem. But we could (1). The shorter days and longer nights at this time of year mean that you can go to bed earlier.

Angela: I see what you mean. I'll give that a try and let you know how it works out.

Barry: Good luck!

(1) イ. remind us again
ロ. remind this
ハ. look behind you
ニ. look at it this way

B.

Emi: What do you think, Frankie? I think the best time of year for surfing is the end of summer when the water is still warm, and the waves are big.

Frankie: In my experience, the start of summer has some good conditions too. I don't mind the cold water as long as the surfing waves are good.

Emi: I think it just (2) how much you want to get out on the water. Even winter surfing is OK if you have the right wetsuit.

Frankie: So true. Let's go surfing next weekend!

(2) イ. goes on
ロ. makes up
ハ. depends on
ニ. takes up

C.

Gerry: Shopping for food is getting so expensive nowadays, don't you think?

Harry: Yes, I agree with you about that, especially considering how much the prices have gone up in the past year.

Gerry: It'd be nice to get paid more!

Harry: (　3　)

(3) イ. I want to try it.

ロ. I couldn't agree more.

ハ. I would be happy to.

ニ. I can't believe it.

D.

Iris: You might not believe this, but today was the first time for me to watch baseball in the stadium.

Jo: That is a bit of a surprise, considering that you've lived in Yokohama for over twenty years.

Iris: I know! I just find the rules a bit confusing. I really enjoyed it. It turned out to be quite exciting in the end.

Jo: (　4　) It's nice to try new things once in a while.

Iris: I agree. Thanks for inviting me.

(4) イ. I'm glad to hear that.

ロ. You know more than I do.

ハ. My opinion is different.

ニ. That's not the point.

E.

Wait staff: Good afternoon. Are you ready to order?

Customer: I'm a bit undecided. Can you tell me about today's specials?

Wait staff: Sure. We have two specials today. One is a salmon main dish, and the other is a vegetarian pasta. The pasta has been very popular.

Customer: Does the pasta contain mushrooms? I'm allergic to mushrooms.

Wait staff: Let me check that for you.

Customer: (5)

(5) イ. I can't wait to see it.

ロ. I require it.

ハ. I want to get it.

ニ. I'd appreciate it.

F.

Interviewer: Thank you for your time today. The interview will last around forty minutes and then there will be some time for questions at the end. (6)

Ms. Smith: Yes, thank you.

Interviewer: Let's begin with some background. Tell us a bit about yourself.

(6) イ. Are you ready to start?

ロ. Can I help you?

ハ. Would you tell me more?

ニ. Can you speak quickly?

V. 次の空所(1)～(5)それぞれにもっとも適当な１語を補い，英文を完成せよ。解答は解答用紙の所定欄にしるせ。

We're still in a time of social distancing, or as WHO urged people to call it, physical distancing. This is a modern incarnation of an old idea. For centuries, people have been using various kinds of isolation to (1) themselves and others against dangers, while inspiring moral and spiritual growth.

The word *quarantine* comes (2) the Latin word for forty, *quadraginta*, but the idea has roots in the Bible. Many biblical figures underwent a period of isolation or testing for forty days and nights, as when Moses received the Ten Commandments on Mount Sinai, or Jesus fasted and resisted the devil's temptation in the wilderness.

In the fourteenth century, Venetian cities began to isolate ships entering their ports in an attempt to stop the plague from spreading. It seemed appropriate to impose a forty-day separation—that is, "quarantina" in the Italian language. (3) the word began to be used in English, it became "quarantine." Quarantines are rules made by governmental authorities, but Jesus' forty days in the desert also inspired people to self-isolate in order to remove themselves from the temptations of the world, and to devote themselves more fully to God.

In the Middle Ages, some monks withdrew from society to live a life of solitary wandering from place to place, relying on God's help in the face of difficulty. There were also those who stayed put. They would be bricked up in a tiny room attached to a church, with small windows through (4) they could see the altar and receive food, never to set foot outside again. While their physical isolation was extreme, they were not lonely. They often became the spiritual center of their communities, sought out for their advice and prayers.

Our current phrase "social distancing" carries a distant echo of these medieval views. It implies that even while we keep ourselves physically (5), we can give priority to the "social." It suggests that in our self-isolation, we are working together for the good of our friends, families, and communities. We are more like walled-in monks than people in quarantined plague ships.

出典追記：Self-isolation has its roots in ancient times, The Christian Science Monitor on April 23, 2020 by Melissa Mohr

日本史

（60分）

Ⅰ. 次の文１～３を読み，下記の設問Ａ・Ｂに答えよ。解答は解答用紙の所定欄にしるせ。

1. 地球的規模の気候変動は，日本の歴史にも大きな影響を与えてきた。弥生時代後期[1]は人口が減少し戦乱が頻発した時代ともいわれるが，その理由の一つに，気候が寒冷化し湿潤になったことがあった。弥生時代の人びとは低地に開かれた水田に隣接する環濠集落に居住したが，降水量の増大とともに，水田近くから離れた高台にも住むようになった。瀬戸内海に面する海抜352メートルの山頂に位置する香川県三豊市の（　イ　）遺跡のような高地性集落は，戦争に備えた逃げ城的な役割を果たしたと想定されるが，同時に水害にも対応できたものと考えられる。

藤原京[2]や平城京が置かれた奈良盆地は水害を受けにくい場所にあたり，降水量が多い時期には政治的中心地として適切な場所であった。班田収授が実施された当初，政府が班給した口分田は熟田だけであり，農民が新たに開墾した田地は含まれなかった。やがて開墾による田地の拡大をはかるため，政府は三世一身法などの新たな法を施行した。このころ政府は，土地を６町四方に区画し，さらにその内部を１町四方に細分化して１から36までの番号を付けて把握する（　ロ　）制を施行した。こうした地割は広範囲で一律に行われたため，既存の耕地の再区画のみならず未開墾地の開発をも含むものであった。

2. 平安京への遷都後，９世紀から10世紀半ば[3]にかけては，乾燥・温暖化が進むなかで気候は不安定になり，旱魃と洪水が交互に起こった。６年ごとの班田の実施が困難になるなど，律令制支配が衰微[4]するなか，光仁天皇の次に即位した（　ハ　）天皇は，班田を一紀一班としたが，やがてそれも途絶した。政府は823年に大宰府管内に（　ニ　）という直営田を設け，歳入減少を補う政策などを実施した。10世紀半ばには乾燥化がもっとも進んだ。旱魃が続くなか，各地では地方豪族を中心に武士団が形成され，平将門の乱[5]や藤原純友の乱などが起こった。

摂関政治期から12世紀の院政期に至る時期には，地方政治や社会のありようが大きく[6]

変わったが，この時期，気候は徐々に寒冷化した。そして12世紀半ばから20年ほど一時的に温暖化が進んだが，直後に低温化し気象災害が頻発した。この変化は治承・寿永の内乱が起きた要因の一つとなったといわれる。この内乱のさなかの（　ホ　）元年を中心に起きた（　ホ　）の大飢饉は，平家が経済基盤とした西日本に大きな打撃を与え，平家滅亡の一因となった。

鎌倉時代には新田開発が進み，また農業の集約化もはかられ生産力は大きく向上した。しかし数十年周期での異常気象による低温化によって，13世紀には飢饉が頻発した。14世紀に入ると気温・降水量ともに増減の幅が激しくなり，各地の荘園では洪水の被害を受けることが多発した。これは南北朝の内乱[7)]が激しかった時期に重なる。15世紀には一転して少雨傾向となって飢饉が起こるようになり，室町幕府の支配が動揺するなか，各地で一揆や戦乱が相次いだ[8)]。こうしたなかでも，鎌倉時代後期以降，荘園や公領の内部では百姓たちがまとまり，惣村という新しい自治的村落がつくられるようになった。惣村では惣掟を作成して，犯罪者や掟に違反したものを処罰するなど村民自身が警察権を行使する[9)]ことがあった。

3．江戸時代は全体にわたって小氷期という寒冷期にあたり，とくに前半期は急速に気候が寒冷化した時期で，冷害が起きやすかった。領主の年貢取り立てはきびしく，さらに民衆は労働力として徴発され疲弊した。こうしたきびしい支配は島原・天草一揆発生の原因ともなった。この一揆を鎮圧するために，幕府は九州の諸大名など12万人余りの大軍を動員し，老中（　へ　）を派遣して，ようやく鎮圧することができた。その一方で17世紀から18世紀半ばにかけて，幕府や諸大名は大規模な治水・灌漑工事を実施し，大河川の下流域に広がる平野などを水田として開発して耕地面積を激増させた。農業技術も進歩し，新たな農具[10)]が開発されるとともに，（　ト　）が著した『農業全書』のような農書が普及することなどで，生産力は高まった。それにともなって人口は，17世紀初頭と比べて18世紀半ばには倍以上に増加し，総人口は3000万人を超えたと推計される。

これに対して，18世紀後半以降の総人口は停滞した。北陸や西日本では新田開発などによる耕地面積の増大がみられ，人口も増えたが，東日本や畿内では，頻発した凶作とそれにともなう飢饉の影響で人口は減少した。年貢収入の増加には限界があったため，年貢増徴によらない財源を見出して，老中田沼意次は新たな政策を試みた[11)]。しかし，その子で若年寄であった（　チ　）が江戸城中で斬殺され，また浅間山噴火などの災害や天明の飢饉が起こり，一揆や打ちこわしが頻発したため，田沼意次は老中を罷免された。天明の飢饉も冷害による不作がもたらしたものだが，東北諸藩が藩財政を成り立たせるために年貢米を大坂に回送して販売したことも，その原因の一つであった。東北諸藩は，凶作が見込まれても大坂への回送を停止せず，その結果領内の米が不足して，飢饉を招くという悪循環を引き起こした。江戸時代は，飢饉以外にも，降水量の増大が洪水を招くなど，水害も頻発した。冷害や水害への対応力は，現代社会よりもはるかに脆弱だったのである。

A．文中の空所(イ)～(チ)それぞれにあてはまる適当な語句をしるせ。

B．文中の下線部1)～11)にそれぞれ対応する次の問1～11に答えよ。

1．これに関する記述として正しいのはどれか。次のa～dから1つ選び，その記号をマークせよ。

a．灌漑施設を必要とする乾田は，湿田よりも生産性が低かった

b．九州北部では，死者の骨を土器に詰める再葬墓が数多くみられる

c．耕作用の農具として，刃先まで木製の鋤や鍬が用いられた

d．青銅器は使用されたが，鉄器は使用されなかった

2．これが宮都であった時期の出来事として正しいのはどれか。次のa～dから1つ選び，その記号をマークせよ。

a．庚寅年籍がつくられた

b．百万町歩の開墾計画がたてられた

c．養老律令が施行された

d．和同開珎が発行された

3．この時期に起きた次の出来事a～dのうち，もっとも古いものを解答欄のｉに，次に古いものをⅱに，以下同じようにⅳまで年代順にマークせよ。

a．大納言伴善男は応天門の放火事件の犯人とされ，配流された

b．藤原時平の策謀によって，菅原道真が大宰府に左遷された

c．藤原基経は宇多天皇の勅書に抗議し，これを起草した橘広相の責任を追及した

d．平城上皇が藤原薬子や藤原仲成とはかり，重祚を企てた

4．これへの対策を記した「意見封事十二箇条」を醍醐天皇に提出した人物は誰か。その名をしるせ。

5．これを鎮圧した，下野国の押領使であった人物は誰か。その名をしるせ。

6．これに関する記述として正しいのはどれか。次のa～dから1つ選び，その記号をマークせよ。

a．院庁下文によって荘園が立荘され，鳥羽院による長講堂領と後白河院による八条

院領などが形成された

b．貴族や大寺社の権威を背景に，太政官符や民部省符によって租税を免除された国免荘が増加した

c．後三条天皇は延喜の荘園整理令を出し，記録荘園券契所を設けて基準に合わない荘園を停止した

d．租・調・庸や正税の利稲，雑徭などが統合され，官物・臨時雑役という税目で徴税されるようになった

7．これに関する次の文ⅰ・ⅱについて，その記述の正誤の組み合わせとして正しいのはどれか。下記のａ～ｄから１つ選び，その記号をマークせよ。

ⅰ．応安の半済令が出され，近江・美濃・尾張３カ国の荘園年貢の半分が，一年間に限って兵粮料所として守護に預けられた

ⅱ．守護の役割が大きくなり，守護がみずから段銭・棟別銭・分一銭を徴収するようになった

ａ．ⅰ：正　ⅱ：正　　ｂ．ⅰ：正　ⅱ：誤

ｃ．ⅰ：誤　ⅱ：正　　ｄ．ⅰ：誤　ⅱ：誤

8．これに関する次の出来事ａ～ｄのうち，もっとも古いものを解答欄のⅰに，次に古いものをⅱに，以下同じようにⅳまで年代順にマークせよ。

ａ．加賀の一向宗門徒らが守護富樫政親を敗死させた

ｂ．将軍足利義勝の代始めに嘉吉の土一揆が起きた

ｃ．将軍足利義政の後継をめぐり，応仁の乱が始まった

ｄ．土地・質物の取戻しなどを徳政として求める正長の土一揆が起きた

9．これを何というか。その名をしるせ。

10．これの１つで，下図に示した農具は何か。その名をしるせ。

（『老農夜話』）

11. これに関する次の文ⅰ・ⅱについて，その記述の正誤の組み合わせとして正しいのはどれか。下記のa～dから1つ選び，その記号をマークせよ。

ⅰ．特定の御用商人に銅・鉄・真鍮・朝鮮人参などの座をつくらせ，流通の統制と運上徴収をはかった

ⅱ．4枚で小判1両に引き換えることができる南鐐二朱銀を，金貨の代わりとして通用するように大量に鋳造した

a．ⅰ：正　ⅱ：正　b．ⅰ：正　ⅱ：誤

c．ⅰ：誤　ⅱ：正　d．ⅰ：誤　ⅱ：誤

Ⅱ. 次の文1～6を読み，下記の設問A・Bに答えよ。解答は解答用紙の所定欄にしるせ。

1．14世紀前半に元と高麗が衰退し始めると，その国土の沿岸部を襲撃する日本人の海賊集団が現れ，倭寇と呼ばれた。14世紀後半に元は北方に追われて明が建国された。明は九州にいた南朝の征西将軍（　イ　）に朝貢と倭寇の禁圧を求めていたが，南北朝合一後，足利義満が明に国書を送り，朝貢形式の日明貿易が開始された。高麗を滅ぼした朝鮮も，日本に貿易の開始と倭寇の禁圧を求め，1419年には朝鮮軍が倭寇の根拠地と考えた対馬を急襲した。その後，朝鮮とは癸亥約条が結ばれ，日朝貿易(1)が行われた。

2．明は民間人の海外渡航を禁じる海禁政策を実施したが，密貿易が盛んになり，日明貿易が途絶(2)する16世紀半ばから中国産の生糸を積んだ多数の中国船が日本に来航し，日本産の銀との交換を求めた。明が中国沿岸部にある密貿易の拠点を攻撃すると，密貿易者の一部は九州の港町に拠点を移し(3)，中国・朝鮮の沿岸を襲撃しつつ密貿易を続けた。ポルトガル人も日中間の貿易に参入し，1557年に明から（　ロ　）居住を許可され，ここを根拠地としてポルトガル船は毎年のように九州の諸港に来航した。

3．1600年にリーフデ号(4)が豊後に到着したのをきっかけに，1609年にオランダ東インド会社が平戸に商館をおき，1613年にイギリスもそれに続いた。マラッカ・（　ロ　）との定期航路が開かれた長崎には，ポルトガル船が来航していた。1616年に中国船以外の寄港は長崎・平戸に限定され，オランダとの競争に敗れたイギリスは1623年に商館を閉鎖して日本を去った。幕府はキリスト教の布教を警戒し，1639年にポルトガル船の来航を禁止した。1641年にオランダ商館は平戸から長崎の出島に移され，幕末開港期まで長崎は西欧文化・学問の伝来窓口(5)となった。

4．女真族6)の系譜をひく王朝の清が17世紀前半に朝鮮を服属させ，明を滅ぼした。明清交代の動乱がおさまると日本へ来航する中国船が増加した。日本は金銀の流出を抑制するため，中国船の来航や中国人の居住区域を制限7)した。長崎における管理制限された日中貿易は幕末まで続いた。明治期に入って日本は，1871年に最初の外国との対等条約となる（　ハ　）を清と結び，相互に開港することなどを定めた。日清戦争後の下関条約により，清は日本に賠償金を支払い8)，朝鮮の独立を認めた。

5．第一次世界大戦による欧州列強の勢力後退を機に，中国における権益拡大をはかった大隈重信内閣は，1915年，北京の（　ニ　）政権に二十一カ条の要求9)を示し，その大部分を承認させた。（　ニ　）の死後，寺内正毅内閣10)は，1917年から翌年にかけて中国政府に巨額の借款を与え，中国におけるさらなる権益拡大をはかった。その後，1921年から翌年にかけて東アジア・太平洋地域の平和と安定のためにワシントン会議11)が開催され，四カ国条約，九カ国条約12)，海軍軍縮条約が結ばれた。

6．1937年に勃発した日中戦争は長期化し，1939年に日本軍は海南島を占領して南方進出の動きを見せた。1940年6月にドイツがフランスを降伏させると，南方進出の好機と判断した近衛文麿内閣は，同年9月に北部仏印に軍隊を進駐させ，アメリカを仮想敵国とする（　ホ　）に調印した。翌年7月には日本軍は南部仏印にも進駐した。こうした日本の動きに対して，アメリカは日本に対する経済制裁13)を重ね，日本の軍部では対アメリカ開戦論が強まった。1941年に始まった太平洋戦争は，1945年に日本の降伏で終わった。日本は連合国に占領されることとなったが，事実上アメリカ軍の単独占領となり，占領はサンフランシスコ平和条約が発効する1952年まで続いた。1951年のサンフランシスコ平和条約の調印日には日米安全保障条約14)も調印された。

A．文中の空所(イ)～(ホ)それぞれにあてはまる適当な語句をしるせ。

B．文中の下線部1)～14)にそれぞれ対応する次の問1～14に答えよ。

1．これの交易拠点となった朝鮮半島南部の港として正しくないのはどれか。次のa～dから1つ選び，その記号をマークせよ。

a．塩浦　　b．済物浦

c．富山浦　　d．乃而浦

2．これに関する記述として正しいのはどれか。次のa～dから1つ選び，その記号をマークせよ。

a．将軍足利義昭が京から追放されると，貿易は途絶した

b．将軍足利義教が朝貢形式に反対し，貿易は途絶した

c．寧波の乱が起こり，貿易は途絶した

d．博多商人と結んでいた大内氏が滅亡し，貿易は途絶した

3．これに関する次の文中の空所〈あ〉・〈い〉それぞれにあてはまる語句の組み合わせとして正しいのはどれか。下記のa～dから1つ選び，その記号をマークせよ。

中国の密貿易者であった＜　あ　＞は，五島に拠点を移した後，＜　い　＞の勧誘に応じて平戸に拠点を移し，平戸は貿易でにぎわうようになった。

a．〈あ〉：王直　〈い〉：有馬晴信　　b．〈あ〉：王直　〈い〉：松浦鎮信

c．〈あ〉：鄭成功　〈い〉：有馬晴信　　d．〈あ〉：鄭成功　〈い〉：松浦鎮信

4．これのイギリス人の水先案内人で，後に徳川家康の外交顧問となったのは誰か。その日本名を漢字でしるせ。

5．これに関する記述として正しくないのはどれか。次のa～dから1つ選び，その記号をマークせよ。

a．オランダ商館付医師のシーボルトが，長崎郊外に鳴滝塾を開いた

b．西川如見が，長崎に集まる世界地理情報に基づき『華夷通商考』を編纂した

c．本居宣長が，長崎で多くの西洋古典を収集して『玉勝間』を編集した

d．元長崎オランダ通詞の志筑忠雄が，万有引力説や地動説を紹介した

6．これの一部が11世紀に対馬・壱岐を経て博多周辺に来襲した際に，九州の武士を指揮してこれを撃退した大宰権帥は誰か。その名をしるせ。

7．17世紀後半に実施されたこれに関する次の文ⅰ・ⅱについて，その記述の正誤の組み合わせとして正しいのはどれか。下記のa～dから1つ選び，その記号をマークせよ。

ⅰ．長崎に雑居していた中国人の居住を唐人屋敷に限定した

ⅱ．来航する中国船を年間70隻から年間30隻に制限した

a．ⅰ：正　ⅱ：正　　b．ⅰ：正　ⅱ：誤

c．ⅰ：誤　ⅱ：正　　d．ⅰ：誤　ⅱ：誤

8．これに関連して，賠償金等の使途を示した下図の空所〈う〉・〈え〉それぞれにあてはまる語句の組み合わせとして正しいのはどれか。下記のa～dから1つ選び，その記号をマークせよ。

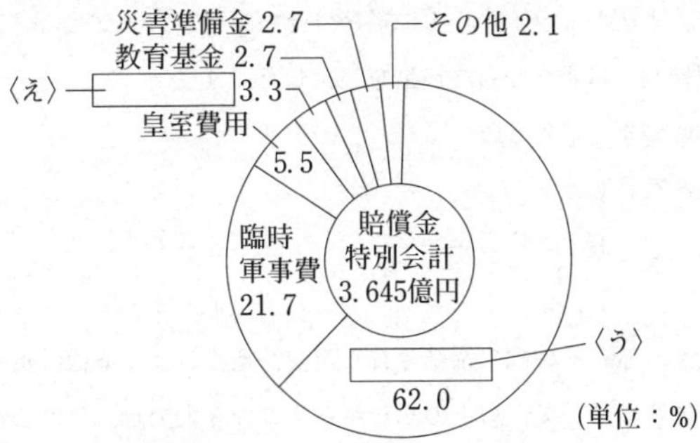

a．〈う〉：金本位制準備金　〈え〉：台湾経費

b．〈う〉：金本位制準備金　〈え〉：朝鮮経費

c．〈う〉：軍備拡張費　　　〈え〉：台湾経費

d．〈う〉：軍備拡張費　　　〈え〉：朝鮮経費

9．これに関して，中国側の反対を受けて撤回された要求はどれか。次の a ～ d から 1 つ選び，その記号をマークせよ。

a．漢冶萍公司の日中共同経営

b．中国政府による日本人顧問の雇用

c．南満州および東部内蒙古の権益強化

d．旅順・大連の租借期間延長

10．これに関する次の文ⅰ・ⅱについて，その記述の正誤の組み合わせとして正しいのはどれか。下記の a ～ d から 1 つ選び，その記号をマークせよ。

ⅰ．第一次世界大戦時の輸出増加を背景に，金輸出を解禁した

ⅱ．立憲同志会を与党としたが，米騒動が原因で総辞職した

a．ⅰ：正　ⅱ：正　　b．ⅰ：正　ⅱ：誤

c．ⅰ：誤　ⅱ：正　　d．ⅰ：誤　ⅱ：誤

11．これに日本全権として派遣された海軍大臣は誰か。その名をしるせ。

12．これに関する記述として正しくないのはどれか。次の a ～ d から 1 つ選び，その記号をマークせよ。

a．これにより石井・ランシング協定が廃棄されることになった

b．これの調印と同時期に，山東省旧ドイツ権益を返還する条約も日中間で結ばれた

c．太平洋上の各国領土に関する現状維持の尊重が定められた

d．中国の主権尊重，領土保全，門戸開放，機会均等などが定められた

13．これに関する次の出来事ⅰ～ⅲについて，もっとも古いものから年代順に並んでい

る組み合わせはどれか。下記のａ～ｆから１つ選び，その記号をマークせよ。

ⅰ．在米日本資産を凍結し，日本への石油輸出を禁止した

ⅱ．日米通商航海条約の破棄を通告した

ⅲ．日本への屑鉄輸出を禁止した

ａ．ⅰ－ⅱ－ⅲ　　ｂ．ⅰ－ⅲ－ⅱ　　ｃ．ⅱ－ⅰ－ⅲ

ｄ．ⅱ－ⅲ－ⅰ　　ｅ．ⅲ－ⅰ－ⅱ　　ｆ．ⅲ－ⅱ－ⅰ

14. これは1960年に改定される。その際に締結された新安保条約および条約付属文書に明記された主要な改定内容について，以下の語句から２つのみ選択し，その語句を１回ずつ使用して45字以内で説明せよ。なお，解答文中の使用した語句には下線を付けよ。

沖縄返還　事前協議　全面講和　賠償責任

覇権条項　ＰＫＯ　保安隊　防衛義務

世界史

(60分)

Ⅰ. 次の文を読み，下記の設問A～Cに答えよ。解答は解答用紙の所定欄にしるせ。

人類の歴史と地理的条件との関わりについて，いくつかの例をかいつまんで見てみよう。大河流域については，ティグリス川・ユーフラテス川流域に<u>シュメール人によって築かれた文明</u>1)や，ギリシアの歴史家（　イ　）によって「<u>ナイル</u>2)の賜物」といわれたエジプトの古代文明の例が知られる。

もちろん，大河だけが文明の成立条件ではない。紀元前8世紀頃からペルシアでは，山麓から水を引く（　ロ　）と呼ばれる地下水路が発達し，これは今でも西アジア乾燥地域における人々の生活を支えている。そのような水利整備に加え，前6世紀に興ったアケメネス朝ペルシアでは，（　ハ　）制をともなった道路網が整備された。

高地でも文明は発達した。南米アンデスのインカ文明は，気候の異なる山脈の東西間でなされる産物の交易をもとに成立したとする説がある。仲介的な位置にあった<u>アンデス高地</u>3)のインカの人々が交易の主導権を握ったのである。インカ帝国は16世紀に（　ニ　）に率いられたスペイン人征服者によって滅ぼされた。インカ征服に先立つ1494年に締結された（　ホ　）条約で，当時新大陸進出を争っていた<u>スペイン</u>4)とポルトガルの勢力境界が定められていたが，その一方で太平洋方面における勢力境界は定まっていなかった。そのため16世紀に入ると，クローヴ・ナツメグなどの特産地で香料諸島とも呼ばれる（　ヘ　）諸島の権益をめぐって両国は対立した。

山脈は陸上移動の障壁として，歴史上重要な境界線にもなる。例えば，第二次ポエニ戦争の際，陸路でローマ領内へ侵攻したカルタゴの将軍（　ト　）が，ピレネーやアルプスの山脈越えで苦労を強いられたことはよく知られている。ローマはイタリア半島に攻め込まれて一時混乱したものの，前202年には北アフリカの（　チ　）の戦いでカルタゴに勝利した。

ヨーロッパでは大きな川も，歴史上重要な境界線をなしている。例えばドナウ川は，トラヤヌス帝の時代に現ルーマニアにおおよそ相当する地域である（　リ　）を属州化するまで，ローマの領土の北の境界線であった。この川の上流域は外部から侵入しやすい平原という地形的条件もあって，その後も東西諸勢力の攻防の場となった。例えば9世紀末以降西進してきたマジャール人が10世紀に東フランク領内に入り込んできた際，東フランク王は955年，ドナウ川上流域の（　ヌ　）の戦いでこれを撃退した。また，14世紀以降勢力を拡大してきたオスマン帝国は，＜　あ　＞の時代にハンガリーを征服した。その際，1526年にオスマン軍がハンガリー軍を破った＜　い　＞での戦いも，ドナウ川流域の平原で繰り広げられた。その後オスマン軍はウィーンにまで迫り，ヨーロッパ世界に衝撃を与えた。

　このように川の流域はしばしば争いの場となったが，一方で川は古くから重要な交通路とも見なされてきた。例えばライン川とドナウ川を結ぶ運河5)の構想は，カール大帝の時代から存在していたと言われている。

A．文中の空所（イ）～（ヌ）それぞれにあてはまる適当な語句をしるせ。

B．文中の空所〈あ〉・〈い〉にあてはまる語句を，それぞれ対応する次のa～dから1つずつ選び，その記号をマークせよ。あてはまるものがない場合は，eをマークせよ。

〈あ〉　a．スレイマン1世　b．セリム2世　c．バヤジット1世　d．メフメト2世

〈い〉　a．コソヴォ　b．ニコポリス　c．ブダペスト　d．モハーチ

C．文中の下線部1）～5）にそれぞれ対応する次の問1～5に答えよ。

1．メソポタミア文明と呼ばれるこの文明の都市国家では，階段状の基壇をもつ宗教的建造物が築かれた。「聖塔」などと訳されるその建造物の呼び名をカタカナでしるせ。

2．ナイル川は現代エジプトにおいても水利上重要な川であり続けている。1954年にエジプトはこの川の上流にアスワン＝ハイダムを建設しようとしたが，その建設費用をめぐる他国との対立は1956年には戦争にまで発展した。この戦争が始まった時のエジプト大統領は誰か。次のa～dから1つ選び，その記号をマークせよ。あてはまるものがない場合はeをマークせよ。

a．サダト　b．ナギブ　c．ナセル　d．ムバラク

3．ここを原産地とする作物のひとつは後にヨーロッパに伝えられ，飢饉や戦乱による穀物不足時に「貧者のパン」として重宝され普及した。この作物の名をしるせ。

4．これに関する次の問ⅰ・ⅱに答えよ。

ⅰ．1580年にスペイン王がポルトガルの王位を継承したことにより，両国は同君連合の関係となった。このスペイン王は誰か。次のa～dから1つ選び，その記号をマ

ークせよ。あてはまるものがない場合はｅをマークせよ。

ａ．カルロス１世　　　ｂ．カルロス２世

ｃ．フェリペ２世　　　ｄ．フェリペ３世

ii．スペインの新大陸進出の結果大量の銀がヨーロッパに流入したことは，ヨーロッパの経済に大きな影響を与えた。次のグラフは16世紀前半から18世紀なかばにかけてのイギリス，イタリア，ポーランドのある都市における小麦価格の推移を示している。これに関する下記の問①・②に答えよ。

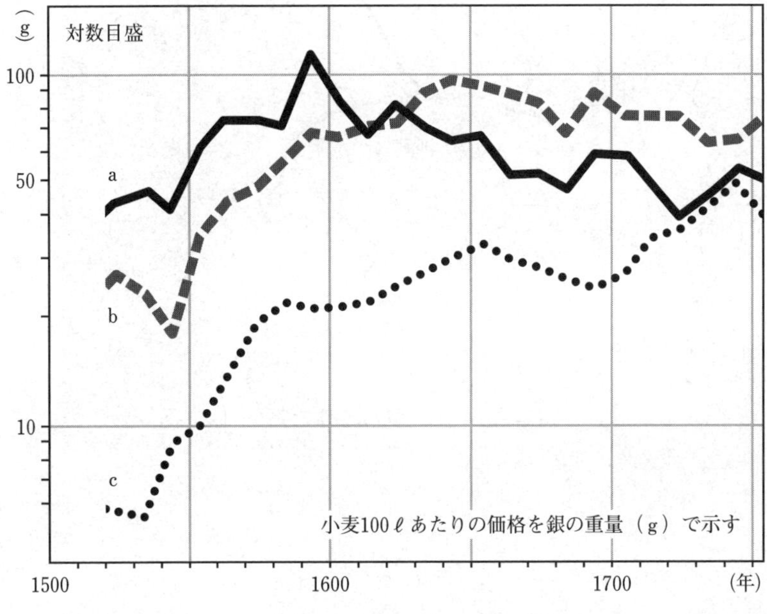

①グラフのうちポーランドに該当するのはどれか。図中のａ～ｃから１つ選び，その記号をマークせよ。

②16世紀以降のポーランドにおける経済状況の変化に関する記述として最もふさわしいものを，次のａ～ｄから１つ選び，その記号をマークせよ。

ａ．遠隔地貿易におけるバルト海の地位が高まり，商工業が発達した

ｂ．銀の価値の下落により固定地代に依存する領主層が没落し，自立農民が増えた

ｃ．銀の価値の上昇により穀物価格が下落し，自立農民の隷属化が進んだ

ｄ．領主が西欧への輸出用穀物の生産に力を入れ，商工業の発展が立ち遅れた

5．大運河の構想はもちろんヨーロッパ以外にも存在し，例えば中国の隋の時代の大運河もその例である。隋代に開通した運河のうち，煬帝の即位以前に完成していたものはどれか。次の図中のａ～ｄから１つ選び，その記号をマークせよ。

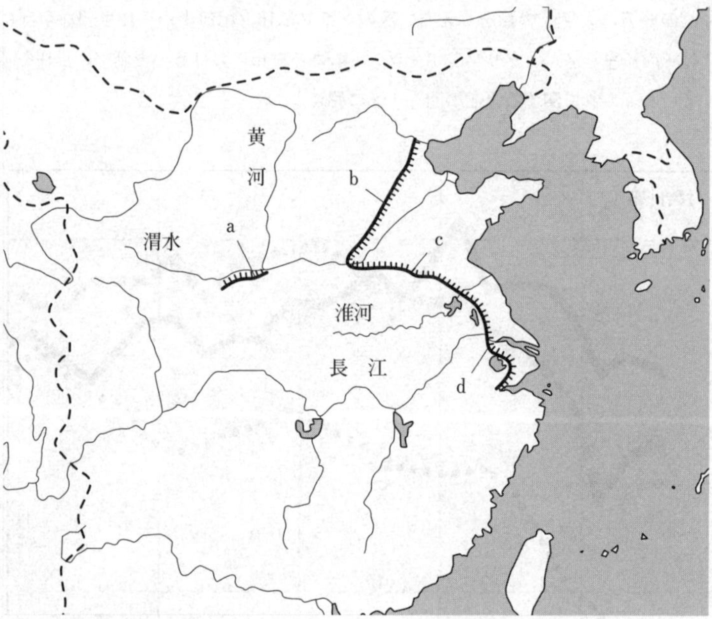

Ⅱ．次の文を読み，文中の下線部１）～18)にそれぞれ対応する下記の設問１～18に答えよ。解答は解答用紙の所定欄にしるせ。

人類が１日の時刻の測定に初めて使った時計は，日時計とされている。日時計は，晴天では機能するが，曇天や夜間では時間が把握できないという弱点があった。それを補うために，水時計が発明された。最古の水時計は，古代エジプト１）の第18王朝２）第２代ファラオ，アメンホテプ１世の墓で見つかったものだとされる。その後も水時計は各国で利用され，古代ギリシア３）では紀元前４世紀に，プラトン４）が水時計を応用した目覚まし時計を使用した。また，後２世紀中頃，ローマ支配下のアレクサンドリア５）には，定時になると人形が現れるからくり水時計があった。

水時計はアジアでも使用され，中国では「漏刻」と呼ばれる時計が発明された。後漢６）の時代になると，水時計の貯水量の減少に伴う誤差を補正するために，水槽が２段にされた。その後，唐代７）には４段にするなどの改良が加えられた。なかでも，北宋８）の時代の11世紀に建設された水運儀象台は，巨大な建築物であった。

西洋の記録に残る最初の機械式時計は，後にローマ教皇となるジェルベールが10世紀にマクデブルク９）に作ったものとされる。また，ミラノ10)では，1309年11)に教会で鉄製の時計が取り付けられていた記録があり，ダンテの『神曲』12)の「天国篇」にはこの時計のアラーム機構についての記述がある。現存する欧州で最古の機械式時計は，1370年13)から翌年にかけてフランスのシャルル５世が，ドイツから招いた時計職人につくらせた宮廷の塔時計とされる。

時計技術の革新は，ガリレイ14)による振り子の等時性原理の発見が端緒となった。その後，1656年頃にホイヘンスにより振り子時計が開発され，時計の精度は大幅に向上した。また，米国ではホイットニー15)らによる生産の革新がすすみ，低価格化により機械式時計は庶民に普及した。時計の普及にともない，1884年16)に国際子午線会議で，経度と世界標準時刻の基準となる場所17)が決定された。

一般の人が，手軽に時刻合わせに利用したのは，ラジオ放送での時報である。1924年18)から英国では，国内で時間を統一できるように，ＢＢＣが時報を流した。現代では，電波修正時計が手軽に入手できるようになったため，われわれは正確な時刻を容易に確認できるようになっている。

１．ここで，ミイラとともに埋葬された絵文書（『死者の書』）のなかで，最後の審判をするとされる冥界の王をなんというか。その名をしるせ。

2．この王朝は，デルタ地帯に王朝を建てていた人々の集団を駆逐することで成立した。駆逐されたこの集団を何とよぶか。その名をしるせ。

3．この時代の，次の人物ｉ・ⅱの作品を，それぞれ対応する次のａ～ｄから１つずつ選び，その記号をマークせよ。あてはまるものがない場合は，ｅをマークせよ。

ｉ．ヘシオドス

ａ．『アガメムノン』　ｂ．『イリアス』

ｃ．『オイディプス』　ｄ．『労働と日々』

ⅱ．エウリピデス

ａ．『アンティゴネー』　ｂ．『女の議会』

ｃ．『神統記』　ｄ．『メデイア』

4．この人物が説いたイデア論で，永遠に変わることなく実在するとされた観念にあてはまらないものはどれか。次のａ～ｄから１つ選び，その記号をマークせよ。すべてあてはまる場合は，ｅをマークせよ。

ａ．真　ｂ．正義　ｃ．善　ｄ．美

5．この都市を建設した人物が，前331年に陥落させたペルシア帝国の首都はどこか。地図の中のａ～ｄから１つ選び，その記号をマークせよ。

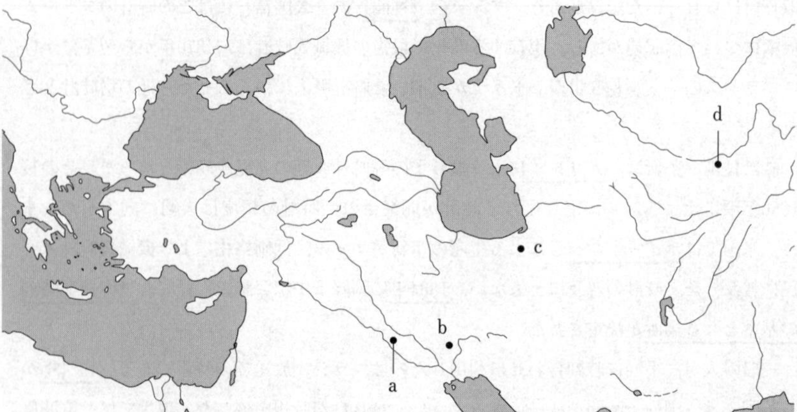

6．この時代に西域都護となった班超が，大秦国に派遣した人物は誰か。その名をしるせ。

7．この王朝の太宗と家臣の対話をまとめた帝王学の教科書とされる書物は何か。その名をしるせ。

8．この王朝に関する次の問ｉ・ⅱに答えよ。

ｉ．首都はどこか。その名をしるせ。

ⅱ．宰相王安石が実施した法にあてはまらないものはどれか。次のａ～ｄから１つ選び，その記号をマークせよ。すべてあてはまる場合は，ｅをマークせよ。

ａ．均輸法　　ｂ．市易法　　ｃ．青苗法　　ｄ．保甲法

9．この都市に大司教座を置いた人物は誰か。次のａ～ｄから１つ選び，その記号をマークせよ。あてはまるものがない場合は，ｅをマークせよ。

ａ．オットー１世　　ｂ．オットー３世

ｃ．ハインリヒ１世　　ｄ．ハインリヒ４世

10．1167年に結成され，この都市が盟主となっていた同盟に，宗主権を認めさせた皇帝は誰か。次のａ～ｄから１つ選び，その記号をマークせよ。あてはまるものがない場合は，ｅをマークせよ。

ａ．ヴィルヘルム１世　　ｂ．フリードリヒ１世

ｃ．フリードリヒ２世　　ｄ．フリードリヒ＝ヴィルヘルム１世

11．この年に，教皇庁がアヴィニョンに移転された。このときの教皇は誰か。その名をしるせ。

12．この作品は，地獄篇，[　　]篇，天国篇の３篇から構成されている。[　　]にあてはまる語を漢字２字でしるせ。

13．この年に中央アジアでは，西チャガタイ＝ハン国出身の人物が王朝をおこした。その人物は誰か。その名をしるせ。

14．この人物は，地動説を唱えたコペルニクスを擁護した。コペルニクスの出生地は現在のどの国に属するか。次のａ～ｄから１つ選び，その記号をマークせよ。あてはまるものがない場合は，ｅをマークせよ。

ａ．イタリア　　ｂ．オランダ　　ｃ．ドイツ　　ｄ．ポーランド

15．この人物は，綿織物に関する機器を発明したが，産業革命期の発明の順序として正しいものはどれか。次のａ～ｄから１つ選び，その記号をマークせよ。あてはまるものがない場合は，ｅをマークせよ。

ａ．ジェニー紡績機→ミュール紡績機→力織機→綿繰機

ｂ．ミュール紡績機→ジェニー紡績機→力織機→綿繰機

ｃ．力織機→ジェニー紡績機→綿繰機→ミュール紡績機

ｄ．綿繰機→ミュール紡績機→力織機→ジェニー紡績機

16．この年から開かれた国際会議で，アフリカ植民地化の原則が決定された。この会議を開催した人物は誰か。その名をしるせ。

17．この基準となった場所はどこか。その名をしるせ。

18．この年の出来事にあてはまらないものはどれか。次のａ～ｄから１つ選び，その記号

をマークせよ。すべてあてはまる場合は，ｅをマークせよ。

ａ．ドイツ賠償問題に関するドーズ案が成立した

ｂ．トルコ共和国が成立した

ｃ．米国でアジア出身者の受入れを厳しく制限する移民法が成立した

ｄ．モンゴル人民共和国が成立した

ロ　世間では「一の御子」の立太子を「承久の廃帝」の境遇と重ねて不安視した。

ハ　中宮が自分のせいで「物のけ」に悩まされていることを、後堀河上皇は嘆きながら過ごしていた。

ニ　中宮は先年に続いて懐妊したが、周囲の期待も空しく、亡くなってしまった。

ホ　民部卿典侍は月日とともに中宮の死を受け入れ、悲しみを自力で乗り越えた。

4　不愉快そうで　　　5　病気がちで

(J) ——線部(9)について。これは何を表現したものか。その説明として最も適当なものを、次のうちから一つ選び、番号で答えよ。

1　中宮の病気が完治すること　　　2　中宮が名誉ある院号を受けたこと

3　元号が「天福」に改められたこと　　　4　中宮が出産すること

5　「御物のけ」が祓われること

(K) ——線部(10)の現代語訳として最も適当なものを、次のうちから一つ選び、番号で答えよ。

1　我慢していたのだが　　　2　出家したのだが

3　無視したのだが　　　4　本心をいつわっていたのだが

5　勘違いしていたのだが

(L) ——線部(a)〜(c)それぞれの助動詞の文法的意味として最も適当なものを、次のうちから一つずつ選び、番号で答えよ。ただし、同じ番号を何度用いてもよい。

1　推定・推量　　2　伝聞　　3　意志　　4　断定

5　完了　　6　強意　　7　打消　　8　過去

(M) 次の各項について、本文の内容と合致するものを1、合致しないものを2として、それぞれ番号で答えよ。

イ　『新勅撰和歌集』は、後堀河天皇の退位が決まってから急いで企画された。

1　即位なさるのと同時に　2　お生まれになったら誰もが
3　お生まれになるとすぐに　4　お生まれになる前から変わらず
5　お生まれになった皇太子とそろって

(F)　空欄［　］にはどのような言葉を補ったらよいか。最も適当なものを、次のうちから一つ選び、番号で答えよ。

1　不易　2　不実　3　不用　4　不敬　5　不孝

(G)　――線部(6)の現代語訳を六字以内で記せ。ただし、句読点は含まない。

(H)　――線部(7)について。これはどのような状況を表現したものか。その説明として最も適当なものを、次のうちから一つ選び、番号で答えよ。

1　即位前の御門があまりにも見苦しい姿であったこと
2　新たな御門があまりにも幼少であること
3　新たな御門があまりにも幼い判断をしたこと
4　先帝があまりにも苦渋に満ちた決断をしたこと
5　先帝があまりにも短期間のうちに譲位を決めてしまったこと

(I)　――線部(8)の意味として最も適当なものを、次のうちから一つ選び、番号で答えよ。

1　無関心な態度で　2　慎重な態度で　3　熱心で

1　先例との関係で、「新」の字を含む名前の勅撰集は今後の世情不安を思わせるから。
2　勅撰集に連続して同じ字を含む名前をつけるのは、これまでにないことだから。
3　先例を踏まえると、長い時間をかけるのが勅撰集のあるべき編纂の姿勢だから。
4　革新的な『新古今和歌集』よりも、さらに新しい勅撰集など作れるはずがないから。
5　勅撰集の名前には、世の中を良くしようとする御門の意志を示すのが恒例だから。

(C)　――線部(3)の解釈として最も適当なものを、次のうちから一つ選び、番号で答えよ。
1　落ち着かない人　2　こっそり批評する人
3　あわてふためいている人　4　ひそかに戒める人
5　色めきたっている人

(D)　――線部(4)の解釈として最も適当なものを、次のうちから一つ選び、番号で答えよ。
1　これまでのようにわき上がってきた風評としては
2　いつも決まった人が口汚く言うことには
3　いつでもうわさ好きであるのが人間の性(さが)なのだが
4　いつもと違って好意的な世評としては
5　いつものように世間の人の口の悪いことには

(E)　――線部(5)の解釈として最も適当なものを、次のうちから一つ選び、番号で答えよ。

3　新勅撰――『新古今和歌集』に次ぐ勅撰集『新勅撰和歌集』のこと。
4　元久に新古今いできて――『新古今和歌集』は元久二年（一二〇五）に完成。
5　一の御子――のちの四条天皇のこと。母は中宮竴子。
6　承久の廃帝――仲恭（ちゅうきょう）天皇のこと。承久の乱で廃位された。
7　坊にゐたまへりし――東宮（皇太子）になったことを意味する。
8　十善のあるじ――天皇のこと。
9　院――四条天皇に譲位した後堀河上皇のこと。
10　殿、上――摂関家出身の九条道家とその北の方のこと。亡くなった藻璧門院の両親。

問

(A)　――線部(1)の解釈として最も適当なものを、次のうちから一つ選び、番号で答えよ。

1　催促したからか
2　おっしゃったからか
3　期待されていたからか
4　うわさが広がったからか
5　批判が集まっていたからか

(B)　――線部(2)について。なぜこのように考えられたのか。その説明として最も適当なものを、次のうちから一つ選び、番号で答えよ。

中宮も御物のけに悩ませたまひて、常は(8)あつしうおはしますを、院(注9)もいとど晴れ間なく思し嘆く。卯月のころ、年号あらたまる。天福といふなるべし。その同じころ、中宮も位さりたまひて、藻璧門院とぞ聞こゆなる。今年もまた例ならず悩ませたまへば、(9)めでたき御こと数そはせたまふべきにこそ、と世の中めでたく聞こゆ。祭り、祓(はら)へ、なにくれとおびたたしく、まだきよりののしる。ましてそのほど近くなりては、天(あめ)の下安き空なく、山々、寺々、社々、御祈りひびき騒げども、御物のけこはくていみじうあさまし。つひに九月十八日隠れさせたまひぬ。そのほどのいみじさ、おし量られ(b)ぬべし。今年二十五にならせたまふ。若く清らに美しげにて、盛りなる花の御姿、時の間の露と消え果てたまひ(c)ぬる、いはん方なし。殿(との)(注10)、上(うへ)、思し惑ふさま、悲しともいへばさらなり。院にさぶらふ民部卿典侍(みんぶきやうのすけ)と聞こゆるは定家中納言の女(むすめ)なり。この宮の御方にもけ近う仕うまつる人なりけり。限りなく思ひ沈みて頭(かしら)おろしぬ。いみじうあはれなることどもなり。人の問へる返事(かへりこと)に、

悲しさはうき世のとがと(10)背けどもただ恋しさの慰(なぐさ)めぞなき

当代の御母后にておはしつれば、天の下みな一つ墨染(すみぞめ)にやつれぬ。

(『増鏡』による)

(注) 1 貞永元年――一二三二年。

2 御門――後堀河天皇のこと。

三　左の文章は、後堀河天皇時代の『新勅撰和歌集』の編纂と、それに続く後堀河天皇から四条天皇への譲位、そして四条天皇の母である中宮（竴子。藻壁門院）の他界について描いた場面である。これを読んで後の設問に答えよ。（**解答はすべて解答用紙に書くこと**）

今年もはかなく暮れて、貞永元年(注1)になりぬ。定家中納言承りて撰集の沙汰ありつるを、このほど御門(注2)おりさせたまふべきよし(1)聞こゆればにや、いとどく十月二日奏せられけり。新勅撰(注3)と聞こゆ。「元久(注4)に新古今いできて後、ほどなく世の中もひきかへぬるに、また新の字うち続きたる、(2)心よからぬこと」など、(3)ささめく人もはべりけるとかや。

さて同じ四日、おりゐさせたまふ。御悩み重きによりてなりけり。去年の二月、后の宮の御腹に一の御子(注5)いできたまへりしかば、やがて太子にたたせたまひしぞかし。(4)例の人の口さがなさは、「かの承久の廃帝(注6)の、(5)生まれさせたまふとひとしく坊(注7)にゐたまへりしは、いと［　　］なりしを」などいふ(a)めり。上はおりさせたまひて、その七日やがて尊号あり。御悩み(6)なほおこたらず。大方、世も静かならず。この三年ばかりは天変しきり、地震ふりなどして、さとし繁く、御つつしみ重きやうなれば、いかがおはしまさんと御心ども騒ぐべし。

今上は二歳にぞならせたまふ。(7)あさましきほどの御いはけなさにて、いつくしき十善(注8)のあるじに定まりたまふこと、いとゆゆしきまで、前の世ゆかしき御ありさまなり。昔、近衛院三つ、六条院二つにて位につきたまへりし、いづれもいと心ゆかぬ例なり。十二月五日、御即位はことなく果てぬれば、めでたくて年かはりぬ。

のうちから一つ選び、番号で答えよ。

1　職務を果たせない責任を取って辞職するのか、それとも飢饉(ききん)に苦しむ領民を見殺しにするのか。
2　職務権限がないことを理由に責任転嫁するのか、それとも次の収穫期まで様子見を続けるのか。
3　職務に努めるふりをしてひそかに逃げ出すのか、それとも飢饉に苦しむ領民を見殺しにするのか。
4　職務に努めるふりをしてひそかに逃げ出すのか、それとも次の収穫期まで様子見を続けるのか。
5　職務を果たせない責任を取って辞職するのか、それとも絶食して自らの命を絶とうと図るのか。

(E)　――線部(5)の本文中での意味として最も適当なものを、次のうちから一つ選び、番号で答えよ。

1　それ以前のある日　2　その前日　3　その当日　4　その後のある日　5　将来いつの日か

(F)　――線部(6)が指している内容の説明として最も適当なものを、次のうちから一つ選び、番号で答えよ。

1　牧畜業を営むための条件整備ができなかった上に、多数の牛や羊が死ぬまで事態を放置したこと。
2　地方都市の統治を凡庸な臣下に委ねたために、その臣下を孟子の過酷な追及の標的にしてしまったこと。
3　為政者として民衆の生活を安定させられず、職責を自覚する臣下も登用できていなかったこと。
4　孔距心が、一日に三回も隊列を離れた部下の戦士に対して正当な処分を下していなかったこと。
5　孟子の発言の意味について理解が及ばず、実際の会話を丸ごと再現する労を取らせたこと。

問

(A)　――線部(1)が指しているのと同じ人物を表すものを〰〰線部(a)~(e)のうちから一つ選び、番号で答えよ。

1　(a)　2　(b)　3　(c)　4　(d)　5　(e)

(B)　――線部(2)の解釈として最も適当なものを、次のうちから一つ選び、番号で答えよ。

1　戦士が隊列から離れた回数が三回に達したかどうかを確認することは難しい。
2　戦士が隊列から離れることは重罪であるから、何度処分しても足りない。
3　隊列から離れた戦士を免職するに当たっては、三回分の目撃証言が得られれば十分である。
4　戦士が隊列から離れる回数が三回以上にまで増えることは、何としても防ぐべきである。
5　隊列から離れた戦士を免職するに当たっては、何度も猶予する必要はない。

(C)　――線部(3)の訓読として最も適当なものを、次のうちから一つ選び、番号で答えよ。

1　これきょしんがうるところにゆくためにあらざるなりと
2　これきょしんのしょとくにあらずしてなすなりと
3　これきょしんにあらざればなすをうるところにゆかんと
4　これきょしんにあらざるのしょとくのためなりと
5　これきょしんのなすをうるところにあらざるなりと

(D)　――線部(4)について。ここで用いられている比喩の内容の説明を含んだ解釈として最も適当なものを、次

人ヲ一焉。知ル二其ノ罪ヲ一者ハ、惟ダ(たダ)(d)孔距心ノミト。」為ニレ王ノ誦(しょう)ス(注11)レ之ヲ。王曰ハク、

(6)「此レ則チ(e)寡人(くわじん)之罪也ト。」

（『孟子』による）

（注）
1　平陸――戦国時代の斉国の地方都市の名。
2　大夫――長官。ここでは地方都市の長官。
3　持戟之士――ほこを持った戦士。
4　失伍――隊列から離れる。
5　去――免職する。
6　老羸――老人や病人。
7　溝壑――溝や谷。
8　距心――後出の「孔距心」と同一人物。
9　牧与芻――牧地と牧草。
10　為都者――地方都市を治める長官。
11　誦――語る。

二　左の文章を読んで後の設問に答えよ。ただし、設問の関係で返り点、送り仮名を省いたところがある。（解答はすべて解答用紙に書くこと）

孟子之平(注1)陸、謂其大(注2)夫曰、「(1)子之持(注3)戟之士、一日而三失伍(注4)、則去(注5)(a)之否乎。」曰、「(2)不待三。」「然則子之失伍也、亦多矣。凶年饑歳、子之民、老(注6)羸転於溝(注7)壑、壮者散而之四方者、幾千人矣。」曰、「(3)此非距(注8)心之所得為也。」曰、「今有受人之牛羊而為(b)之牧之者、則必為之求牧(注9)与芻矣。求牧与芻而不得、則(4)反諸其人乎、抑亦立而視其死与。」曰、「此則距心之罪也。」(5)他日見於王曰、「王之為(注10)都者、(c)臣知五

(K) 次のうちから、本文の内容と合致するものを一つ選び、番号で答えよ。なお、選択肢の中の呼称は「私」を基準にしている。

1 私と娘と母親は一台の冷蔵庫を使っており、娘の使う段は決められていたが、大量に物を入れる母親がルールを乱して、自分の物を入れようとして娘のプリンを勝手に動かした。

2 娘は、冷蔵庫の使い方の話題を出して、鍋の洗い方の不十分さを言い立てる私の矛先をかわそうとしたが、それ以上の抗議はできなかった。

3 母親の性格をよく知っていた兄は、母親の寵愛を得るために、母親の領地である台所や冷蔵庫のことにはなるべく関わらないように努めていた。

4 私の母親は子供たちに家事をすることを求めず、子供の成績が下がっても、帰宅時間が深夜になっても強く注意することはなかった。

5 私は、台所のルールを乱さないように、食器乾燥機の中の母親の食器の一部だけを出すつもりだったが、母親との関係のあり方を意識しながら食器乾燥機を空にして、食器を整理した。

会的評価を獲得するに至った。

3　自分に能力がなく、他人から責められるのではないかという感覚を克服したいと思い続けていたにもかかわらず、いつの間にかきっちりした人物という社会的評価を獲得していた。

4　私は、自分が何もできず、周囲からそのことを責められるのではないかと恐れる内面の感覚と、結果として得られたきっちりした人物という社会的評価との関係が理解できなかった。

5　因果関係を積極的に認めたくないが、私は、自分に能力がなく、それを他人から責められるのではないかと感じていたことと、きっちりした人物という社会的評価の間に関係があると感じている。

(I)　――線部(5)について。母親がそう思いたかった理由について、私はどのように推測しているか。「それ」と本文中の「母親の役割」の内容を含めて、句読点とも四〇字以上五〇字以内で答えよ。

(J)　――線部(6)について。その説明として最も適当なものを、次のうちから一つ選び、番号で答えよ。

1　日常生活の中で、娘が母親としての自分への不満をあからさまにする機会を常にうかがっている状況。

2　日常生活の取るに足らないことが、家族をまき込むかたちで、母親としての存在の危機をあらわにする状況。

3　表面的にまったく平穏な日常生活の中に、娘と自分の母親との対立の生じる原因が隠されている状況。

4　日常生活の何でもない場面に、意識せずに仕掛けられた自分と娘への支配を強化する母親の罠がある状況。

5　日常生活の中のちょっとしたもめごとが、取り返しのつかない家族関係の崩壊につながっていく状況。

(F)　──線部(2)について。その内容として最も適当なものを、次のうちから一つ選び、番号で答えよ。

1　台所回りでの家事の細かい欠点を批判して、母親としての役割を演じようとしたこと。
2　何かにつけて娘の行動を厳しく批判して、母親としての立場を誇示し続けたこと。
3　台所を自分だけの領地のように考え、そこに侵入する娘を責め立てて追い出そうとしたこと。
4　台所回りでの家事について、自分のやり方を絶対視して、それを引き継がせようと努めたこと。
5　母親の役割を果たす能力がないのに、それを隠して娘に理不尽な言いがかりをつけたこと。

(G)　──線部(3)について。その説明として最も適当なものを、次のうちから一つ選び、番号で答えよ。

1　その場で行われる事柄について、自分がもっとも上手にやってのけることを誇る態度。
2　人から何を言われようとも、自分で定めた規則を自分だけは守り通そうとする態度。
3　理不尽な要求に相手を従わせることで、自分がその場の支配者であることを誇示する態度。
4　自分の考えが、その場のあらゆる事柄の正否を定める唯一の基準であることを認めさせる態度。
5　その場で行われる事柄について、自分が優れた指導者であることをまわりに認めさせる態度。

(H)　──線部(4)について。その説明として最も適当なものを、次のうちから一つ選び、番号で答えよ。

1　自分は何もできないと思っていたので、他人から責められることを極度に恐れていたが、その不安はまったくの取り越し苦労に終わり、社会的評価を得ることができた。
2　私は、何もできずそのことを周囲から責められていた状況を何とか克服して、きっちりした人物という社

4　あくまでも第三者的な態度を保って、感情に流されずに娘の行動を公平に評価しようと努めている。
5　たとえ失敗があっても、娘の立場に立ってできるかぎり考えを尊重してあげようと思っている。

(D)　空欄 a ・ b に入る言葉の組み合わせとして最も適当なものを、次のうちから一つ選び、番号で答えよ。

1　a　認めがたい欠点　　b　許容する
2　a　自分自身の姿　　b　反省する
3　a　不完全な部分　　b　補完する
4　a　本当にやりたいこと　　b　援助する
5　a　未来の可能性　　b　伸張する

(E)　――線部(1)について。私が心の中でそう思ったことについての説明として最も適当なものを、次のうちから一つ選び、番号で答えよ。

1　娘のプリンを勝手に動かしたのが実は自分だと知られてしまうことに不快と不安があった。
2　鍋をちゃんと洗えないのにプリンのことで文句を言う娘に、いじわるしたい気持ちがあった。
3　簡単に助けてしまわず、自分で考えさせるようにするのが、娘のためになるという思いがあった。
4　プリンのある場所について触れてほしくないという本心に対する自分の中でのごまかしがあった。
5　自分が洗い物をしている時に、どうでもいいことを尋ねてきた娘に対するいらだちがあった。

(い) 足の早い
1 腐りやすい
2 味の落ちやすい
3 すぐに手に取りたい
4 みんなが食べたがる
5 見つからなくなりやすい

(う) 鷹揚な
1 おごりたかぶって尊大に振る舞う
2 力を持っていることをことさらに示す
3 他人を気にせず独自の道を歩む
4 威厳があって人の振る舞いに厳しい
5 ゆったりして細かいことにこだわらない

(C) ----線部「自分なりに」「と称する」「そこそこ」「気付いたこと」「娘のその返事を尊重する」の表現から読み取れる、娘が料理をすることに対する私の態度の説明として最も適当なものを、次のうちから一つ選び、番号で答えよ。

1 なるべく娘との距離を保って、客観的な立場から娘の行動の問題点を冷静に伝えようとしている。
2 どうせきちんとできていないだろうと予期しつつも、客観的で公平に接している風を保とうとしている。
3 娘の自己中心的なものの見方に批判的ではあるが、なるべく娘の考えを尊重しようとしている。

う自覚的な感覚すらなく、根拠をなさない不快感と不安のままに。
私も不快だった。娘の探し物の場所がわからなくなった自分が。場所を訊いてくる娘が。その、(6)なんでもない日常の中の落とし穴のような状況が。
もうやめにしよう、と思った。これは受け継がない。冷蔵庫のことで傷付く子は私で最後にしよう。

（津村記久子「台所の停戦」による）

問

(A)　＝＝線部(イ)・(ロ)を漢字に改めよ。（ただし、楷書（かいしょ）で記すこと）

(B)　〰〰線部(あ)〜(う)について。本文中の意味として最も適当なものを、次のうちから一つずつ選び、番号で答えよ。

(あ)　あげつらう
1　まわりに否定的なことを言いふらす
2　相手を見下した態度をとる
3　ささいな点をことさらに批判する
4　面と向かって激しく非難する
5　くどくどと苦情を言う

く。私は無力感を植え付けられ、家の外ではいつも、何かをおろそかにして責められるのではないかという感覚に追い立てられているため、(4)なぜか「きっちりした人」という社会的評価を得るに至った。

私は、自分の使った食器のスペース分だけ出す予定だった、食器乾燥機の中の母親の食器を、いったんすべて出して、テーブルの上に並べる。食器棚にしまうつもりだった。母親は今日は、友人たちと会食があるという。とても社交的な人なのだ。仕事もできているし、それでいいじゃないか、と思うのだけれども、家に帰ったら母親の役割を演じずにはいられない。そうするために、台所に侵入する者を責め立てずにはいられない。そろそろ帰ってくる時間かもしれない。こんな台所のルールを乱すようなことは、きっと見咎められるだろう。それでも私は、やらずにはいられなかったので、食器乾燥機を空にした。山をなす食器を、私は、形や大きさで分類し、食器棚を開けてしまってゆく。食器棚もじきに中身がいっぱいになる。私は、その中から使わなそうなものを出して、テーブルの上に置く。捨てるか捨てないかの交渉は長くかかるだろうけれども、物置にしまっておくと言えば、なんとかその場は納められるだろう。

母親には、何を捨てたらいいのか、何を持っておけばいいのかという判断力が備わっていない。それは、認めたら致命傷になるような欠損ではないけれども、(5)母親はそれを保持していると思いたかったようだ。理由はわからない。それが、母親の役割を演じるためには必須のものであると思い込んでいたのかもしれない。だから、それが備わっていないということが暴かれる場面に立たされると激怒するのだ。おそらくは本能的に。苦しいといって帰宅したりしても、強く注意するだけにとどまる(う)鷹揚な人だったが、とかく、冷蔵庫の中のことに関しては神経質だった。今になるとよくわかる。母親は、「あれどこ？」と訊かれるのが恐ろしく苦手だったのだ。冷蔵庫にどんどん詰め込んでいるうちに、何がどこにあるのかわからなくなるのだろう。それは、母親が母親である矜持を台無しにしてしまう質問事項だった。

それを補うためか、母親は、冷蔵庫を含めた台所のことに関しては、(3)自分がルールであるという態度を貫いた。なので、台所回りのことに関してはいつも、料理などまったくしない兄の勝利だった。社会人になっても、あれを作ってくれこれを作ってくれと言い、気に入らなければ外食をするような人間であっても、母親の領地である台所と冷蔵庫に侵入しない人物こそが、母親の最大の寵愛の対象だった。兄の「あれを作ってくれ」に叶うものが作れなければ、母親は努力したのだ。「自分でやりなさいよ」などと言わずに。兄はまんまと母親と同じような女性を探し出して、彼女と家庭を築いた先でも、家のことはやらずにすんでいるらしい。

思えば、母親は一切、子供たちに家事をしろとは言わなかった。「家事をしてやらない」というカードは何度も切ったけれども。私は、「家事をしてやらない」と言われても大丈夫なように、自分で食事を作り、洗濯をするようになったのだが、母親は私がよそで習ってきたり自分で調べたやり方を、総じて「それは私のやり方じゃない」と非難した。最初のうちは、後始末がなっていない、と言い、そこに気が配れるようになると、うちのやり方と違う、と言い、渋々それに従うと、まだここがなっていない、時間や頻度がおかしい、と段階を踏んでいが宣言していることを念押しすると、娘は、わかってるよ！　と強く言って台所を出ていく。そして、心持ち乱暴な足取りでリビングに戻り、一時停止していた『魔女の宅急便』を再生する。

　私は、洗い物を終えて水道の蛇口を捻(ひね)りながら、むやみに悲しい気持ちになる。母親の、使っているのかいないのかわからない食器が隙間なく詰め込まれた食器乾燥機を開け、中の物を最小限出して、自分の使った食器をしまいながら、私は不意に動きを止め、うなだれる。これは何かに似ている。(2)私は母親からされてきたことを娘にやっている。

　母親は、冷蔵庫の中の物を週に何度も移動させる。常にその中をいっぱいに満たしておくために、私のものを、自分の頭の中で食べるものとして認識されなくなった漬物(つけもの)や佃煮(つくだに)を、処理が面倒になった残り物を奥に追いやり、その日の食べ残しを器に入れ、ラップもかけないで前に置く。充分なスペースもないままに押し込まれた不安定な器は、冷蔵庫を開けるたびに前にやってきて、冷蔵庫の底面に落ちようとする。まるで罠(わな)のようなのだが、母親にそのつもりはない。(い)足の早い食べ残しは手前に置いておかないとわからなくなるし、(ロ)フタのある保存容器は常にいっぱいだから、そうやって前に出しておくのが、母親にとっての最善の策なのだ。

　私が食材を探すために、いつも手前に置かれている母親の器を冷蔵庫の底面に下ろして中をじっと検分していると、決まって母親は、中のものが冷えなくなる、と咎(とが)めた。だからといって、私のあれはどこに行ったの？　と訊くと怒った。激怒したと言ってもいい。母親は、私の成績が下がったり、友だちと話が弾んで午後十二時を回ないらしい。

「なんで私の段におばあちゃんのものが入ってるの？」

「おばあちゃんの冷蔵庫だからよ」

「でも、私の段って決まってたのに……」娘は納得いかない様子で、じっと中をのぞき込んでいる。「お母さん、私の入れたプリンは？」

「知らない。探しなさい」

(1)本当は行方を知っている。でもいちいち言いたくない。私はそれを移動させた。でも私は、それの場所を正確に答えることができない。記憶喪失じゃない。母親の物が多すぎて、一度動かすと何をどこへやったかわからなくなるからだ。でもそうしないと、冷蔵庫に物が入らなくなる。

娘は溜（た）め息をついて、首を振りながら冷蔵庫を閉じる。

「ねえ、おばあちゃんのもの、私の段に置くのやめてよ」

「それより、鍋をちゃんと洗いなさい」

「鍋と冷蔵庫は関係ないじゃない」

「そんなことない」私は、娘が洗った鍋を取り出して見せる。「この端っこにも、ここにも洗い残しがある。洗い方が悪いのよ」

娘は、(イ)ミケンにしわを寄せて、何か言おうと口を開いてやめる。私が、後でちゃんと洗いなさい、とすでに娘っていたが。

自分が食器を洗う段になって流しに立つと、娘が洗ったと称する鍋が伏せて置いてある。そこそこちゃんと洗っているようなのだが、よく見ると、隅に洗い残しがあったり、しつこくこびりついている焦げがある。「鍋」私は、隣のリビングにいる娘に聞こえるような大きな声で、気付いたことを言う。「洗ったつもりでもまだ汚れてる」

お母さんがそこをどいたらやるよ、という娘の声が聞こえてくる。私は、確かに自分がここを離れないと娘が鍋を洗えないのはわかるので、娘のその返事を尊重する。

自分が使った食器や調理器具を洗いながら、私が娘の立場だったなら、ということを思い出す。私の母親なら、もっとくどくど言っていただろう。もっと、というか、ずっと。私が鍋を洗うまで。洗っても、母親の基準で完璧なものになるまで。そして完璧に洗える時が来たとしても、今度は洗剤や水の使用量だとか、こすりすぎで鍋の底に傷がついただとか、料理をする時間が悪いだとか、そもそも料理をすること自体に文句を言うだろう。母親は、どれだけ私が物事を正しく進めても満足せず、絶対に何か微細な瑕疵(かし)を見つけ出してそれを(あ)あげつらう。それは、母親が完璧主義者だからというわけではなくて、母親が単に母親として振舞っているからだ。子供の中に a を見つけ出し、それを b のが母親の生涯の仕事だから。

考え事をしながら、のろのろ洗い物をしていると、娘がやってきて、冷蔵庫を開ける。娘も、母親がしまっている汁物をこぼしたらどれだけ怒るか知っているので、慎重な手付きで中を探るのだが、目当ての物は見つから

国語

（七五分）

一　左の文章は津村記久子の小説「台所の停戦」の一部である。これを読んで後の設問に答えよ。（**解答はすべて解答用紙**に書くこと）

〔「私」は娘、母親と三人で暮らしている。ある日、会社から帰って豚肉と水菜の鍋を作ろうとしていた私とは別に、料理に興味を持ち始めたばかりの小学五年生の娘は粉ふきいもを作ろうとするが、鍋を焦げ付かせてしまう。〕

豚肉と水菜を分けてやろうとすると、娘は、いらない、と言って、私と入れ替わりにテーブルを離れ、流しに鍋を洗いにいった。私は、野菜と肉と炭水化物のバランスについて一席ぶちたい衝動に駆られたけれども、また今度にしようと決める。

じゃがいもを焦げ付かせた鍋を自分なりに洗った娘は、リビングに移動してテレビをつけ、前に放送していて録画した『魔女の宅急便』を観始める。よく観ているような気がする。好きなの？　と訊くと、べつに、とは言

解答編

英語

I **解答**　A．1―ロ　2―ハ　3―イ　4―ハ　5―イ
6―ロ　7―ハ　8―ニ　9―ハ

B．動くストーンの前方の氷を滑らかにするためにブラシが使われる。（30字以内）

◆全　訳◆

≪どのようにしてカーリングが国際的なスポーツになったのか≫

カーリングの正確な起源は不明であるが，世界で最も古くからあるチームスポーツの1つであると広く信じられている。初期のカーリングの試合について文字で記された記録はめったにないが，16世紀にはヨーロッパのさまざまな地域で親しまれていたようだ。1511という年号が，スコットランド（英国）のエディンバラ近郊の湖で発見されたカーリングのストーンに刻まれていた。フランドル地方の画家であるピーテル=ブリューゲル（1525～1569年）によって描かれた絵には，凍りついた池でカーリングに似た活動が行われている様子が描かれている。その当時，ヨーロッパの国々は貿易上の強い結びつきを持っていたのだが，それによりカーリングは既にある地域からほかの地域へと広がっていったことがうかがえる。次の500年の間に，カーリングの試合は新たな国や地域に広がり続けた。今では，世界中にカーリングのファンがいるが，1つにはそれはオリンピックやパラリンピックのような国際的なスポーツのイベントのおかげであるし，その他には文化交流のプログラムのおかげでもある。いつ，そして，どこで，カーリングが生まれたのかということは突き止めることはできないだろうが，その歴史は長い間革新や適応と結びついてきた。

カーリングとは正確にはどのようなスポーツなのか。カーリングは，一見したところ簡単そうに見えるのだが，敵対する2つのチームの選手が重くてつるつるしたストーンを目標に向かって氷の上を滑らせる。リンクの

氷は入念に整えられているため，ストーンは滑らかにその表面を滑っていくのだ。動くストーンの前方の氷を滑らかにするためにブラシが使われる。ブラシをかける（カーリングでは「スウィーピング（掃く）」と呼ばれるが）回数が，摩擦とストーンの滑る速さに影響を与える。うまく行くためには，チームワークとメンバー同士が絶えずコミュニケーションを取り続けることが必要となる。試合は，両チームがすべてのストーン（試合によって各チーム5つもしくは8つのストーンを投じる）を投げ終わるまで続く。熟練した技を持つ選手になるには数年かかるが，それはカーリングの試合にはバランス感覚と筋力と調整力が必要だからである。勝つための戦略の1つが，ラウンド（エンド）の最後に敵のチームのストーンを弾き出すことだ。ラウンド（エンド）が終わる際に，目標に近いストーンをより多く持つチームがそのラウンド（エンド）で勝つことになる。カーリングの試合は8もしくは10ラウンド（エンド）で構成される。

黎明期には，カーリングは凍った湖や池で行われていた。カーリングの歴史は，カーリングが行われていた場所の自然環境によって形作られた。16世紀のヨーロッパの冬は，現在よりも格段に寒く，豊富な雪や氷があった。カーリングは，花崗岩の石が氷の上を滑る際に「唸る（roar）」ように聞こえることから，“Roaring Game”とあだ名がつけられた。花崗岩は灰色の硬い石で，水をほとんど吸収しない。1つのストーンは20キログラムほどの重さがあり，花崗岩の密度によって氷と頻繁に接触をしてもストーンが侵食されることはない。カーリングの試合に関する最初の記述は，ラテン語で記されており，1540年のものである。スコットランドのペーズリーの地元の役人が，その地域の2人の男性による試合について記した。カーリング黎明期のこの試合では，その2人の男性はもめ事に決着をつけるために，凍った湖の上にストーンを滑らせた。カーリングの試合の進め方を定めるためにカーリングの最初のルールが記されたのは1838年のことだった。19世紀の間にカーリングはスコットランド人が定住していた寒い地域，特にカナダ，アメリカ合衆国，スウェーデン，スイス，ノルウェー，そしてニュージーランドへと広がった。これらの国へ人々が移住する際に，カーリングも移民と共に移動した。

国際的なカーリングのイベントは19世紀にヨーロッパと北アメリカで開催されたが，カーリングの男子チームの公式の国際大会が開かれたのは，

1924年のフランスのシャモニーで開かれた第1回冬季オリンピックのときだった。そのときは，オリンピック正式種目採用に向けて行われる公開競技でイギリスがスウェーデンとフランスに勝利した。1932年，アメリカ合衆国のレークプラシッドで行われたオリンピックで，冬季オリンピックの正式種目採用に向けての公開競技の1つとして再びカーリングが登場した。それから25年が経った1957年，オリンピック正式種目の申請に必要となるカーリングの国際団体の立ち上げについて検討する会議がついに開かれた。その後，アメリカ合衆国（1961年），スウェーデン（1962年），ノルウェー，スイス（ともに1964年），フランス（1966年），ドイツ（1967年）などのさまざまな国がその国際団体への加盟に次々と興味を示した。

しかし，オリンピック正式種目への道のりは平坦なものではなかった。カーリングは男女ともに1988年と1992年の冬季オリンピックでは公開競技のままだった。1992年7月21日に，スペインのバルセロナで開かれた国際オリンピック委員会の場で，男女ともにカーリングをオリンピック正式種目に採用することが決定された。長野冬季オリンピック組織委員会は，1998年の冬季オリンピックの正式種目にカーリングを採用することに正式に同意した。長野オリンピックには男女ともに8チームが参加した。この数字は2002年のソルトレークシティー冬季オリンピックからは10に増やされた。

現代のカーリングは，カナダのアルバータ州と日本の北海道との間の友好関係によって日本にやってきた。北海道は1980年にアルバータ州の「姉妹都市」になった。その翌年の文化交流プログラムの一環として，アルバータ州は北海道にカーリングの選手を派遣し，カーリングを実際にやってみせた。それを機に，2007年に日本の青森で世界女子カーリング選手権大会が開催され，2014年には中国の北京で世界男子カーリング選手権大会が行われるなど，アジアでカーリングが盛んになっていった。日本の女子代表チームは2018年の冬季オリンピックで初のメダルを獲得した。その後，メダル獲得のおかげで日本の女子代表チームは日本中で有名になった。一番最近では，2022年の冬季オリンピックの女子決勝の試合がイギリス対日本という，カーリングという古来のスポーツの古豪と新鋭を代表する二国間の戦いとなった。

パラリンピック種目としてカーリングが発展したことに伴って，カーリングにはさらなる革新がもたらされた。2000年にスイスで行われた障害者のためのスキー世界選手権大会で，車いすカーリングが種目として採用された。その大会ではスイスとスウェーデンだけが参加した。2002年3月，国際パラリンピック委員会はパラリンピックの正式種目に車いすカーリングを採用することを決定した。その決定の結果，2006年のトリノ冬季オリンピック組織委員会は，車いすカーリングを種目として採用することに同意した。それ以来，車いすカーリングは2006年から2022年までの5大会連続で正式種目であり続けている。男女混合の車いすカーリングは女性1人男性1人の2人の選手でチームが構成されることから，伝統的なカーリングとは一線を画するものである。パラリンピックの車いすカーリングのルールも，氷を擦ること（スウィーピング）が禁止されているという点において革新的である。2018年，国際パラリンピック委員会は韓国平昌での冬季パラリンピックでの車いすカーリングの出場国を増やした。男女混合ダブルスの試合数は2022年北京冬季パラリンピックで再び増やされた。

厳しい北ヨーロッパの冬の間に氷の上でストーンを滑らせるという愉快な娯楽として始まったものが，世界選手権が開かれるほどの人気のある現代的なスポーツへと発展した。カーリングの人気に関して驚くべきことは，カーリングにはカーリング専用に作られた施設が常に必要なため，どんな場所でもできるわけではないということだ。天候が許すときにはカーリングが屋外で行われているという国もある。しかし，今日では全ての国内，国際大会は，氷の状態と温度が入念に管理された屋内のリンクで開催されている。カーリングは新たな観客を得ることに成功し，地元や地域のスポーツへの出資や投資に対する良い影響を与えている。さらに，カーリングが人気になったのと時を同じくして，これまでにないほどにパラリンピックなどのインクルーシブなスポーツに多くの人々からの支援が集まり，女性アスリートの活躍の機会が増加した。これらの革新により，カーリングには世界的に明るい未来が待ち受けているだろう。

出典追記：History of Curling provided by the World Curling Federation

◀解　説▶

A.

1．第1段第7文（Curling has now reached …）の but also 以下に「文化交流プログラムなどの活動によって（カーリングが世界に広まった）」という内容の記述があるため，ロ「（カーリングは）文化間のコミュニケーションと結びつきがある」が答えとなる。

2．第2段全体の内容がカーリングのルールや試合の進め方に関する記述のため，ハ「カーリングをしたことや見たことがない人もいる（と筆者は想定しているために，第2段の内容が本文に含まれている）」が正解となる。

3．Eroding は「浸食，腐食」という意味である。第3段第5文（Granite is a gray …）に「花崗岩は硬い岩石でとても吸水しにくい」という記述があることから，氷の上を滑らせても浸食されにくい，つまりその性質を損なわれにくいということがわかる。よってイ damaging「損耗する」が最も近い意味となる。

4．第3段第10文（It wasn't until 1838 …）に「1838年に試合を標準化する方法として初めてカーリングのルールが記述された」とあることから，ハ「どこに行っても同じルールでカーリングが行われるようにするため」が正解となる。

5．第4段ではカーリングが世界的に広がっていく過程，また第5段第1文（The road to becoming …）に「オリンピック正式種目への道のりは平坦なものではなかった」と書かれており，同段落でその経緯が記述されていることから，イ「カーリングがオリンピック正式種目になるまでどれほどの年月がかかったか（を筆者は強調している）」が正解となる。

6．第6段第5文（Japan's women's team took …）に「カーリング女子日本代表チームが2018年の冬季オリンピックで初のメダルを獲得した」と書かれており，また下線部に続く部分で for their victory とあり，下線部はメダル獲得と勝利によりもたらされるものを示唆することから，ロの「名声」が答えとなる。

7．第6段第1～4文（Modern-day … in 2014.）に，北海道とカナダのアルバータ州との関係性，アルバータ州が北海道にカーリングを持ち込んだこと，それ以降にアジアでカーリングが広まったという内容が書かれているため，ハ「(北海道とアルバータ州の関係性がなければ) 日本のカーリング文化がこれほどまでに短期間で成長することはなかっただろう」が正解となる。

8．第7段第8文（The rules of wheelchair curling…）にある「氷を擦ることが禁止されているという点において」という内容が，ニ「車いすカーリングでは試合中に選手たちが氷を擦る必要がある」と矛盾するため，これが正解とわかる。

9．イの身体障碍やニの男女混合カーリングに関する内容はパラリンピックでのカーリング種目の扱いで触れられているのみで，本文全体の内容とまでは言えない。ロの男女平等については本文では特に言及されていない。よって，ハ「どのようにしてカーリングが国際的なスポーツになったのか」が正解とわかる。

B．are used to の to は目的を表す不定詞の副詞的用法。「～することに慣れている」という意味の be used to *doing* や，「かつて～したものだ」という意味の助動詞 used to と混同しないように注意が必要。moving は直訳では「動いている」だが，カーリングというスポーツを思い浮かべて，「氷上を滑る」と訳してもよい。

II　解答

1－ニ　2－ロ　3－ハ　4－ニ　5－イ
6－ロ　7－イ　8－ロ　9－ハ　10－イ

◆全　訳◆

≪ソーシャルメディアの過剰使用の原因と結果≫

ソーシャルメディアには潜在的な利点があるものの，否定的な側面について知っておくこともまた重要だ。そうすることによって，私たちがソーシャルメディアと関わりを持つ際の心理状態についてさらによく理解できるようになる。最近公表された研究は，不安とソーシャルメディアの結びつきがデジタル機器の使用を推進する主な原動力の1つであることを明らかにした。これらのデータは，頻繁にソーシャルメディアを使用する人は日々の生活によって生じる不安な気持ちを軽減させるためにソーシャルメディアに向き合うということを示している。しかし，ソーシャルメディアを使用する人の中には，デジタルプラットフォームと関わることによって生み出される異なる種類の不安を最終的に持つことになってしまう人もいる。このいわゆる「二重の不安」によって引き起こされる，心の健康状態に対する好ましくない影響は，明らかなものである。ストレスレベルを軽減させるために飲酒のような中毒的行動をとってしまう人がいるということを示す証拠を科学者たちは発見した。ソーシャルメディアの過剰な使用が悪循環を生み出してしまうという恐怖があり，それによって悩みがさらに多様になってしまうことがある。

私たちとソーシャルメディアの関わりを偏りなく理解することを確実にするために，ソーシャルメディアの過剰使用によって生み出される問題に私たちは気づくべきだ。最近のとある研究によって，ソーシャルメディアを長時間使用することが不安や憂鬱さを高めることに結びつくということが明らかになった。この新たな研究に関して目を引くのは，この研究が長期的な調査から得られた根拠を提示していることだ。とある他の研究は，インターネットを教育に使用することはソーシャルメディアに時間を使いすぎることほど害のあることではないということを示している。もちろん，ソーシャルメディアの使用が直接的に心の健康を害することにつながるということをこれらの研究プロジェクトから確実に知ることは難しいことかもしれない。日々の生活に不安を感じている人々が悩みを減らすためにソーシャルメディアを使用し，その使用によりさらに悩みが大きくなってしまっているのかもしれない。また，他の要因がソーシャルメディアをよく使う人々の心の健康上の問題の原因となった可能性もある。しかし，長期的な研究による結果は，ソーシャルメディアの使用と不安に関する影響との間に驚くほど関連があるということを示しているようだ。ソーシャルメディアをもっとも過剰に使用してしまう可能性があるのはどのような人々で，そしてその人々を救うために何ができるのかということを，私たちはさらに知る必要がある。

不安を抱える人々が，不安から逃れるためにソーシャルメディアを使用する傾向があるという考えには，その考えを支持するいくつかの根拠がある。ソーシャルメディアへのアクセスを突然に奪うことで，不安が増長するサイクルを生み出してしまうように見える。1日4時間以上，もしくは1日の時間の26パーセント以上インターネットを使用していると，ソーシャルメディアの「過剰な」使用者であるとみなされる。中毒に陥っている習慣から一時的に離脱すると，その人々は「禁断症状」として知られている不快な状態を経験するだろう。例えば，ある人が突然にカフェインを摂取するのをやめると，短い期間憂鬱な気分になるだろう。同じことがソーシャルメディアの過剰な使用にも当てはまる。禁断症状があるにもかかわらず，ソーシャルメディアの使用を一時中断することは過剰な使用者に安心感を与えるようだ。それでもなお，最近の研究は，代替的デジタル空間への参入を促す動機となったストレスが何であれ，それらのストレスは他のストレスに取ってかわられる可能性があることを示している。ソーシャルメディアの使用それ自体が，不安を増長させうる。例えば，人々の中には上方比較をしがちで，自分自身のことを他者と比べて劣っているように見てしまう人がいる。上方比較をしてしまう傾向があることはソーシャルメディアを使用する人々全員に影響があるわけではないが，中には問題が生じてしまう人もいるだろう。そのような人々は，他者と比べる前よりも，比べた後の方がより不安な状態に陥りやすい。

「いいね」や「フォロワー」によって定量化されるソーシャルメディアにおける交流の仕組みは知覚可能な好感度に依存している。これらの特徴により，悪影響を引き起こす比較が続いてしまうことがある。これは，もし「いいね」や「フォロワー」をいつも得ることができていなければソーシャルメディアの利用者は自分自身のことを好感度が低い存在であると考えてしまうからである。このようにして，不安を抱える人が新たな不安を抱えながらデジタルプラットフォームから離れていき，身の回りのストレスによる悪影響に翻弄されやすくなってしまうのである。その次に生じるのは，彼らが不安を取り除こうという無駄な試みのもと，さらなるストレスが原因でソーシャルメディアに戻ってきてしまうということだ。不安を増長させる傾向がある過剰使用者の禁断症状が伴うと，この状況はソーシャルメディアをますます使う状況を作り出す要因として作用してしまう。また，過度に不安を感じている人々の中には，ソーシャルメディアに再び戻ってきたことを投稿する際にアルコール摂取をする傾向がある人もいる。彼らの抱える不安はより長い期間のうちに増大し，今度はその不安が彼らの健康を害する。これらすべてのことは，ソーシャルメディアに関してとても悪い印象を作り出す。私たちは，これらのプラットフォームは不安や憂鬱が生み出されることに依存していると考えることもできる。人々はソーシャルメディアを使用し続けるが，その理由の１つにソーシャルメディアの持つ悪い影響が挙げられる。

追加的なプロセスがデジタル中毒者にとってのソーシャルメディアの使用を加速させる。それはしばしば「取り残されることへの不安」やFOMOと呼ばれている。一般的な言い方をすると，FOMOは，ソーシャルメディアなどのデジタルリソースから切り離されてしまうことへの不安を指す。例えば，電波の入らない辺鄙なところにいたり，極端な場合だと，実際に誰かと「面と向かって」話す状況から抜け出せず数分間デジタル機器に触れることができない場合などにFOMOを感じる。最近の他の論文によると，筆者たちは，「人々が複数のデジタル機器やソーシャルメディアのアカウントを持っていて，それらのすべてをチェックする時間がほとんどない」ときにFOMOを感じ，「ソーシャルメディアに対して他者からのレスポンスがないことでイライラしているときにもFOMOを感じることがある」とさえ主張している。この不安によって，デジタル上で再びつながりたいという欲求を作り出し，そして悪循環が再び始まってしまう。

FOMOには，ソーシャルメディアの使用に関する具体的な特徴と関連するいくつかの小カテゴリーがあるということも明らかになっている。これらのFOMOのカテゴリーには次のようなものが含まれる。人気を失ってしまうこと，情報を得られないこと，ソーシャルメディア上の人々の交流に乗り遅れて取り残されてしまうこと，他者から自分に向けられた否定的なコメントを見ないようにする機会を失ってしまうこと。これらはすべて，ソーシャルメディアだけでなく現実の世界にも存在しうる不安を増大させる。このようにして，インターネットから切り離されて生活することは，禁断症状や日々の生活のストレスによる影響とは全く別にFOMOを生み出すのだ。このことは，ソーシャルメディアの使用を奨励するものではないだろう。

すべての人がFOMOによる悪影響を経験するわけではないということに注目するのは重要なことだ。多くのソーシャルメディアの利用者は，上手にソーシャルメディアを活用し，ポジティブな満足感を得ている。臨床的に問題となる不安を抱えている人々にとって，ソーシャルメディアを使用することによる悪影響はより大きなものだろう。それでも，ソーシャルメディアの悪影響を受ける人の数は，ソーシャルメディアの使用者の比較的高い割合となり，約20パーセントほどであると考えられている。また，日々の困りごとからの一時的な避難としてではなく，ソーシャルメディアを使用するという方法以外ではつまらないものになってしまう生活の中でワクワクを作り出す手段として，ソーシャルメディアを使用する人々もいるのだろう。このような人々は（不安からソーシャルメディアを使用する人々と）同じ禁断症状を経験するわけではない。それでも彼らは社会的比較（社会の中で他者と自分を比較すること）やFOMOに関連する悩みごとを共有することもあり，それはつまり彼らは不安にまつわる問題が増えていくことから解放されているわけではないということを意味している。

ソーシャルメディアは，人々が他者とつながったり，（一度つながりが途絶えても）再びつながったりすることができる機会を提供し，そしてソーシャルメディアにより私たちは友人や家族とのつながりを維持しやすくなる。ソーシャルメディアを使用するうえでの良い影響の中には，個人的なつながりを広めることや，オンラインでの交流を深めることが含まれる。しかし，ここまでで示されたように，最近のいくつかの論文によって，ソーシャルメディアの使用と不安が結びつけられた。これらの問題はさまざまな形で顕在化する。今後新たに生じる問題を明らかにするためにさらなる研究を進める余地はあるが，ソーシャルメディアによって引き起こされる不安はさまざまな方法で人の幸福に害を与えるということはすでに研究によって示されているようだ。ソーシャルメディアと人の幸福度合いが関連していること以上に，ソーシャルメディアは，少なくとも部分的には，それ自身が生み出す不安をうまく利用しているように思われる。経済を発展させるためにデジタル化を推進する政府の取り組みが勢いを増す一方で，人々の心身の健康を維持することも，その取り組みの一部であるべきだ。ソーシャルメディアが私たちの心身の健康を害しているかどうかという疑問はいまだに残っている。もしソーシャルメディアに関する主張が正しいと認められれば，私たちは社会に広がるこれらの問題の解決策を見つけなければならない。

出典追記：Anxiety and Social Media Use, Psychology Today on February 3, 2020 by Phil Reed

◀解　説▶

1．第1段第4文（These data suggest …）と第5文（However, some users of …）から，「二重の不安」の要因となっているのは日常生活の不安，それから逃れようとしてソーシャルメディアを使用してもたらされる不安である。したがってニ「実生活での困難とソーシャルメディア」が正解となる。

2．第2段第2文（One recent study has …）と第3文（What is striking about …）に「ソーシャルメディアを使う時間が増加することは不安や憂鬱さを増大させることと関連があり，それを支持する根拠が長期的な研究から得られた」という内容の記述があることから，ロ「ソーシャルメディアを使いすぎる人はより大きな不安を抱えている」が正解となる。

3．下線部直後の viewing … others の内容が make upward comparisons の内容であると考えられる。該当箇所は「自分自身を他者と比べて劣っているとみなすこと」という意味なので，ハ「他者よりも劣っていると感じる」が正解となる。

4．第4段第4文（Thus, anxious individuals …）と第5文（What happens next …）に「不安を抱える人々が新たな不安を抱えてデジタルプラットフォーム（≒ソーシャルメディア）から離れるが，その次には他のストレスによって再びソーシャルメディアに戻ってきてしまう」と書かれているため，ニ「すでに不安を抱えている人々がこれらの特徴のせいでさらに不安になることがある」が正解となる。

5．下線部 futile の前後で，ソーシャルメディアの使用により不安が生じるのに，結果的に不安を解消しようとしてソーシャルメディアを使用してしまうと書かれていることから，イ「効果のない」が正解。

6．第5段第4文（It might happen …）の「電波の入らない辺鄙な地域にいるときでも FOMO を感じることがある」という内容が，ロ「FOMO は田舎に住む人々には影響を与えることはないだろう」の内容と矛盾する。

7．直訳は「デジタル的に分断された」だが，第5段にソーシャルメディアを使用しない（できない）場合に FOMO を感じることがあると書かれていることから，イ「ソーシャルメディアの使用を中止すること」が正解となる。

8．第7段第7文（Still, they may …）の後半に「彼ら（ソーシャルメディアを不安解消ではなく楽しみのために使う人々）もまた不安にまつわる問題が増えることから解放されているわけではない」と書かれていることから，ロ「深刻な不安を抱えていない人でも FOMO の影響を受ける」が正解となる。

9．第1段第8文（There are fears that …）に「ソーシャルメディアの過剰な使用によって悪循環が生まれる」と書かれていることからハ「ソーシャルメディアの過剰な使用が人々の心に不健全な循環をもたらす」が正解。

10．ロの「楽観的」，ハの「創造的になること」については本文では触れられていない。ニの「ソーシャルメディアのない生活」については，FOMO を生み出す原因として本文で触れられているが，解決策については何も触れられてはいない。よって，イ「ソーシャルメディアの過剰使用の原因と結果」が正解となる。

III　解答

1―ロ　2―ニ　3―ニ　4―イ　5―ハ　6―ニ　7―ロ　8―ロ

◀解　説▶

1．「私たちはみな，新しくいまだよくわかっていない病気から自分や自分の家族を守りたいと思っている」

ロの us は主語の We と同じ人々を指すので，再帰代名詞の ourselves が正しい。

2．「蛍がかつてたくさんいた多くの場所からすでにいなくなってしまったことを示す証拠が存在する」

蛍がかつて存在した場所から今は蛍が消えてしまったという内容のため，ニの are は過去形の were が正しい形である。

3．「直近の選挙で当選した市長が，反社会的組織から受けた支援に関する政治的問題のために辞任した」

支援を受けたのは，選挙で当選するよりも前の内容であるため，ニの has を had にする。

4．「フェデラーとナダルは，主催者発表では，テニスの試合では世界的記録と言えるほど多くの観客を昨日の試合にひきつけた」

イの whatever を what にすることで「主催者が言うところの（主催者発表で）」という意味になる。

5．「新聞の報道によると，強盗事件が発生する2日前に容疑者がその宝石店を下見していたようだ」

ago は現在を基準とした過去を示す語である。過去完了形の節の中では，過去を基準にしてさらに過去の出来事を表すbeforeが適切。よって，ハのagoをbeforeにする必要がある。

6.「私は日本の事象に精通していたが，その瞬間までそんな奇妙な風習に出会ったことはなかった」

ニのbyは期限を表し「～までに」という意味である。ここでは，「その瞬間までずっと」と継続を表すuntilにするのが適切。

7.「ゴルフをするということになると，マイケルは職場を早く出るためにいつも仕事を途中で切り上げる」

When it comes to ～は「～ということになると」という意味。このtoは前置詞であるため，後ろには名詞もしくは動名詞が続く。よってロのplayを動名詞playingにする必要がある。

8.「彼女が私に率直に話してくれずに，その代わりにそれについて何も知らないふりをしたのだろうかと不思議に思った」

wonderの後ろに続くwhyで始まる節の中は，疑問文ではなく肯定文の語順にする必要がある。そのためロのcouldn't sheはshe couldn'tが適切。

IV　解答

A．(1)―ニ　B．(2)―ハ　C．(3)―ロ
D．(4)―イ　E．(5)―ニ　F．(6)―イ

◆全　訳◆

A．

アンジェラ：今月から寒くなったから，朝起きるのがつらくなってきたわ。あなたはどう？

バリー　　：僕も同じ問題を抱えているよ。でもこんな風に考えることもできるよ。1年のこの時期に日が短くなり夜が長くなるということは，早くベッドに入ることができるということだよ。

アンジェラ：あなたの言っていることはわかるわ。それを試してみてどうだったか教えるわね。

バリー　　：うまくいくといいね！

B．

エミ　　　：フランキー，どう思う？　サーフィンをするのに最もいい時期は，海水がまだ冷たくなくて大きな波が来る夏の終わりだ

と思うの。

フランキー：僕の経験では，夏の初め頃もいい条件が整っているよ。僕は，いい波が来てくれるなら海水の温度は気にならないね。

エミ　　　：それは，どのくらい海に出たいと思うか次第ね。適切なウエットスーツを着ていれば冬のサーフィンも問題ないわね。

フランキー：その通りさ。今度の週末にサーフィンに行こうよ！

C.

ジェリー：食べ物の値段が最近上がってきてると思わない？

ハリー　：僕もそう思うよ。特にこの1年間での物価の上昇を考慮するとね。

ジェリー：給料が上がればいいんだけどね。

ハリー　：まったくその通りだよ。

D.

アイリス：信じてくれないかもしれないけれど，今日が球場で野球の試合を見る初めての機会なの。

ジョー　：君が20年以上も横浜に住んでいることを考慮すると，それはちょっと驚きだね。

アイリス：そうよね。ルールが少しややこしいと思ったけれど，とても楽しかったわ。最後には野球はとても楽しいものだと思えたの。

ジョー　：そう言ってくれてうれしいよ。ときどき新しいものを試してみるのはいいことさ。

アイリス：私もそう思うわ。誘ってくれてありがとう。

E.

店員：こんにちは。ご注文はお決まりでしょうか？

客　：まだ決まっていなくて。今日のオススメ料理について教えてください。

店員：かしこまりました。2つのお料理からお選びいただけます。1つは，サーモンのメインディッシュで，もう1つがベジタリアン向けのパスタです。パスタはとても人気があります。

客　：パスタにキノコは入っていますか？　キノコのアレルギーがあるので。

店員：確認してまいります。

客　：お手数ですけどよろしくお願いします。

F.

面接官　：本日はお越しくださりありがとうございます。面接は40分ほどで，最後に質疑応答の時間を設けます。それでは面接を始めてもよろしいでしょうか？

スミス氏：はい，お願いします。

面接官　：ではまず経歴から。あなた自身について少しお聞かせください。

◀解　説▶

A．寒さのせいで朝起きるのがつらいと言うアンジェラに対して，バリーはアンジェラとは別の観点で冬睡眠について言及している。よってニ「それをこんな風に見てみる」が正解。

B．エミはサーフィンの際の海水は温かい（冷たくない）ほうがいいが，フランキーは温度は気にならないと言っている。空所にハ「～次第」を入れると，「(海水の温度については) どれくらい海に出たい（サーフィンをしたい）と思うか次第だね」となり，文が成立する。

C．食材の価格や物価が高騰していることから，給料も上げられるべきだというジェリーに対し，ハリーはロ「まったくその通りだ」と答えるのが適切。I couldn't agree more. は仮定法の文で，「(これ以上同意しようと思っても) これ以上同意することはできない」つまり，最大限に同意しているということになる。

D．初めての野球観戦を楽しんだというアイリスの発話に対して，ジョーはイ「そう言ってくれてうれしいよ」と答えるのが適切。

E．食材の確認という手間を取らせる店員にかける言葉として最も適切なものは，ニである。この場面では「お手数ですがよろしくお願いします」と訳せる。

F．面接官の空所の発話ののち，スミス氏が「はい」と答え，その後面接官が面接を始めていることから，イ「始めてもいいですか」が最も適切。

V **解答** (1) protect (2) from (3) When (4) which (5) apart

◆全 訳◆

≪現代における隔離の意義≫

私たちはいまだにソーシャルディスタンシング，もしくはWHOが人々に呼ぶように促している言い方で言うところのフィジカルディスタンシングの時代の真っ只中にいる。これはある古い考え方が現代になって具現化したものだ。数世紀にわたって，自分たちと他者を危険から守るために人々はさまざまな種類の隔離をし続けている一方で，道徳的にも精神的にも成長することを促している。

隔離を意味する *quarantine* という語は，ラテン語で40を意味する *quadraginta* という語に由来するが，その考え方は聖書に端を発する。聖書に出てくる多くの人物は，40日40夜の間の隔離や試練を経験している。例えば，モーセがシナイ山で十戒を授かったときや，イエスが断食をして荒れ野で悪魔からの誘惑に抵抗したことなどが挙げられる。

14世紀にヴェネチアの街が，疫病が蔓延するのを止める目的で，港に入ってくる船を隔離した。40日間の隔離，つまりイタリア語でいうところの“quarantina”を実施することは適切なことだったようだ。英語でその言葉が用いられるようになり始めたとき，英語では“quarantine”という語になった。現代における隔離は政府の権限によってつくられた規則だが，イエスが荒れ野で過ごした40日間のことは，人々にこの世の誘惑から自らを救い出すために自分自身を世間から隔離させ，人々が神により十分に仕えるように仕向けた。

中世では，修道士の中には，困難に直面した際に神の救いに頼りながら，各地を転々として孤独な生活を送るために社会から身を引いた者もいた。また，移動をせずに1カ所にとどまった者もいた。彼らは教会の隣のレンガ造りの小さな小屋に閉じ込められ，小屋につけられた小さな窓からは祭壇を見ることができ，その窓から食べ物を受け取り，小屋の外には一生出ることはなかった。彼らは身体的には究極に隔離されていたが，孤独ではなかった。彼らはしばしば彼らのコミュニティの精神的なよりどころとなり，助言や祈りを求められた。

現在の「ソーシャルディスタンシング」という言葉は，こうした中世の時代の考え方に少なからず影響を受けている。それはつまり，私たちが身体的に隔離されているときでも，「社会との交わり」に重きを置くことができるということを意味している。隔離されているときであっても，友人や家族や地域社会の幸福のために私たちは力を合わせることができるということだ。今の私たちは，疫病の蔓延を防ぐために隔離されていた船の人々というよりも，レンガ小屋に閉じ込められていた修道士に近い存在だ。

◀解　説▶

⑴　空所の後ろが，目的語（themselves and others）と「危険に対して」という意味の前置詞＋名詞（against dangers）となっていることから，空所には「守る，保護する」という内容の語が入ると考えるのが自然。

⑵　空所に from を入れて，come from ～「～に由来する」とするのが適切。

⑶　イタリア語の“quarantina”という語が英語では“quarantine”になったという内容なので，空所には when を入れて「その語が英語で使われるようになったときに」とするのが自然。

⑷　空所の後ろは SVO の文型で文の要素として欠けているものはない。through (　　) で副詞の働きをすることから，空所には関係代名詞が入る。前置詞の後ろに関係代名詞 that を置くことはできないため，ここでは which のみが正解。

⑸　空所に apart を入れて，「私たちが身体的に隔離されているときでも，『社会との交わり』に重きを置く」とすると文意が通る。

❖講　評

大問 5 題の出題であった。2023 年度も 2022 年度と同様，Ⅰ・Ⅱが長文読解，Ⅲが文法・語彙，Ⅳが会話文，Ⅴが比較的短い文章の空所補充の出題だった。

読解：Ⅰは冬季オリンピックでも話題になったカーリングに関する内容の英文，Ⅱはソーシャルメディアの使用によって発生する問題に関する英文で，Ⅰ・Ⅱどちらも時代を反映した内容の英文であると言える。Ⅰ・Ⅱともに使われている文法や語彙は平均的なもので，文構造について難解な箇所は特に見当たらなかった。

内容については，Ⅰのカーリングに関する英文は，2022 年の冬季オリンピックでカーリングの試合中継を見ていれば，比較的読みやすいと感じたのではないだろうか。ただ，受験生にとっては，カーリングが冬季オリンピックの正式種目としては比較的新しいものであるという認識はあまりないだろうし，オリンピックの種目が新しく採用されるまでの手順（公開競技が行われる）を知っている受験生もほとんどいないだろう。その点で難解さを感じた受験生もいるかもしれない。また，比較的平易ではあるが，字数制限（30字）のある英文和訳が出題された。

Ⅱのソーシャルメディアに関する英文については，本文の内容と似たような体験をしたことがある可能性があり，受験生にとっては理解しやすい内容だっただろう。

Ⅰ・Ⅱともに，多くの設問で解答の根拠を探すべき段落が指定されていたり，ポイントとなる単語が示されたりしているため，必要な情報を探しながら根気強く読むとよい。

文法・語彙：Ⅲは文法語法の知識を問う問題であった。2021年度は空所補充の形式であったが，2022年度から誤り指摘の形式に変更されている。難易度は標準的である。

会話文：Ⅳは短い会話文が6題出題され，すべて脱落文の空所補充という形式だった。使われている文法や語彙は標準的なものなので，会話の流れを正しくとらえることが重要である。

読解：Ⅴは比較的短い文章の空所に適語を入れる，記述式の出題であった。内容は，新型コロナウイルス対策を想起させる，隔離に関するもので，Ⅰ・Ⅱと同様，時代を反映している英文だった。内容の中に一部，中世ヨーロッパの疫病（ペスト）の広がりを抑える対策や，キリスト教の聖書の話題が出てきており，世界史選択ではない受験生やキリスト教についてまったく知らない受験生にとっては，読みにくさを感じる英文だったかもしれない。ただ，解答するにあたってそれらの知識の有無は特に関係はない。

日本史

I 解答

A．(イ)紫雲出山　(ロ)条里　(ハ)桓武　(ニ)公営田
(ホ)養和　(ヘ)松平信綱　(ト)宮崎安貞　(チ)田沼意知

B．1－c　2－d　3．i－d　ii－a　iii－c　iv－b
4．三善清行　5．藤原秀郷　6－d　7－d
8．i－d　ii－b　iii－c　iv－a　9．自検断　10．千歯扱
11－b

◀解　説▶

≪気象から見た日本の歴史≫

A．(イ)紫雲出山遺跡は，香川県に所在する弥生時代中期後半の高地性集落で，遺跡からは大量の石鏃が出土した。

(ロ)条里制は律令制下における土地の区画法で，その位置を○条○里○坪という形で表示した。

(ハ)桓武天皇は勘解由使を新設したり健児を採用したりするなど，積極的な政治改革を進めた。

(ニ)公営田は小野岑守の建議で大宰府に設置された国家の直営田である。

(ホ)西日本の干ばつによる凶作を背景に，1181 年頃から続いた大飢饉は養和の大飢饉である。

(ヘ)松平信綱は由井正雪の乱や明暦の大火の処理など，当時幕府が抱えた難題の解決に尽力した老中で，「知恵伊豆」とも称された。

(ト)宮崎安貞は江戸時代前期に活躍した農政家で，自身の見聞や体験をもとに最初の体系的な農書として『農業全書』を刊行した。

(チ)田沼意知は田沼意次の子で，殿中で佐野政言によって殺害された。

B．1．a．誤文。乾田は，灌漑と排水を繰り返すことによって土壌に含まれる栄養分が高まるので，湿田よりも生産性は優れていた。

b．誤文。「土器」とは甕のこと。したがって，再葬墓ではなく甕棺墓が正しい。

d．誤文。鉄器は鉄製工具として用いられたほか，鉄鎌や農具の刃先にも用いられたので，「鉄器は使用されなかった」は誤り。

2．藤原京が宮都だったのは694～710年の間。
a．誤文。庚寅年籍は689～690年に作成された。
b．誤文。百万町歩の開墾計画が出されたのは722年。
c．誤文。養老律令が施行されたのは757年。
d．適切。和同開珎が発行されたのは708年。
3．a．応天門の変は866年。
b．菅原道真の左遷は901年。
c．阿衡の紛議（阿衡事件）は887～888年。
d．薬子の変（平城太上天皇の変）は810年。
4．三善清行は平安前期の人物で，914年に政治意見書として「意見封事十二箇条」を醍醐天皇に上奏した。
5．平将門の乱は，平貞盛・藤原秀郷らによって鎮圧されたが，「下野国の押領使」とあるので，俵藤太とも称された藤原秀郷が正解。
6．a．誤文。長講堂領と八条院領が逆。
b．誤文。国免荘ではなく，官省符荘が正しい。
c．誤文。延喜の荘園整理令ではなく，延久の荘園整理令が正しい。
7．ⅰ．誤文。応安の半済令は1368年に発布された。近江・美濃・尾張を対象とした半済令は1352年に発布された（＝観応の半済令）。
ⅱ．誤文。段銭・棟別銭は守護も徴収したが，分一銭は徳政令発布の際に幕府が債務者または債権者から徴収したので，守護は関わっていない。
8．a．加賀の一向一揆は1488年。
b．嘉吉の土一揆は1441年。
c．応仁の乱が始まったのは1467年。
d．正長の土一揆は1428年。
10．千歯扱はそれまでの扱箸に代わって普及した脱穀具で，「後家倒し」とも呼ばれた。
11．ⅰ．正文。
ⅱ．誤文。南鐐二朱銀は二朱金と等価とされた。小判1両＝4分＝16朱なので，南鐐二朱銀は8枚で小判1両と交換できた。

II 解答

A．(イ)懐良親王　(ロ)マカオ　(ハ)日清修好条規
(ニ)袁世凱　(ホ)日独伊三国同盟

B．1－b　2－d　3－b　4．三浦按針　5－c

6．藤原隆家　7－b　8－c　9－b　10－d

11．加藤友三郎　12－c　13－d

14．アメリカの日本防衛義務が明文化され，日本及び極東での軍事行動については事前協議制となった。（45字以内）

◀解　説▶

≪中世～現代の外交≫

A．(イ)懐良親王は後醍醐天皇の皇子で，征西将軍として九州全土を制圧したが，今川貞世（了俊）が九州探題に就任するに及び，その勢力は衰退した。

(ロ)東アジア貿易において，ポルトガルはマカオ，スペインはマニラをそれぞれ拠点とした。

(ハ)日清修好条規は，1871年に伊達宗城と李鴻章との間で締結された最初の対等条約で，領事裁判権の相互承認などを内容とした。

(ホ)日独伊三国同盟は1937年の日独伊三国防共協定をもとに締結された軍事同盟で，第三国からの攻撃に対しては相互援助を約した。

B．1．a・c・dを三浦と総称する。三浦には日朝貿易における取引施設として倭館が設置された。

2．d．正文。1523年の寧波の乱の後，勘合貿易の実権は博多商人と結ぶ大内氏が独占したが，1551年に大内氏が滅ぼされたのを機に，貿易は途絶した。

3．〈あ〉王直は倭寇の首領の1人と目された人物。

〈い〉松浦鎮信は肥前平戸藩主でオランダ船を平戸に誘致した。有馬晴信は肥前有馬城主である。

4．三浦按針は，ウィリアム=アダムズの日本名である。

5．c．誤文。『玉勝間』は本居宣長が伊勢松坂で編纂した随筆集。

7．i．正文。

ii．誤文。来航する中国船は年間70隻と定められていたが，1715年の海舶互市新例によって年間30隻に制限された。

8．〈え〉1895年の下関条約で台湾を領有し，台湾総督府を設置して台湾

経営を進めた。

9．b．第五号に記された内容であるが，中国の反対などによって削除された。

10．ⅰ．誤文。第一次世界大戦中の1917年に金輸出が禁止され，1930年に金輸出が解禁された。

ⅱ．誤文。立憲同志会を与党としたのは第2次大隈重信内閣。1916年に組閣した寺内正毅内閣は政党に基礎を置かない超然内閣であったため，「非立憲内閣」と揶揄された。

11．ワシントン会議には全権として駐米大使幣原喜重郎，貴族院議長徳川家達も参加した。

12．c．誤文。太平洋の現状維持については，1921年の四カ国条約で約された。

13．ⅰ．在米日本資産の凍結と日本への石油輸出禁止は，1941年の南部仏印進駐が契機となった。

ⅱ．日米通商航海条約の廃棄通告は1939年で，発効は1940年である。

ⅲ．日本への屑鉄輸出禁止は，1940年の日独伊三国同盟の締結が契機となった。

14．それぞれの語句がどのような歴史事象に関わっているかを吟味し，消去法を用いて使用語句2つを特定してもよい。

「沖縄返還」…沖縄返還協定（1971年），沖縄返還実現（1972年）。

「事前協議」「防衛義務」…日米新安全保障条約（1960年）。

「全面講和」「賠償責任」…サンフランシスコ平和条約（1951年）。

「覇権条項」…日中平和友好条約（1978年）。

「PKO」…PKO法（1992年）。

「保安隊」…警察予備隊を改組（1954年）。

1951年の日米安全保障条約では，アメリカの日本防衛義務は明文化されず，条約の期限も明記されていなかったが，1960年の新安保条約ではアメリカの日本防衛義務が明文化され，条約の期限も発効後10年間と定められた。これらを踏まえながら，新安保条約の内容と軍事行動に関する規定を端的にまとめればよい。

❖講　評

Ⅰ 「気象から見た日本の歴史」というテーマで，原始時代から江戸時代までの政治・社会・経済・文化に関する基礎的知識を問う問題。Aの空所補充問題は標準よりもややレベルが高く，特に(イ)の紫雲出山と(ホ)の養和，(ヘ)の松平信綱で点差がつくだろう。Bの2・3・8は基本年代を把握していれば確実に得点に結びつく平易な問題であった。6の正文選択問題，7・11の正誤問題も教科書の範囲がよく守られた良問で，基礎的知識があれば完答も可能である。4・5・9・10の記述式問題も平易なレベルなので，全体的に高得点が期待される。

Ⅱ　中世から現代の対外関係に焦点をあてた問題である。Aの空所補充問題は基本的知識が問われているので，失点は極力避けたいところである。Bの選択問題は，7のⅱの正誤判断と13の年代配列問題がやや難しく，西暦年代を含めてきめ細かい学習が求められている。8のグラフは教科書にも掲載されており，日清戦後経営を学習していれば容易に解答できるので，難易度的には標準レベルといえる。14は新安保条約に関する論述問題だが，与えられた8つの語句から「2つのみ選択」し，その語句を「1回ずつ使用」して「45字以内」で，さらに使用語句には「下線を付けよ」という4つの条件を満たさなければならない。「主要な改定内容」の要点をいかに的確に表現するかが点差の分かれ目となる。

世界史

I

解答　A．(イ)ヘロドトス　(ロ)カナート（カレーズ）　(ハ)駅伝　(ニ)ピサロ　(ホ)トルデシリャス　(ヘ)モルッカ　(ト)ハンニバル　(チ)ザマ　(リ)ダキア　(ヌ)レヒフェルト

B．〈あ〉a　〈い〉d

C．1．ジッグラト　2－c　3．じゃがいも

4．i－c　ii．①－c　②－d　5－a

◀解　説▶

≪人類史と地理的条件≫

A．(ロ)カナートは，前8世紀頃にイラン西部で始まったとされる地下水路を利用した灌漑システム。

(ハ)ダレイオス1世の整備した「王の道」は，沿道に宿駅を整備していた。

(ヘ)香辛料の中でもクローヴ（丁子）とナツメグは，元来モルッカ諸島でしか産出されなかったため，同地は香料諸島とも呼ばれた。

(リ)やや難。ダキアは，ラテン語で表現した古代ローマ時代の地域名。現在のルーマニアにおおよそ相当する。

(ヌ)レヒフェルトは，現在のドイツのアウクスブルク付近，ドナウ川上流域にある平原名。955年，東フランク王オットー1世は，この地でマジャール人の侵入を撃退した。

B．〈あ〉オスマン帝国は，スレイマン1世の時代にハンガリーを征服した。

C．2．エジプトのナセルは，アスワン=ハイダムの建設費用を賄うため，1956年，英仏がその管理権を有していたスエズ運河の国有化を宣言した。これを契機として，英仏・イスラエルとエジプト間にスエズ戦争（第二次中東戦争）が勃発した。

3．じゃがいもは，大航海時代にアンデス地方から旧大陸に伝わり，全世界に広がった。栽培が容易で栄養価の高いじゃがいもは，「貧者のパン」とも呼ばれる。

4．i．1580年，スペイン王フェリペ2世は，もともとカスティリャ王家から分かれたポルトガル王家の断絶の機をとらえて，ポルトガル王位を

も継承した。

ⅱ．①やや難。フランスの歴史家ブローデルの研究によれば，ヨーロッパ諸都市の小麦価格は，ｂのエクセタ（イギリス）が17世紀後半以降最高価格を記録，中世末に最高水準であったａのウディネ（イタリア）は，17世紀後半以降に価格を下落させ，最低価格であったｃのワルシャワ（ポーランド）が西欧向けの小麦生産の高まりで17世紀以降，価格の急上昇を見せている。

②やや難。ａ．誤文。バルト海域の遠隔地貿易は，ハンザ同盟によって13〜14世紀に最盛期を迎えたが，その後はデンマーク・スウェーデン・ロシアがバルト海の覇権を握り，ポーランドの商工業の発展にはつながっていない。

ｂ．誤文。大航海時代以降のエルベ川以東のプロイセン・ポーランドでは再版農奴制が出現している。

ｃ．誤文。大航海時代以降，ヨーロッパの銀価は下落している。

ｄ．正文。

５．隋の煬帝は，604年の即位。ａは文帝によって584年に開かれていたが，ｂの永済渠，ｃの通済渠，ｄの江南河は煬帝によって開かれた。

Ⅱ　解答

１．オシリス　２．ヒクソス　３．ⅰ―ｄ　ⅱ―ｄ
４―ｅ　５―ｂ　６．甘英　７．貞観政要
８．ⅰ．開封　ⅱ―ｅ　９―ａ　10―ｂ　11．クレメンス５世
12．煉獄　13．ティムール　14―ｄ　15―ａ　16．ビスマルク
17．グリニッジ　18―ｂ

◀解　説▶

≪時計の歴史≫

２．古代エジプト第18王朝は，エジプト新王国時代の王朝。ヒクソスによるエジプト支配を終わらせた。

４．やや難。プラトンのイデア論とは世界は常に変化しているが，その背後には永遠に変わることなく実存する観念＝イデアが存在し，現実とはイデアがさまざまな形をとってあらわれたにすぎないとする考えで，真・正義・善・美をイデアとした。

５．アレクサンドロスが陥落させたアケメネス朝ペルシアの都は，ｂのス

サ。その後，アレクサンドロスはaのバビロンで急死した。

6．甘英は大秦国（ローマ）に派遣され，パルティア・条支国（シリア地方）に至るも，その先の航海の困難を聞いて帰国した，とされる。

7．やや難。『貞観政要』は，唐の太宗の政治に関する言動を記した書。帝王学の教科書として，中国の歴代王朝の君主たちや日本でも広く読まれた。

8．ii．王安石の新法は，青苗法・市易法・募役法・均輸法・保甲法・保馬法である。

9．やや難。マクデブルクは，現在のドイツのザクセン=アンハルト州の州都。ドイツ最初のゴシック式聖堂があり，神聖ローマ皇帝オットー1世によって大司教座が置かれた。大司教座とは，カトリックの大司教がその教区の執務を行う座席のこと。

10．やや難。ミラノは北イタリアのロンバルディア同盟の中核都市。ロンバルディア同盟に宗主権を認めさせたのは，神聖ローマ皇帝フリードリヒ1世（在位1122～90年）。形式的な宗主権と引き換えに，ロンバルディア同盟側は，自治権を大幅に認めさせた。

11．クレメンス5世は，フランス出身。フランス王フィリップ4世の圧力を受けて，教皇庁を南仏のアヴィニョンに移転した（教皇のバビロン捕囚）。

12．やや難。「煉獄」とは，カトリックの教えで，天国と地獄の間にあり，死者の魂が天国に入る前に浄化される場所。

14．コペルニクスは，現在のポーランド中北部のトルンで生まれ，クラクフ大学で学んだ。

15．綿織物に関する機器の発明の順は，飛び杼（ジョン=ケイ）→ジェニー紡績機（ハーグリーヴズ）→水力紡績機（アークライト）→ミュール紡績機（クロンプトン）→力織機（カートライト）→綿繰機（ホイットニー）となる。

17．グリニッジ天文台は，ロンドン郊外にある。

18．やや難。a・c・dは，いずれも，1924年の出来事。bのトルコ共和国の成立は，1923年の出来事。第一次世界大戦で敗北したオスマン帝国ではムスタファ=ケマルらによってトルコ革命が起こされ，1922年にスルタン制を廃止（オスマン帝国の滅亡）し，1923年にトルコ共和国の建国が宣言された。したがって，ｂが正答となる。

❖講　評

Ⅰ．人類史と地理的条件をテーマに，時代は古代文明から近・現代全般にわたり，地域も，西アジア・ヨーロッパ・アメリカからアジア全般にかかわる幅広い出題であった。記述式の設問は全般的に標準レベルであるが，Ａ．㈷は詳細な古代ローマ史上の地名知識を背景にした難問であった。また，選択法では，Ｃ．４．ⅱ．①は，フランスのブローデルの歴史書のグラフに基づく難問。②は，近世ヨーロッパの価格革命とポーランド経済とのつながりを問う設問となっていて，基本知識の暗記だけでは解けない難問であった。日頃から教科書や図説などの資料に目を通しつつ，深く考えながら学習を進めよう。

Ⅱ．時計の歴史をテーマに，Ⅰと同様に，時代は古代文明から近・現代全般にわたり，地域も，西アジア・ヨーロッパ・アメリカからアジア全般にかかわる幅広い出題であった。記述式の設問は全般的に標準レベルであるが，7・12は，教科書レベルを超える難問であった。また，選択法の4は，プラトンの思想にかかわる難問。10・18も詳細な年代知識を必要とする設問となっていた。年代の知識や地理的に正確な理解を必要とする設問も見られ，日頃から年代に留意しつつ学習を進めるとともに，教科書や図説などの資料に目を通しておきたい。

に九月十八日隠れさせたまひぬ」とある。この部分に合致する。

ホ、第四段落の和歌に「背けどもただ恋しさの慰めぞなき」とあるので、「悲しみを自力で乗り越えた」ということにはならない。合致せず。

❖講　評

大問の構成は例年どおり現代文・漢文・古文の三題からなる。

一　現代文は久しぶりに小説から出題され、しかも若手現代作家の作品が用いられた。文章は読みやすいが、台所をめぐる家族の微妙な心理が描かれていて、主観を交えず丁寧にかつ慎重に読んでいかなければ、選択肢の細かな差異を判別しづらい。また、内容説明の設問の中には解答根拠がわかりにくく、文字どおり「最も適当なもの」を選ばなければならないものがある。この場合は消去法によって、不適当なものを確実に消していって、残ったものの正否を判断する必要がある。そうした設問があるため、全体としてはやや難である。

二　漢文は『孟子』からの出題であった。問題レベルとしては標準であり、漢文学習に相応の時間を割いた人には解きやすかったと思われる。(C)の訓読問題は、返読文字、文型という基本的なことが問われており、確実に得点したいところである。(F)は、答えとなる選択肢の内容が直接本文には書かれていないので戸惑うだろうが、他の選択肢の不適当部分を見きわめ、内容との一致を考えていけば絞ることができる。

三　古文は歴史物語『増鏡』からの出題で、文章量はやや多い。「聞こゆ」「口さがなし」「おこたる」「あさまし」「いはけなし」のように、古文単語集で重要単語とされる単語がいくつも出てきているため、高得点を狙うには、まず古文単語を徹底的にマスターすることが必要である。古文単語の充実したストックがあってこその文章読解ではあるが、それでも(F)の空所補充問題のように前後関係のわかりにくいものもある。ゆえに『源氏物語』などをテキストとし、読解を中心とした問題演習の積み重ねが必要である。古典文法が例年出題されているが、二〇二三年度も基本的な問題であり、堅実な学習ができていれば確実に得点することができる。

これに打消の助動詞「ず」の終止形がついた形。前に〝ご病気〟の意の「御悩み」があるので、「快復しない」「軽くならない」「よくならない」などと訳す。

(H)「あさましき」はシク活用形容詞「あさまし」の連体形で、意味は〝驚きあきれる〟、「いはけなさ」は形容詞「いはけなし」の名詞形で〝あどけなさ〟の意である。2が最も適当。

(I)「あつしう」はシク活用形容詞「あつし（篤し）」の連用形「あつしく」のウ音便で、〝病気がちだ・病気が重い〟の意。5が正解。

(J)傍線部(9)は現代語と同じ意味と考えてかまわない。傍線部の前に「今年もまた例ならず悩ませたまへば」とあり、〝今年もまた日頃と違って体調が悪くていらっしゃるので〟という意味である。今年もまた体調が悪くなり、それでもめでたいことと考えると、懐妊のことである。4が正解。

(K)傍線部(10)の前に「頭おろしぬ」（＝剃髪した）とあるので、「背く」とは「世を背く」ことであり、出家することである。2が正解。

(L)文法の基本問題である。(a)の「めり」の意味は推量と婉曲だが、選択肢に婉曲はないので、1が正解。(b)の「ぬ」は下に終止形接続の「べし」があるので終止形。意味は完了と強意であり、完了と言っても間違いではないが、下に推量系の助動詞が付く場合は厳密には強意である。(c)の「ぬる」も(b)と同じ助動詞「ぬ」の連体形だが、下に推量系の助動詞がなく、「消え果つ」という動詞の意味からも完了ととるのが適当。よって(b)は6、(c)は5が正解。

(M)イ、第一段落二文目「定家中納言…奏せられけり」の内容と異なる。合致せず。

ロ、第二段落三・四文目「一の御子いできたまへりしかば…」、「かの承久の廃帝の…」の内容と合致する。

ハ、第四段落一文目に「中宮も御物のけに…思し嘆く」とあるが、「自分（＝上皇）のせいで」という内容は文中にない。

ニ、第四段落五文目に「今年もまた例ならず悩ませたまへば」とあり、その後に「御祈りひびき騒げども、…。つひ上げる、⑤〈謙譲の補助動詞〉お…申し上げる〟、の五つの意味がある。この場合、天皇の退位という外からの情報なので②の意味となり、解答として4が適当。

(B)　傍線部(2)の前の「ほどなく世の中もひきかへぬるに」（＝まもなく世の中もすっかり変わってしまったのに）が解答の決め手となる。「心よからぬこと」ということなので、この世の中の変化はよい方向への変化ではない。このことから「今後の世情不安を思わせる」としている1が最も適当。なお、日本史の知識のある人は、承久の乱が一二二一年であり、世の中の変化とはこのことを言っているとわかるだろうが、そうした知識がなくとも解答は絞れる。

(C)　「ささめく」とは〝ひそひそ話す〟という意味だが、辞書的な意味がわからなくても、文脈から外部の者が勅撰集に「新」の名を冠することを批判していることだとわかるだろう。2が正解。4がやや紛らわしいが、「戒める」（＝教えさとす・罰する）が上記文脈に合わないので不適。

(D)　「例の」は〝いつものように〟という意味の頻出単語である。「口さがなさ」は形容詞「口さがなし」の名詞形。「口さがなし」は〝他人のことを悪く言いふらす〟という意味で、頻出単語とは言えないものの知っておくべき単語である。5が正解。

(E)　「生まれさせたまふ」は〝お生まれになる〟、「ひとしく（等しく）」は〝同じだ〟の意。「～とひとしく」の形で〝～と同時に〟の意を表す。よってこの内容に合致する3が正解。

(F)　空欄を含む会話文は、口さがなき者の悪口である。承久の廃帝である仲恭天皇は、生まれるとともに皇太子に立ったが、後に廃位の憂き目をみた。ゆえに、同じ境遇（＝「いできたまへりしかば、やがて太子にたたせたまひし」）の四条天皇もいいことはないよと言いたいのである。選択肢を絞っていくと「不用」という語がある。意味は〝役に立たない・無益だ〟ということであり、生後すぐに皇太子になってもいいことはないのだから無益だ・不都合だ、ということで文意が通る。他の選択肢に紛らわしいものはないので3が正解。

(G)　「おこたら」は四段動詞「おこたる」の未然形。〝病気が少しよくなる・快方に向かう〟という意の頻出単語である。

おそろしいまでに、前世（でどれほどの善行を積んだのか）を知りたくなるようなご様子である。昔、近衛院が三歳、六条院が二歳で皇位におつきになったのは、どちらも（早世され）たいへん残念な前例である。十二月五日、ご即位の儀式は無事に終わったので、めでたいままに年はあらたまった。

中宮も御物怪に煩わされなさって、常日頃から病気がちでいらっしゃるのを、上皇もますますお心の晴れる間もなくお嘆きになる。四月の頃、年号があらたまる。天福というのであろう。その同じ頃、中宮も位をお去りになって、藻壁門院と申し上げるそうだ。今年もまた日頃とは違って（ご懐妊で）煩いなさるので、めでたいことの数が加わりなさるのだろう、と世の人々は喜ばしくおうわさ申し上げる。（ご安産の）祭、祓え、（その他）何やかやとはなはだしく、早いうちから大騒ぎしている。ましてその（＝出産の）ときが近くなったなら、天下の人々は落ち着いた様子もなく、山々、寺々、神社で、お祈りを響かせて騒ぐけれど、御物怪が強くて（身から離れず）どうにも情けない。とうとう九月十八日に亡くなられた。そのときの悲しさといったら、きっと推察できるだろう。今年二十五歳におなりになる。若く美しくかわいらしくて、盛りである花の（ような）ご様子が、あっという間の露として消えておしまいになったのは、まったく言いようのないことだ。殿、上（＝九条道家公とその北の方）が、思い嘆きなさる様は、悲しいと言ったなら月並みな言葉になってしまう。上皇にお仕えする民部卿典侍と申し上げる方は定家中納言の娘である。この女院の御方にもごく近くお仕え申し上げる人だった。（この人も）この上なく悲しみに沈んで出家してしまった。たいそう痛切に感じることである。人が（この方を）見舞った返事に、（こうある。）

私の悲しさは浮世に住んでいることの罪と思って出家したけれど、ひたすら主人を恋しく思う気持ちは慰められることはない

今上天皇の御母后でいらっしゃるので、天下の人々はみな一様に墨染の衣を着て質素な服装になった。

▲解　説▼

(A)「聞こゆ」には、〝①聞こえる、②評判になる・うわさされる、③理解される・わけがわかる、④〈謙譲の動詞〉申し

(I)　5

(J)　4

(K)　2

(L)　(a)—1　(b)—6　(c)—5

(M)　イ—2　ロ—1　ハ—2　ニ—1　ホ—2

◆全　訳◆

今年もあっけなく暮れて、貞永元年（一二三二年）になった。藤原定家中納言が勅命を承って撰集（の編纂）を行うことがあったが、この頃後堀河天皇がご退位なさるだろうということがうわさされたためであろうか、たいそう早く十月二日に天皇に奏上され（ご覧に入れられ）た。（この撰集は）『新勅撰和歌集』と申し上げる。「元久（二年＝一二〇五年）に『新古今和歌集』が世に出た後、まもなく世の中もすっかり変わってしまったのに、またも（集の名に）新の字がひき続いたのは、感心しないことだ」などと、こっそり批評する人もおりましたということだ。

さて同じ（貞永元年十月の）四日、（後堀河天皇は）ご退位なさる。ご病気が重いということによってであった。去年の二月、中宮（竴子）の御腹に第一の皇子（＝のちの四条天皇）がお生まれになったので、すぐに皇太子に立たせなさったのであったよ。いつものように世間の人の口の悪いことには、「あの承久の廃帝（＝仲恭天皇）が、お生まれになるとすぐに東宮坊にお住まいになった（＝皇太子におなりになった）のは、本当に不都合なことだったのに（また同様のことをなさるとは）」などというようだ。天皇はご退位なさって、その（同じ月の）七日にすぐ（太上天皇の）尊号があった。ご病気はやはり快復しない。総じて、世の中も平穏ではない。この三年ほどは天変がたび重なり、地震があったりなどして、天の戒め（＝災禍）も頻繁であり、（天皇も）重く謹慎されているようなので、（上皇は）今後どのようにいらっしゃるのだろうかとお心なども落ち着かないことだろう。

今上天皇は二歳におなりになる。驚くほどにご幼少であり、厳かな十善のあるじ（＝天皇）に定まりなさるのは、実にただ座視するのかということであり、それは民の見殺しを意味する。この内容に合致する1が適当。

(E)「他日」は〝①いつか別の日・後日、②過ぎ去った日〟というように未来と過去の両方の意味をもつ。この場合、話の展開から①の未来の意であり、しかも不特定な未来ではなく、国王との会見という現実化している未来なので、4が適当。

(F)傍線部(6)を含む一文「此れ則ち寡人の罪なり」より、「此れ」とは「寡人（＝王）の罪」のことを指す。後ろから三文目に「其の罪」とあるが、それは各都市の五人の長官が、飢饉の年において民を見殺しにしたことの罪である。この罪・責任を自覚しているものは孔距心だけであり、他の四人は自覚していない。国王は長官を統率する立場にあり、部下の不祥事は上の者の間接的な責任でもある。ここでの国王の責任は、国として民を救済できなかった責任と、部下についての任命責任である。こうした内容に合致する3が最も適当。

三

出典　『増鏡』〈第三　藤衣〉

解答

(A)　4
(B)　1
(C)　2
(D)　5
(E)　3
(F)　3
(G)　快復しない
(H)　2

申し上げた。王は（これを聞き）、「そのことはそのまま私の責任である」とおっしゃった。

読み　孟子平陸に之き、其の大夫に謂ひて曰はく、「子の持戟の士、一日にして三たび伍を失はば、則ち之を去るや否や」と。曰はく、「三たびを待たず」と。「然らば則ち子の伍を失ふや、亦多し。凶年饑歳には、子の民、老羸は溝壑に転じ、壮者は散じて四方に之く者、幾千人ぞ」と。曰はく、「此れ距心の為すを得る所に非ざるなり」と。曰はく、「今人の牛羊を受けて之が為に之を牧する者有らば、則ち必ず之が為に牧と芻とを求めん。牧と芻とを求めて得ずんば、則ち諸を其の人に反さんか、抑 亦立ちて其の死を視んか」と。曰はく、「此れ則ち距心の罪なり」と。他日王に見えて曰はく、「王の都を為むる者、臣五人を知れり。其の罪を知る者は、惟だ孔距心のみ」と。王の為に之を誦す。王曰はく、「此れ則ち寡人の罪なり」と。

◀解　説▶

(A)　「子」には〝①あなた、②先生、③子供〟の三つの意味があるが、一文目で「其の大夫に謂ひて曰はく、『子の持戟の士、…』」と続くので、傍線部⑴の「子」とは①の意味で、「大夫」（＝平陸の町の長官）を指す。三文目の「然らば則ち」から始まる会話文中にも「子」が二箇所あるが、これも「大夫」のことで、孟子は大夫に対し、飢饉の年に被害者が何千人も出たことの責任を追及する。それに対して、大夫は、「それは距心（＝自分）にはどうにもできないことだったのだ」と弁解する。この会話の受け答えから、大夫＝距心ということになり、注8から距心＝孔距心なので、正解は4。

(B)　職務怠慢によって免職するに当たり、三回を待たずに免職するということなので、この内容に合致する5が正解。

(C)　「所」は返読文字なので、この箇所は「所レ得」となる。「得」と「為」は述語と目的語の関係なので「得レ為」となる。これで3・5と絞られるが、3では文意をなさず、5が正解。

(D)　傍線部⑷の前半は、これ（＝牛・羊）を元の持ち主に返すのかということであり、長官の職責に当てはめると〈国王から預かった人民を国王に返すこと〉＝職務返上ということである。後半は、立ちつくして牛・羊が死んでいくのを

二

出典　『孟子』〈巻第四　公孫丑章句下　四章〉

解答

(A)　4
(B)　5
(C)　5
(D)　1
(E)　4
(F)　3

◆全　訳◆

孟子が（斉国の）平陸の町に赴いたとき、そこの長官（＝孔距心）に対して言った、「あなたの配下のほこを持った戦士が、一日のうち三回も隊列を離れたなら、あなたはこの人物を免職にしますか、しませんか」と。（長官は）答えて言う、「（免職にするのに）三回を待つまでのこともありません」と。（孟子は）「それならばあなたも（戦士と同様に職務の）隊列から離れることが、たくさんあります。飢饉に見舞われた年には、あなたの治める民は、老人や病人は（飢えて）溝や谷間に転げ落ち（て死に）、若者は（食を求めて）散り散りとなり四方へ逃げ出しましたが、そうした者が何千人もいましたよね」と。（長官が）言うには、「それは距心（＝自分）にはどうにもできないことだったのです」と。（孟子が）言う、「今かりに人から牛や羊を預かってそれらを飼う者がいたならば、きっとその家畜のために牧地と牧草を探すでしょう。牧地と牧草を探して得られなかったならば、それらを持ち主に返そうとするのですか、それともまたぼんやりと立ったままそれらが死んでいくのを見ているのですか」と。（長官が）答えて言う、「（わかりました、）これ（＝飢饉に無策だったこと）は距心（＝私）の責任です」と。後日（孟子は）国王と会見して言った、「王の配下で都市を治める者を、私は五人知っております。その中で責任を感じている者は、もっぱら孔距心だけです」と。王のために上のことをる」とあるので、ここを解答の材料として使う。最後に「母親の役割」の内容についての説明が必要である。空欄a・bの前の部分に「母親は、どれだけ私が物事を正しく進めても…あげつらう」のは、「母親が単に母親として振舞っているからだ」とあるのに着目する。(D)で確認したとおり、母親は、〈子供の欠点を見つけて矯正する〉という「母親の生涯の仕事」を遂行するべく「振舞っている」のである。この点をまとめる。

(J)　傍線部(6)の前段落の内容から、母親の「根拠をなさない不快感と不安」とは、台所で「母親の役割を演じる」自分の欠点が暴かれる事態になることが原因と考えられる。「私も不快だった」とあるとおりそのことは私も同様で、「娘の探し物の場所がわからなくなった自分」「場所を訊いてくる娘」というささいなことから、「母親の役割を演じる」私の欠点が明らかになる事態になりかねないのである。このことを「日常生活の取るに足らないこと」、「母親としての存在の危機をあらわにする」と説明した2が最も適当。他の選択肢は皆、台所で「母親の役割を演じる」資格の欠如に結びつかないため不適当。

(K)　1、母親が娘のプリンを勝手に動かしたのではなく、私が動かした。
2、娘の冷蔵庫の使い方の話題に対して、矛先をかわしたのは私である。
3、兄の行為が、母親の寵愛を得るためのものだったと言える根拠はない。
4、「強く注意することはなかった」が不適当。傍線部(3)の前段落に、母親は、「私の成績が…強く注意するだけにとどまる」とある。
5、傍線部(4)の二段落後「こんな台所のルールを乱すようなことは、…」、その前の段落「私は、自分の…つもりだった」、および最終段落の内容に合致する。5が正解。

3「追い出そうとした」、4「引き継がせようと努めた」が本文になく、合致しない。
5、「母親の役割を果たす能力がない」の根拠が本文にない。

(G) 点線部「娘のその返事…」の次段落「母親の基準で完璧なものになるまで」、「絶対に何か微細な瑕疵を見つけ出してそれをあげつらう」、傍線部(4)の二段落後「こんな台所のルールを乱すようなことは、きっと見咎められるだろう」、以上の内容に合致する4が正解。他の選択肢は皆この内容に合わない。

(H) 傍線部(4)の前の「私は無力感を…追い立てられている」を踏まえなければならない。
1、「無力感」とは、母親に認められるだけの能力がないということであり、「何もできない」というまったくの無能力を言っているわけではない。
2、「何もできず」は1と同様。「周囲から責められていた」、「何とか克服して」の根拠はない。
3、「克服したいと思い続けていた」が2と同様根拠はない。
4、「何もできず」が1・2と同様不適当。
5、傍線部(4)の中の「なぜか」が肝心な点となる。人から「責められるのではないかという感覚に追い立てられて」いたことが、どういうわけ（理由）かわからないが、「きっちりした人」という社会的評価につながった。そして、「…追い立てられているため」とあるように、そのことが原因となって社会的評価につながったことは確かである。つまり、はっきりした理由はわからないにしても、消極的には因果関係を認めなければならないということである。この点においても、「関係が理解できなかった」とする4は不適当で、5が最も適当である。

(I) まず、指示語「それ」は、前文の「何を捨てたらいいのか、何を持っておけばいいのかという判断力」を指している。文脈から「何」は具体的には食器のことを言っているのだが、二つめの章段で述べられる「冷蔵庫の中の物」など、台所全般のことも含んでいると考えられる。よってこの箇所を「食器など何を捨てるべきかの判断力」とする。次に設問中の「母親がそう思いたかった理由」だが、傍線部の二文後に「母親の役割を演じるためには必須のものであ

4、点線部「と称する」「そこそこ」には「私」の判断が含まれており、「感情に流されずに」「公平に」は当てはまらない。

(D) 5、点線部の「尊重する」は最後の返事に対する内容であり、「できるかぎり考えを尊重」は当てはまらない。

(E) 波線部(あ)の前に「瑕疵を見つけ出して」とあるので、空欄aは「瑕疵」つまり“疵(きず)や欠点”に結びつくものが入るため、1・3に絞られる。空欄bは空欄aと対照的に、その疵・欠点を、矯正・改善する意味に近い語が入ると考えられる。1の「許容する」、3の「補完する」を比べると後者が適当。3が正解。

(F) 1、「不快」とあるが、傍線部(1)の近くには、その説明が見られない。「不快」が出てくるのは、傍線部(6)がある段落。そこを参照すると、「不快」とは、私が「それの場所を正確に答えることができない」ことに対してであって、「プリンを勝手に動かしたのが実は自分だと知られてしまうこと」に対してではないことがわかる。

2、一見よさそうだが、傍線部(1)の後の内容と結びつかない。

3、「娘のためになるという思い」につながる根拠が傍線部(1)の後から読み取れない。

4、1と同様、傍線部(6)の直前を参照する。私は「娘の探し物の場所がわからなくなった自分」、「場所を訊いてくる娘」が不快だった。「移動させた」のに「場所を正確に答えることができない」自分に向き合いたくないので、私は「プリンのある場所について触れてほしくない」のである。4が適当。

5、自分の本心に触れることなので、「どうでもいいこと」ではない。

1、私の母親は「冷蔵庫を含めた台所のことに関しては、自分がルールであるという態度を貫いた」(傍線部(3)の文)。また、台所のことについては「母親の役割を演じずにはいられない」(傍線部(4)の次段落)。私もまた自分の娘に、自分のルールに照らして「台所回りでの家事の細かい欠点」について小言を言っている。それは自分の母親と同様に、台所のことに関しては娘に対して母親の役割を演じているといえる。1は適当。

2、「何かにつけて」が不可。二つめの章段に、母親は、台所以外のことについては「鷹揚な人だった」とある。

の中のことに関しては神経質だった。「あれどこ?」と訊かれるのが恐ろしく苦手で、それは母親が母親である矜持を台無しにしてしまう質問事項だった。母親は、冷蔵庫を含めた台所のことに関しては、自分がルールであるという態度を貫き、台所に侵入する者を責め立てずにはいられなかった。私は娘から、「私の入れたプリンは?」と訊かれたとき、母親と同様に不快な気持ちになった。だが、私は母親の態度は受け継がない。冷蔵庫のことで傷付く子は私で最後にしよう。

▲解　説▼

(B) (あ) 「あげつらう(論う)」とは、物事の理非や可否を論じたてること、ささいな非を取り立てて大げさに言うこと。この語意に当たる3が正解。

(い) 「足の(が)早い」は慣用句で、食物などの腐り方が早いことをいう。1が正解。

(う) 「鷹揚」とは、小さなことにこだわらず、ゆったりとして威厳があることをいう。5が正解。

(C) 微妙な判断が必要な問題。

1、点線部「気付いたこと」をストレートに言っているのだから、「娘との距離を保って」ということにはならない。

2、点線部「娘のその返事を尊重する」の前で「私は、確かに自分がここを…」と言っているように、選択肢後半の「客観的で公平に…」とは言える。では、前半の「どうせきちんとできていないだろう…」はどうか。点線部「と称する」は、例えば「容疑者は自称会社員…」などというように、本人はそう言うものの真偽がはっきりしないときに使う。また、点線部「そこそこ」は、例えば「そこそこの評判を得る」のように、十分ではないが一応の水準にある、まあまあの様子をいう。娘は鍋を洗ったというものの私にとっては疑わしく、見るとまあまあではあるがまだ汚れは残っている。「お母さんがそこをどいたらやるよ」とは言っているものの、私は必ずしも娘を信用しているとも言えない。以上より、2は矛盾がなく、最も適当。

3、点線部の「自分なりに」は〝自分ができる範囲で〟という意味であり、「自己中心的なものの見方」という説明は不適切。

国語

一

出典　津村記久子「台所の停戦」（『現代生活独習ノート』講談社）

解答

(A)　(イ)―眉間　(ロ)―蓋

(B)　(あ)―3　(い)―1　(う)―5

(C)　2

(D)　3

(E)　4

(F)　1

(G)　4

(H)　5

(I)　食器など何を捨てるべきかの判断力は、台所における子供の欠点を正す母親の役割を演じるために必須だから。（四〇字以上五〇字以内）

(J)　2

(K)　5

◆要　旨◆

母親は、冷蔵庫の中の物を週に何度も移動させる。私の行動について鷹揚なところのある人だったが、とかく、冷蔵庫

//////////////////// · memo · ////////////////////

2022年度

問題と解答

■文学部：一般入試〈大学独自の英語を課す日程〉

問題編

▶試験科目・配点

教　科	科　　　目	配　点
外国語	コミュニケーション英語Ⅰ・Ⅱ・Ⅲ，英語表現Ⅰ・Ⅱ	200点
地　歴	日本史Ｂ，世界史Ｂのうちから１科目選択	史学科：200点 キリスト教・文・教育学科：150点
国　語	国語総合，現代文Ｂ，古典Ｂ	200点

英語

（75 分）

Ⅰ．次の文を読み，下記の 1 ～10それぞれに続くものとして，本文の内容ともっともよく合致するものを，各イ～ニから 1 つずつ選び，その記号を解答用紙の所定欄にマークせよ。

First introduced in Britain on 24 July 1936, the Speaking Clock was created specifically by the General Post Office (GPO) to settle disputes over time. Prior to this, the nation was largely run on mechanical wind-up clocks that were likely to drift and increasing numbers of people were ringing telephone exchanges to ask the time.

Operators had been trained to check the exchange clock on the wall and say "The time, by the exchange clock, is..." but this was not precise to the second and operators could not always answer when the caller wanted. So, it was decided that there should be a telephone number people could ring to be given the correct, accurate time.

The Post Office had a long history of helping people set their clocks, from the days when many towns still operated on local time, before the railways arrived. This made it essential for everywhere to be operated on a standardized Greenwich Mean Time. Before that, when it was midday in London it might have been only 11:49 a.m. in Bristol. When the mail coach arrived, villagers gathered around the coachman to get the political gossip and train drivers announced what the time was according to their timepieces, which had been set in London.

The first voice of the Speaking Clock was London telephonist Ethel Cain, who was selected from a pool of 15,000 telephone operators working for the GPO in a nationwide competition to find the "golden voice." Ethel was awarded the respectable sum of 10 guineas (roughly equivalent to £500 today) for her work. Both the service and Miss Cain became an instant hit—people wanting to know the time were no longer blocking the telephone lines calling just to ask the operator the time and Cain's crisp pronunciation, particularly of the word "precisely" (used at the start of each new minute), proved popular. In its first year of operation the service logged around 13 million calls; that's over 35,000 a day!

The accuracy of the clock was adjusted and corrected by referring to a time signal from the Royal Greenwich Observatory, broadcast by Rugby Radio Station. Time announcements were made by playing short, recorded phrases or words in the correct sequence, giving the Greenwich time correct to one-tenth of a second. The original mechanism consisted of an array of motors, glass discs, photocells, and valves (taking up the floor space of a small room), and the message was recorded optically onto the glass discs and replayed, rather like a film soundtrack. Two speaking clock machines were made, in case of breakdown. In comparison, the current digital Speaking Clock (first introduced in 1984), with built-in crystal oscillator and microprocessor logic control, has no moving parts at all, occupies no more space than a small suitcase, and is assured to be accurate to five thousandths of a second. The current source of UK time is provided, but not monitored, by the atomic clock signals provided by the National Physical Laboratory. Yet, the initial equipment, for those days, represented cutting-edge technology—an automated system that was ahead of its time.

Initially, the service was only available in the London directory area from the Holborn Exchange, but was rolled out nationwide in 1942. If you lived in one of the major UK cities—London, Birmingham, Edinburgh, Glasgow, Liverpool, or Manchester—you would obtain the service by dialing the letters TIM, which corresponded to the digits 846 on a dial phone, whereas other areas dialed 952. Engineers had conceived TIM as a shorthand for time, but it wasn't long before the service colloquially became known as "Tim."

Every ten seconds a voice announces, "At the third stroke, the time from British Telecom (BT) will be [hour], [minute], and [second] seconds," followed by three pips. "Precisely" is substituted for the seconds portion of the announcement for times which are an exact minute. Likewise, announcements for times between the hour and one minute past the hour substitute "o'clock" for the minutes. Each day the speaking clock makes 8,640 announcements.

When the service was first launched, calls to the Speaking Clock cost one penny from home and two pence from a phone box. After listening for 90 seconds, the caller, if they had not hung up already, would be automatically disconnected. Today a call to the service costs 38.9 pence per minute.

With the introduction of Subscriber Trunk Dialing, allowing long-distance calls to be dialed directly without operator assistance between the 1960s and 1980s, the Speaking Clock dial code changed to 80 and later 8081. By the 1990s it was standardized to 123 if dialing from a BT Phone line and the number is still in use today. BT also renamed the service "Timeline" around the same time.

Big Ben, the bell belonging to the world's most famous clock, checks its time with the Speaking Clock and many major organizations have permanent feeds from the clock to their internal phone systems so that employees can check the time without making an external call. All Independent Television (ITV) programs are also synchronized to the Speaking Clock.

Do people still use the clock today? Yes! At its height the Speaking Clock <u>commanded</u> around 250 million calls per year. Despite all the digital devices where time can be accessed instantly, the Speaking Clock service still receives in the region of 12 million calls a year, with demand peaking on four time-sensitive days: New Year's Eve, the two days a year the clocks change, and Remembrance Day.

1. The passage states that, before the Speaking Clock was created, people in Britain

イ. would call each other on the phone to ask about the time.

ロ. were unable to tell the time exactly to the second.

ハ. would call a telephone exchange to check the time.

ニ. were not trained to exchange information about the time.

2. According to paragraph 3, prior to the arrival of the British railway system,

イ. local time was always the same throughout Britain.

ロ. Greenwich Mean Time was set at midday in London.

ハ. the clocks in Bristol were usually slower than elsewhere.

ニ. the Post Office was relied upon for accurate time keeping.

3. Ethel Cain was probably selected as the first voice of the Speaking Clock because

イ. her English pronunciation was most admired by the judges.

ロ. she was the candidate with the strongest British accent.

ハ. she needed the money more than the other 15,000 telephone operators.

ニ. she had personally answered over 35,000 calls in a single day.

4. Paragraph 5 states that the present-day Speaking Clock receives the time from

イ. the Rugby Radio Station.

ロ. the National Physical Laboratory.

ハ. the General Post Office (GPO).

ニ. the Royal Greenwich Observatory.

5. One reason for the 1942 expansion of the Speaking Clock service was

イ. to support the development of the Holborn area of London.

ロ. to see if the service would be popular in major UK cities.

ハ. to popularize the general use of digits such as 846 and 952.

ニ. to make the service available to people everywhere in the UK.

6. Based on paragraph 7, all of the following statements are true about the Speaking Clock EXCEPT that

イ. each recorded announcement is played three times before progressing to the next.

ロ. the word "o'clock" is said instead of "minutes" at the beginning of every hour.

ハ. the word "precisely" is said instead of "seconds" at the beginning of every minute.

ニ. the recorded announcements are played every 10 seconds, day and night.

7. According to the passage, the cost of dialing the Speaking Clock

イ. has remained the same since the 1960s.

ロ. was increased to 80 pence during the 1990s.

ハ. has been set at 38.9 pence for every minute.

ニ. is free of charge for BT phone users.

8. The underlined word "commanded" (last paragraph) is closest in meaning to
   イ. demanded.
   ロ. managed.
   ハ. ordered.
   ニ. overlooked.

9. The author of the passage would most likely agree that
   イ. demand for the Speaking Clock service will continue to increase.
   ロ. the Speaking Clock service is no longer important in the UK.
   ハ. a number of powerful UK companies still rely upon this service.
   ニ. digital devices have completely replaced the need for this service.

10. The most appropriate title for this passage is
   イ. Telling Time: Celebrating the Speaking Clock.
   ロ. Clocks, Watches, and Timepieces in Britain Today.
   ハ. The History of Clocks in the United Kingdom.
   ニ. Times Are Changing in Modern England.

Ⅱ．次の文を読み，下記の設問Ａ・Ｂに答えよ。解答は解答用紙の所定欄にしるせ。

A small patch of Bourne North Fen in Lincolnshire provides an intriguing contrast to the vast stretches of wheat and rapeseed that surround it. Untended for years, this little piece of land is now covered with grass and reeds surrounding a wood of willow and alder. Last week, this tiny six-hectare plot was full of wildlife: a cuckoo called insistently; the occasional booming sound of the bittern—one of Britain's rarest birds—could be heard; a rabbit hopped around. It is a tiny paradise, set in some of England's most intensely farmed landscapes. And if Lincolnshire Wildlife Trust has its way, there is likely soon to be a tenfold increase in this activity at Bourne North Fen.

The trust is now negotiating to take over 60 hectares of surrounding farmland, currently planted with field beans, and return it to natural *fen. Reed beds would be restored, river water would be cleaned, and increasing amounts of carbon would be captured by flourishing plant life. For good measure, more rare species are likely to return—following the example of nearby Willow Tree Fen reserve, where cranes have begun breeding for the first time in 400 years in Lincolnshire.

The project provides a key illustration of the action now desperately needed to preserve nature in the UK, says Craig Bennett, chief executive of the Wildlife Trusts. "Over the last year, we have been reminded—quite rightly—that we need to protect the health service," Bennett said during his visit last week to Bourne North Fen. "But consider the strain put on the health service by putting nature into decline. First there is the impact on the nation's mental health and then there is the harm done to our physical well-being." An example of the latter problem is provided by air pollution, added Bennett. "With insufficient trees in cities, poisoned air has built up alarmingly, and that has cost the health service huge amounts of money dealing with the resulting cases of lung disease. We are part of nature, not separate from it, and we need to start behaving like that is the case."

For the past 12 months, Bennett has led the activities of 46 local wildlife trusts that make up his organization and run more than 2,400 reserves covering almost 100,000 hectares in the UK. "Collectively, we've got more nature reserves than McDonald's has got restaurants in this country," Bennett boasts. It is still a fairly limited amount of land. However, by slowly buying up land and connecting reserves, it is hoped, one day, to help create enough refuges and so help stop the devastation of UK wildlife that has been caused by the destructive forces of urbanization, agriculture, pollution, and the climate crisis over the past century.

As a result, hundreds of species are now at risk of disappearing from our shores. For example, numbers of hedgehogs have declined by 95% since the 1950s, turtle-doves have crashed by 98%, and even numbers of the common toad have fallen by 68%. Bennett's aim, through the Wildlife Trusts, is to halt these alarming declines. These are admirable aspirations, though they have lacked specific targets, Bennett admits. "Consider climate change. There you have a very specific goal—to limit global warming to 1.5 or 2 degrees."

Something similar was needed for the conservation movement, which has recently come up with a new targeted approach to tackling our wildlife crisis through the 30 by 30 campaign. "Quite simply, we are now calling for at least 30% of our land and sea to be connected and protected for nature's recovery by 2030. That is a very specific aspiration." At present, only around 10% of UK land would be considered as protected for natural recovery, says Bennett, although he notes that half of those sites are in pretty poor condition.

Nor is habitat loss the only issue involved in saving British wildlife, Bennett adds. "The massive, widespread, and routine use of **pesticides, which are being used more and more frequently and in poisonous doses, has had a destructive effect. If you drove at night in summer, you used to have to clear your headlights of dead insects. Now there are so few that you don't need to bother."

Then there is the issue of water. Its domestic use has increased by 70% since the 1980s to satisfy rising numbers of dishwashers and washing machines, to supply greenhouses, and to meet the needs of the leisure industry and golf courses. The massive demand for water has caused our wetlands and rivers to dry up. "Very few of our rivers actually have the quantity of water they need to be properly functioning ecosystems. We badly need to reduce the amounts of water we are taking from rivers and streams and let our wetlands get wet again."

Tackling these issues is a massive, ambitious undertaking but, unless something happens immediately, we face an uncomfortable future. Since the 1500s, around 130 species have become extinct in the UK—from the lynx and the wolf, to the apple bumblebee and the common tree frog. This figure will be greatly surpassed by the thousands of extinctions we now face unless we start restoring nature to the UK. Bennett remains optimistic. "Places like Bourne North Fen may play only a small part in that recovery but if it succeeds, as I believe it will, it will signal that there is some chance that we can get out of the disaster in which we find ourselves."

*fen：沼地

**pesticides：農薬

A. 次の1～9それぞれに続くものとして，本文の内容ともっともよく合致するものを，各イ～ニから1つずつ選び，その記号をマークせよ。

1. According to the first paragraph, the Lincolnshire Wildlife Trust is planning to

イ. grow crops, such as wheat and rapeseed, in the Bourne North Fen area.

ロ. plant trees, such as willow and alder, all around Lincolnshire.

ハ. raise animals, such as cuckoos, bitterns, and rabbits on local farms.

ニ. allow areas of land, such as Bourne North Fen, to become wild again.

2. The head of the Wildlife Trusts, Craig Bennett, mentions the health service in order to

イ. increase the harm that is being done to mental and physical health in the UK.

ロ. highlight the relationship between nature preservation and human health.

ハ. explain how economic factors are leading to a decrease in lung disease.

ニ. show that human healthcare systems have a negative impact on nature.

3. Bennett uses the example of McDonald's to show that wildlife trusts in the UK are

イ. having a very difficult time competing with large international companies.

ロ. depending upon limited corporate funding to buy large areas of land.

ハ. increasing the size and number of nature reserves throughout the country.

ニ. fighting against the various types of destruction caused by fast-food chains.

4. The passage indicates that natural habitat destruction has resulted in all of the following situations EXCEPT that

イ. the Wildlife Trusts are taking action against the decline in animal populations.

ロ. hundreds of different types of animals are becoming extinct in the UK.

ハ. the number of hedgehogs in Britain has dropped dramatically since the 1950s.

ニ. turtle-doves are breeding steadily, despite the effects of climate change.

5. The main purpose of the recent "30 by 30 campaign" (paragraph 6) is to

イ. decide upon 30 areas in the UK that require immediate protection.

ロ. protect at least 10% of the land in the UK in the next 30 years.

ハ. reserve 30% of the land and sea as areas for nature preservation.

ニ. begin to take action against the wildlife crisis in the year 2030.

6. According to Bennett, one result of widespread pesticide use is

イ. cleaner car headlights during the summer season.

ロ. an overall improvement to the health of nature reserves.

ハ. a decrease in the chance of catching a disease from an insect bite.

ニ. a massive increase in the spread of damaging insects.

7. The passage indicates that the enormous demands on the water supply in the UK have

イ. reduced the amount of water being taken from rivers and streams.

ロ. caused the destruction of wetlands and rivers across the country.

ハ. improved water quality by up to 70% since the 1980s.

ニ. become a regular part of properly functioning ecosystems.

8. The underlined word "figure" (last paragraph) is closest in meaning to

イ. body.

ロ. character.

ハ．number.

ニ．shape.

9．The most appropriate title for this passage is

イ．Natural Spaces and Places in Lincolnshire.

ロ．Healthcare and Nature in Today's World.

ハ．The Battle to Restore Britain's Wilds.

ニ．The Benefits of Buying Land in the UK.

B．文中の下線部 <u>unless something happens immediately, we face an uncomfortable future</u>（最終段落）を35字以内で和訳せよ。ただし，句読点は合計字数に含まれる。

Ⅲ．次の文１～８のそれぞれにおいて，下線部イ～ニのうち，英語表現上正しくないものを１つずつ選び，その記号を解答用紙の所定欄にマークせよ。

1．If <u>there hadn't</u>[イ] been for your timely advice just before we put our plan <u>into action</u>[ロ], we <u>would have</u>[ハ] failed <u>in our project</u>[ニ].

2．The doctor <u>advised</u>[イ] Lucy <u>to lie</u>[ロ] in bed for a couple of days <u>before</u>[ハ] she <u>will come</u>[ニ] back to work.

3．We had to wait <u>the other</u>[イ] three weeks <u>until</u>[ロ] she came back from Europe to settle the problem <u>by telling</u>[ハ] us what <u>had happened</u>[ニ].

4．Last year, fifteen reporters <u>participated in</u>[イ] our press conference, but this year, <u>twice many</u>[ロ] attended as a <u>result of</u>[ハ] the efforts of our <u>public relations</u>[ニ] department.

5．<u>When</u>[イ] I first met Jim, I wondered <u>in</u>[ロ] what degree I could trust him because he spoke so(ハ) little during our conversation that he seemed(ニ) suspicious.

6. Given(イ) Japanese consumer habits in general(ロ), marketing quality articles(ハ) in Japan is sometimes very easier(ニ) than selling low-priced goods.

7. My parents insisted(イ) that I study(ロ) medicine rather than law, but I finally ended up(ハ) to choose(ニ) the latter as the subject of my studies.

8. I was looking around(イ) for new shoes at a department store when(ロ) a polite employee addressed to(ハ) me from behind(ニ).

Ⅳ. 次の空所(1)～(6)を補うのにもっとも適当なものを，それぞれ対応する各イ～ニから1つずつ選び，その記号を解答用紙の所定欄にマークせよ。

A.

Sister: Hey! Did you move my glasses? I can't find them anywhere!

Brother: What are you yelling at me for? I haven't touched your glasses.

Sister: Well, where could they be? I'm going to be late for school!

Brother: (1).

Sister: Oops! Sorry! I was in such a rush, I didn't notice that I had them on!

(1) イ. You don't need to wear glasses

ロ. Maybe you should look in a mirror

ハ. Thanks for the information

ニ. There's no school today. It's Sunday

B.

Vivian: What club activity are you planning to join? (2)

Ruka: Hmm. That does sound fun. Maybe I'll join that club, too.

Vivian: Have you ever played it before?

Ruka: No, but I really need some kind of physical exercise.

(2) イ. I'm thinking about tennis.

ロ. Doesn't the swimming club look interesting?

ハ. I'd like to learn the guitar.

ニ. How about the drama club?

C.

Father: Congratulations on starting your first job. How was your first day of work?

Son: Thanks, Dad. It was fine, but there are a million things to remember.

Father: (3). Honestly, I'm sure you'll get used to the routine in no time.

Son: I hope so. I just don't want to make my manager angry. He seems very serious.

(3) イ. Don't forget about it

ロ. That's what I'm thinking about

ハ. Don't worry about it

ニ. That's nothing to laugh about

D.

Yuriko: I heard that you are into Edgar Allan Poe. Is that correct?

Samantha: Yes, that's right. I especially enjoy his poetry.

Yuriko: (4) I've always loved "The Raven." What's your favorite poem?

Samantha: Please don't ask me that! It's impossible to choose only one.

(4) イ. You think so, too?

ロ. Isn't it true?

ハ. Me, too!

ニ. So far, so good.

E．

Mr. Chen: Hello. It's very nice to finally meet you. How was your flight?

Ms. Yamamoto: Nice to meet you, too. The flight was smooth and short. I always forget how close it is between Tokyo and Beijing.

Mr. Chen: (5). I frequently make the same journey myself.

Ms. Yamamoto: Well, it's wonderful to be in China. Thank you for the invitation.

（5） イ．Yes, it does feel like quite a distance

ロ．Yes, I often forget the same thing

ハ．Yes, it's only a couple of miles away

ニ．Yes, it's only a few hours away

F．

Mom: I'm sure that I don't need to remind you that you have a test tomorrow.

Daughter: I know, I know… but I just want to finish watching this movie.

Mom: (6), you'll be tired in the morning.

Daughter: Don't worry, I'll sleep on the train.

Mom: That's what I'm worried about.

（6） イ．If you stay up late

ロ．If you're late for school

ハ．If it's getting late

ニ．If you're too late

V. 次の空所(1)〜(5)それぞれにもっとも適当な1語を補い，英文を完成せよ。解答は解答用紙の所定欄にしるせ。

John Keats, an English poet who grew up in London and came to experience nature through occasional traveling, wrote the poem "To Autumn" in 1819, celebrating the most fruitful season of the year. The literary critic, Jonathan Bate, in his green reading of this famous poem, challenges the separation between life and language. "To Autumn" is a poem about "living with weather," which rings true for our contemporary age of global warming in which we have no (1) but to live with the weather.

Bate places the poem in the context of the 1815 eruption of the Tambora volcano in Indonesia, which caused bad weather and poor harvests for three years in nearly every country in Europe (2) to the dust from the eruption that was blasted into the atmosphere, filtering out the sun and lowering temperatures. Keats, who was suffering (3) lung disease, enjoyed the warm weather full of good harvests, which came at the end of three long years.

Bate calls the poem a well-regulated ecosystem of "networks, links, bonds, and correspondences" which provides insights (4) the basic laws of community ecology. The farmer Keats uses as a figurative image of autumn, for example, drops off to restful sleep induced by the smell of wild flowers which happen to grow untouched. This highlights the importance of biodiversity that is essential to the survival of ecosystems. Bate (5) out that "To Autumn" is different from other poems by Keats because this work does not seek an artistic or ideal representation but, rather, embodies within itself the interacting patterns of nature.

日本史

（60分）

Ⅰ．次の文1～8を読み，下記の設問A～Dに答えよ。解答は解答用紙の所定欄にしるせ。

1．およそ46億年におよぶ地球の歴史のなかで，地磁気の向きは何度も逆転している。千葉県の養老川沿いにある「千葉セクション」という約77万年前の地層には，その最後の逆転の痕跡が残っている。日本の研究グループはこの「千葉セクション」を地質時代の基準となる「国際標準模式地」の候補として登録し，77.4万年前から12.9万年前までの期間[1]の名称を「チバニアン（Chibanian，千葉時代）」とすることを国際地質科学連合（ＩＵＧＳ）に申請し，2020年１月にそれが認められた。

2．古墳が営まれた３世紀中頃から７世紀は古墳時代とよばれ，前・中・後期に区分されている。４世紀後半から５世紀末にかけての古墳時代中期には，巨大な前方後円墳が近畿中央部だけでなく群馬県や宮崎県などにもみられるようになり，副葬品も前期のそれとは様相を変えることになった。その背景には，４世紀初めに中国が南北に分裂し，周辺諸民族への支配力が低下したことが挙げられる。とくに，高句麗が313年，前漢の武帝が朝鮮半島においた（　イ　）を滅ぼすと，朝鮮半島南部で国家形成が進んだ。倭も朝鮮半島に積極的に関与し，５世紀初めから約１世紀のあいだ中国南朝に朝貢した。古墳時代中期における巨大な前方後円墳の分布や副葬品の変化は，こうした東アジアの諸地域の動向に対応するものであったと考えられる。

3．589年に中国で隋が南北朝を統一すると，東アジアは激動の時代を迎えた。倭は中国との外交を再開し，遣隋使を派遣して政治情勢を窺（うかが）った。遣隋使には留学生・学問僧も随行していて，最新の政治制度・思想を学んだ。かれらのなかには，乙巳の変後に国博士に任じられた＜　あ　＞や旻など，中央集権的国家体制の構築に参加したものもいた。

4．中央集権的な国家を運営するためには，官吏の養成が必須であろう。わが国現存最古の漢詩集である『懐風藻』の序文には「天智天皇のときに学校が建てられた」とあり，

689年には＜　い　＞令が施行された。しかしこれらの詳細はかならずしも明らかではなく，官吏養成の詳細は大宝令を待たねばならない。大宝令も散逸したが，9世紀後半に惟宗直本が養老令の注釈書を集成した『＜　う　＞』などに一部が引用されており，それによれば大宝令と養老令には大きな差はないと考えられている。養老令には，大学・国学の設置が規定されており，文官の人事などを担当する（　ロ　）の下に大学寮が置かれることになっている。

5．平安遷都から9世紀末ころまで，平安京では貴族を中心とした文化が発展した。文芸を中心として国家の隆盛をめざす思想が広まり，宮廷では漢文学が発展して勅撰漢詩集2)が編まれた。大学での学問も重んじられ，貴族は一族子弟の教育のために，寄宿舎に当たる大学別曹を設けた3)。また804年に入唐して帰国後に高野山に＜　え　＞を建立した空海は，庶民に対しても教育の門戸を開いて，＜　お　＞を創設したと伝わる。空海や，彼と同じように入唐帰国した最澄は，中国から新しい仏教思想を伝えた4)。

6．10世紀初めは律令体制の崩壊がはっきりしてきた時代であった。914年，＜　か　＞天皇に三善清行が提出した文書には，大学の荒廃も指摘されている。国家財政の危機に直面した政府は，国司に一定額の税の納入を請け負わせ，そのかわりに一国内の統治をゆだねるように方針を転換した。しかし任国に赴任するものは徴税人の性格を強め，『尾張国郡司百姓等解』によって訴えられた＜　き　＞のように，暴政を訴えられることがあった。

7．鎌倉時代になると，貴族は過ぎ去った良き時代の尊重から，朝廷の儀式・先例を研究する有職故実の学や古典の研究を行った。一方，鎌倉幕府3代将軍源実朝は，藤原定家に学んで万葉調の歌をよみ『（　ハ　）』を残した。また，北条実時とその子孫が鎌倉の外港としてさかえた六浦に＜　く　＞文庫を建て，武士も学問にはげんだ。鎌倉武士たちのこうした文化や学問への関心が，やがて鎌倉幕府の歴史を編年体で記した『＜　け　＞』の編纂につながった。

8．1549年，キリスト教宣教師が鹿児島に到着し，布教を開始した。その後も多くの宣教師が来日し，教会堂や宣教師の養成学校，神学校などをつくって布教につとめた。ポルトガル船は布教を認めた大名領に入港したため，貿易をのぞむ大名は宣教師の布教を保護し，洗礼を受けるものもあった。そのうちの大友義鎮・有馬晴信・＜　こ　＞の3大名は，イエズス会宣教師のすすめによって，1582年に少年使節をローマ教皇のもとに派5)

遣した。

A．文中の空所(イ)～(ハ)にあてはまる適当な語句を，それぞれ対応する次のａ～ｄから１つずつ選び，その記号をマークせよ。

(イ)　ａ．玄菟郡　ｂ．真番郡　ｃ．帯方郡　ｄ．楽浪郡

(ロ)　ａ．式部省　ｂ．治部省　ｃ．中務省　ｄ．民部省

(ハ)　ａ．犬筑波集　ｂ．金槐和歌集　ｃ．山家集　ｄ．新古今和歌集

B．文中の空所〈あ〉～〈こ〉にあてはまる適当な語句をしるせ。

C．文中の下線部＿＿１)～５)にそれぞれ対応する次の問１～５に答えよ。解答はそれぞれ対応するａ～ｄから１つずつ選び，その記号をマークせよ。

１．この期間の説明として正しいものはどれか。

ａ．黒曜石製の鏃が作られ，その分布から人々が日本列島内で活発に交易していたことがわかる

ｂ．人類は旧人に進化し，静岡県で旧人の化石人骨が発見されている

ｃ．氷河時代ともよばれ，氷期には日本列島はアジア北東部と陸続きになった

ｄ．磨製石器が使用され，それは日本各地で出土している

２．これでないものはどれか。

ａ．経国集　ｂ．性霊集　ｃ．文華秀麗集　ｄ．凌雲集

３．これの組み合わせとして正しいものはどれか。

ａ．在原氏：学館院　ｂ．橘氏：勧学院

ｃ．藤原氏：奨学院　ｄ．和気氏：弘文院

４．これによる美術作品はどれか。

ａ．

ｂ．

c. 

d. 

5．この宣教師はどれか。

a．ヴァリニャーニ　　b．ガスパル＝ヴィレラ

c．フランシスコ＝ザビエル　　d．ルイス＝フロイス

D．文中の下線部〰〰について，60字以内で具体的に説明せよ。

Ⅱ．次の文1～5を読み，下記の設問A・Bに答えよ。解答は解答用紙の所定欄にしるせ。

1．18世紀に入ると幕府や諸藩の財政状況が悪化し，幕府においては8代将軍徳川吉宗による享保の改革[1]が進められ，各藩においても藩政の改革が進められる。また，この時期には武士や庶民の文化が成熟していく。幕府による倹約政策により，武士や庶民も倹約が求められ，生活の締めつけは厳しくなるものの，改革の弛張の中で文化の雰囲気は次第に享楽色を強めていく。

幕藩体制成立以降，社会の安定に伴い，商品経済が発展し，庶民の間にも読み書き能力を持つことが広がっていた。江戸中期から各地に庶民が読み書きを習う寺子屋ができ，学者が開設し，学問を講じる（　イ　）も各地で開設される。庶民が識字能力を身につけていくことを背景として，文化・文政時代[2]には滑稽本，人情本，読本などが人気を集め，歌舞伎などの芸能も盛んになった。他にも『おらが春』で知られる俳人（　ロ　）に代表される俳諧などが庶民の間に急速に広まった。

2．江戸幕府が倒れ，明治新政府が樹立されると，文明開化と呼ばれる風潮が生じる。福沢諭吉[3]による『学問のすゝめ』は，この時代を象徴する大ベストセラーとなった。福沢

は『民情一新』の中で，西洋諸国における文明発展の源を「交通の便」に見出し，「蒸気船，蒸気車，電信，郵便，印刷の発明工夫を以てこの交通の路に長足の進歩を為し」たと指摘した。

福沢が挙げた電信・郵便・印刷の革新は，いわば情報革命であった。印刷に関しては日本でも金属活字を用いる（　ハ　）印刷が主流となっていく。書籍だけでなく，各地で新聞や雑誌が印刷・発行・販売されるようになった。活字で印刷され大量発行される新聞や雑誌がもたらす情報から，さまざまな社会思想も国民の間で共有されるようになる。板垣退助らが国会開設を求めて政府に提出した（　ニ　）は新聞にも掲載され，国会開設という課題を国民にも知らせることとなった。

3．義務教育制度については小学校令を中心に制度整備が進み[4)]，1900年代には就学率が90％を超え，小学校に就学することがほぼ全国民の共通経験となる。中等教育，高等教育進学者も増加し，小学校卒業後，男子は中学校，その後に大学等の高等教育機関に，女子は高等女学校に進学するという男女それぞれの進学ルートも確立する。日本の大学は，当初は官立の帝国大学に限られていたが，1918年には（　ホ　）が制定・公布され，単科大学，私立大学，公立大学の設立が認められる。

こうして大正期[5)]に入ると，中学校・高等女学校への進学者が増加し，高等教育機関が拡充され，他方でマスメディアが発達し，一般勤労者を担い手とする大衆文化が誕生する。大衆雑誌や新聞がその売れ行きをのばし，そうした雑誌や新聞に連載された小説[6)]が人気を博した。

4．1937年7月，盧溝橋事件を発端として日中戦争が本格化する。国家総動員法の制定をはじめとして，国内のモノ・ヒト，すべてが戦争に動員される状況となり，同時に国家体制や政策を批判する言論や思想に対する統制[7)]も厳しくなった。こうした国家状況は文学の世界にも影響し，いわゆる戦争文学が生まれる。1942年には文学者の国策的一元組織である（　ヘ　）が結成され，文学者も戦争に協力させられる。他方で谷崎潤一郎，永井荷風，宮本百合子など，戦争協力を拒む文学者もいた。

学校に在籍する学生，生徒も集団勤労作業に動員されるなど，戦時体制に組み込まれていくことになり，1940年代に入るとさらに動員は拡大する。1943年，それまで徴兵を猶予されていた大学生，専門学校生のうち，理科系・教員養成学校以外の20歳以上の男子学生・生徒全員を入隊させる（　ト　）が始められ，1944年[8)]からは中等学校生徒以上の全員が軍需工場の労働に配置されることとなった。男性が出征したため，14歳から25歳の未婚女性は，女子挺身隊に加入させられ，男性に代わる労働力として工場などに動員された。また，空襲のおそれのある都市部の国民学校３年生以上の子どもたちを地方に移動させる学童疎開が実施された。

5．アジア・太平洋戦争敗戦後，極端な国家主義の一掃と民主化が推進される。復興とともに経済成長に裏打ちされた文化の大衆化，多様化が進行する。戦争協力の拘束から解放された文学界では，（　チ　）が著した『俘虜記』に代表される戦争体験を作品化したもの，戦前から戦後の世相を批判的に捉えた文学が現れた。

戦前・戦中の反省を踏まえながら戦後改革の一環として教育制度の民主化9)も進められた。教育基本法および学校教育法により義務教育期間は９年に延長され，小学校６年間に加えて中学校の３年間も義務教育に含まれた。1948年には教育の地方分権化と，国民の意思を教育政策に反映させることを目指した教育委員会が発足した。

敗戦後は，映画・ラジオが国民の娯楽の中心となった。1953年には白黒テレビ放送が始まり，1960年代10)には（　リ　）の原作によるアニメーション「鉄腕アトム」などが人気を博した。1970年代になると白黒テレビはカラーテレビに置き換わり，娯楽の中心も映画から家庭のテレビに移行した。

A．文中の空所（イ）～（リ）それぞれにあてはまる適当な語句をしるせ。

B．文中の下線部１）～10）にそれぞれ対応する次の問１～10に答えよ。

1．これに関する記述として正しいものはどれか。次のａ～ｄから１つ選び，その記号をマークせよ。

ａ．江戸石川島に人足寄場を設けて，無宿人を収容し，職業訓練を施した

ｂ．飢饉や打ちこわしへの対策として，各地に社倉・義倉を設けさせた

ｃ．在職中のみ役高の不足分を補う足高の制を定め，有能な人材の登用を進めた

ｄ．朱子学を正学とし，学問吟味と呼ばれる学術試験を行って人材登用につなげた

2．この時期の出来事に関する記述として正しいものはどれか。次のａ～ｄから１つ選び，その記号をマークせよ。

ａ．井原西鶴は『日本永代蔵』で金銭をめぐる人間や世相を描いた

ｂ．曲亭馬琴の読本『南総里見八犬伝』が人気を博した

ｃ．幕府は黄表紙や洒落本が風俗を乱すとして山東京伝らを処罰した

ｄ．松尾芭蕉は各地を旅し，『奥の細道』などの俳諧紀行を残した

3．この人物に関する次の記述ⅰ・ⅱの組み合わせとして正しいのはどれか。下記のａ～ｄから１つを選び，その記号をマークせよ。

ⅰ．緒方洪庵の適塾（適々斎塾）で学んだ

ⅱ．明六社の創設に加わった

a．ⅰ：正　ⅱ：正　　b．ⅰ：正　ⅱ：誤

c．ⅰ：誤　ⅱ：正　　d．ⅰ：誤　ⅱ：誤

4．これに関連して，初等教育制度は小学校令によって整備が進められた。最初の小学校令を含む諸学校令を公布した文部大臣の名をしるせ。

5．この時期に関する記述として正しくないのはどれか。次のa～dから1つ選び，その記号をマークせよ。

a．河上肇の『貧乏物語』が出版された

b．選挙資格の納税上限を廃した，いわゆる普通選挙法が成立した

c．日本最初の社会主義政党である社会民主党が結成された

d．平塚らいてう・市川房枝らにより新婦人協会が設立され，女性の参政権要求などの運動を進めた

6．これに関して，『都新聞』などに長編小説『大菩薩峠』を発表した小説家の名前をしるせ。

7．これに関して，論文「国家の理想」などを通じて日本の大陸政策・植民地政策を批判したことで右翼や国家主義者から攻撃され，東京帝国大学を辞職した人物の名をしるせ。

8．この年に起こった出来事として正しくないのはどれか。次のa～dから1つ選び，その記号をマークせよ。

a．アメリカ軍が沖縄本島に上陸し，島民を巻き込んだ戦闘が行われた

b．サイパンから飛来するB29による本土空襲が始まった

c．東条内閣が総辞職し，小磯国昭が首相となり内閣を組織した

d．レイテ沖の海戦で，連合艦隊大型軍艦の大半が撃沈・撃破された

9．これに関する記述として正しくないのはどれか，次のa～dから1つ選び，その記号をマークせよ。

a．教育勅語は衆議院・参議院で排除・失効が決議された

b．教育の機会均等や男女共学が原則として目指されることになり，大学に進学する女子も増加した

c．ＧＨＱは軍国主義的な教育内容の排除を指令し，修身・国史（日本歴史）・地理の授業が一時停止された

d．都道府県・市町村に任命制の教育委員会が設置された

10．この時代に関する次の出来事a～dのうち，もっとも古いものを解答欄のⅰに，次

に古いものをⅱに，以下同じようにⅳまで年代順にマークせよ。

a．国際通貨基金（ＩＭＦ）８条国への移行，経済協力開発機構（ＯＥＣＤ）への加盟が実現した

b．国連の信託統治領として米国の軍政下にあった小笠原諸島が返還された

c．大韓民国と日韓基本条約を調印，外交および領事関係が開設された

d．日米相互協力及び安全保障条約（新安保条約）の締結に反対する大規模な反対運動が起こった

世界史

（60分）

Ⅰ．次の文を読み，下記の設問Ａ・Ｂに答えよ。解答は解答用紙の所定欄にしるせ。

人類が集団生活をはじめた時から法は存在する。法とは，人間集団の秩序を維持するための約束事だからである。法は，超越的な存在に対する崇拝(1)と同様に，人類にとって不可欠な要素である。

紀元前3000年以降，記録のための文字を用い，君主が宗教を司り，物質文化を発展させ(2)，周囲を威圧する巨大建造物などを特徴とする文明が次々に生まれた。とりわけ大河のほとりに成立したメソポタミア，エジプト，インド，中国の諸文明(3)は，周囲への影響という点で，その後の歴史の流れを規定する大きな役割を果たした。こうした諸文明において，それぞれの社会の規範となる法は，支配者が社会秩序を維持するために不可欠であった。

西アジアでは，前6世紀に，アケメネス朝ペルシアの（　イ　）が領土を拡大し，エーゲ海北部からインダス川に至る大帝国を打ち立てた。（　イ　）が建設に着手したペルセポリスは，ギリシアから東征してきたアレクサンドロス(4)により破壊された。彼の死後，その広大な領土は後継者を主張する将軍らにより複数の王国に分裂した。そのうちプトレマイオス朝エジプトは，ローマの（　ロ　）によって滅ぼされた。ギリシア文明の諸要素を受け継いだローマ帝国は，その後2000年にわたって世界に影響を与えるローマ法(5)を生み出した。東西２つに分立したローマ帝国のうち西ローマ帝国は476年に解体したが，東ローマ帝国(6)は1453年まで残った。

近世ヨーロッパは，各国で主権国家体制が進展し，「大航海時代」(7)に始まるあたらしい世界との接触もある一方，宗教戦争や天候不順に起因する「17世紀の危機」も起こった。そうした中，ホッブズは「万人の万人に対する闘争」を回避する内容を説いた著作(8)を世に問い，（　ハ　）は自然法を国際関係に適用することで国際法の考えを進展させた。他方で，ヨーロッパによる植民地の拡大は，ローマ時代から連綿と続く法思考と法制度の拡大でもあった。各主権国家は，そうした思考や制度の枠組みを植民地に移植し，一部の植民者や東インド会社(9)のような特権会社に現地の支配を代行させた。その結果として，現地にあった法慣習との間で摩擦が起こった。

フランス革命[10)]を受けて，ヨーロッパ各地で次々に近代国家が成立した。19世紀末の帝国主義の時代において，ヨーロッパ諸国はアジアやアフリカに西洋式の法制度や文化を持ち込んだ。たとえば太平天国[11)]はキリスト教に影響を受けた結社がたてたものである。アジアのなかでシャムと日本は，西洋の法制度を導入し独立を維持した数少ない国家であった。国王（　ニ　）は，シャムの近代化を推し進め，日本が韓国を併合した年に死去した。

二度の世界大戦を経験した20世紀は，欧米中心の法秩序を世界に広げた時代でもある。第一次世界大戦後，欧米諸国は，国際連盟や軍縮条約を通じて平和を模索する一方，前世紀以来の植民地政策を維持し恐慌の影響を抑える排他的な経済圏[12)]の形成を推し進めた。とりわけ，今日もなおさまざまな集団の利害が錯綜する中央アジアや中東では，各国の干渉により複雑な関係が生じている[13)]。現代の世界は，グローバリゼーションの進展や人の移動の激化とともに，多様な価値観がぶつかり合う時代[14)]になりつつある。

A．文中の空所（イ）～（ニ）それぞれにあてはまる適当な人物名をしるせ。

B．文中の下線部1）～14）にそれぞれ対応する次の問1～14に答えよ。

1．このような崇拝はやがて神への信仰へと発展する。それら信仰のうち唯一の神を信仰する一神教の聖典に関する記述として正しいものを，次のa～dから1つ選び，その記号をマークせよ。あてはまるものがない場合は，eをマークせよ。

a．『旧約聖書』には使徒言行録が収められた

b．『クルアーン』には法学者が解釈した規定が集められた

c．『新約聖書』の原典はギリシア語で記された

d．『新約聖書』はイスラーム教でも聖典とされた

2．黄河中流域に成立した仰韶文化を特徴づける色付き紋様の土器の名をしるせ。

3．現在の研究は，古代文明を河川に基盤を置く文明に限定していない。それだけではなく標高の高い山地に展開する高地文明を提唱する学者もいる。そうした高地文明の1つとみなされるインカ帝国に関する記述として正しくないものを，次のa～dから1つ選び，その記号をマークせよ。すべて正しい場合は，eをマークせよ。

a．この帝国では，ジャガイモやトウモロコシが栽培された

b．この帝国では，数量などの情報を表すキープが用いられた

c．この帝国は，クスコを中心に成立した

d．この帝国は，ピサロによって皇帝を処刑された

4．この人物の家庭教師をつとめ，「万学の祖」と呼ばれる哲学者に関する記述として正

しくないものを，次のａ～ｄから１つ選び，その記号をマークせよ。すべて正しい場合は，ｅをマークせよ。

ａ．その哲学者の師は事象の背後にあるイデアが永遠不変の実在であるとした

ｂ．その哲学者の著作の『歴史』ではペルシア戦役が記録された

ｃ．その哲学者の著作はアッバース朝の「知恵の館」においてアラビア語に翻訳された

ｄ．その哲学者の著作はスコラ学の発展の基礎となった

5．６世紀に『ローマ法大全』を編纂した法学者の名をしるせ。

6．これに関する記述として正しくないものを，次のａ～ｄから１つ選び，その記号をマークせよ。すべて正しい場合は，ｅをマークせよ。

ａ．この帝国最後の皇帝の姪と結婚したのはイヴァン４世である

ｂ．この帝国の首都の旧名はビザンティウムである

ｃ．この帝国は第４回十字軍によって首都を奪われた

ｄ．この帝国はブルガリアを併合した

7．ヨーロッパがこの時代に入る以前に，明では，宦官である鄭和が大艦隊を率いて数度にわたる南海大遠征を試みていた。鄭和が各国に対して求めた朝貢のあり方について１行で説明せよ。

8．この著作の背景となったピューリタン革命の過程で，クロムウェルはアイルランドに侵攻し征服した。この出来事がその後現在に至るまで続くアイルランド問題の発端となる。こうしたアイルランド問題に関する記述として正しくないものを，次のａ～ｄから１つ選び，その記号をマークせよ。すべて正しい場合は，ｅをマークせよ。

ａ．1801年，イギリスはアイルランドを併合した

ｂ．1829年，カトリック教徒解放法が成立した

ｃ．1886年，アイルランド自治法案が議会を通過した

ｄ．1905年，シン＝フェイン党が結成された

9．いくつかある東インド会社のうちで，オランダ東インド会社が拠点を置いた要地として正しくないものを，下の地図上のａ～ｄから１つ選び，その記号をマークせよ。すべて正しい場合は，ｅをマークせよ。

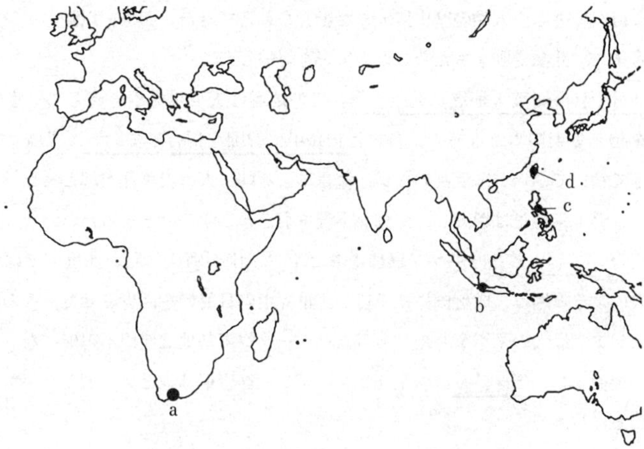

10．この過程で成立した革命政府は時間や空間の再編成も試みた。新しく導入された共和暦に置き換えられるまでフランスで用いられていた暦の名をしるせ。

11．これが1853年に打ち出した土地の均分制度の名をしるせ。

12．こうした経済圏のうち，イギリスを中心として結ばれた経済圏をなんと呼ぶか。その名をしるせ。

13．このような状況が生じている地域の１つにパレスチナがある。この地域に関する記述として正しくないものを，次のａ～ｄから１つ選び，その記号をマークせよ。すべて正しい場合は，ｅをマークせよ。

ａ．1917年，イギリスはバルフォア宣言によってシオニズムに理解を示した

ｂ．1948年，イスラエルの建国が宣言された

ｃ．1964年，パレスチナ解放機構（ＰＬＯ）が創設された

ｄ．1973年，アラブ石油輸出国機構（ＯＡＰＥＣ）は，イスラエルを支持する国に対し原油輸出を制限した

14．こうした事例の一つとして，中国において，1989年，民主化運動をすすめる学生らが当局により武力で抑えられた事件が起こった。その事件の名をしるせ。

Ⅱ. 次の文を読み，文中の下線部1)～16)にそれぞれ対応する下記の設問1～16に答えよ。解答は解答用紙の所定欄にしるせ。

大規模な自然災害は，人類の歴史に大きな影響を与えてきた。20世紀以降のアジア・太平洋地域もまた，社会変動をもたらした大災害を経験した。

1923年9月1日，関東大地震が発生した1)。この地震は大火災を引き起こし，犠牲者数が10万人を超える大惨事となった。日本は1910年に韓国を併合しており2)，当時多くの朝鮮人が日本で働いていたが，混乱のなか，流言による朝鮮人虐殺事件が起こった。この地震により，京浜工業地帯は壊滅し，深刻な不況を引き起こすこととなった。

1991年3)6月，フィリピン4)のルソン島にあるピナツボ山が噴火した。20世紀では世界最大級の噴火による噴煙は，成層圏にまで達し，世界中の日射量を減少させた。この噴火により当時アジアで最大の米軍事基地であったクラーク空軍基地は使用不可能になった。これを1つの契機とし，アメリカ5)はフィリピンにクラーク空軍基地とスービック海軍基地を返還することにした。

2004年12月26日にはスマトラ島6)沖で大地震が発生し，インド洋7)の沿岸地域を巨大な津波が襲った。最大の犠牲者を出したのは，インドネシア8)のアチェ州9)であった。当時アチェ州では，自由アチェ運動10)がインドネシア政府に対する武力紛争を展開していたことから，外国人の入域が厳しく制限されていた。しかし，災害を契機としてインドネシア政府は，被災者支援を行う海外の団体を受け入れることにした。アチェ州で起こっている武力紛争に世界の注目が集まり，地震津波発生から8か月後の2005年8月，両者のあいだで和平合意が成立し，約30年に及ぶ武力紛争が終結した。

2011年3月11)11日に発生した東日本大震災は，東北地方や関東の広範囲に甚大な被害をもたらした。巨大津波が福島第一原発を襲い，チェルノブイリ原発事故12)以降で最悪の原発事故が発生した。海外からも多くの支援が寄せられた。医療支援の申し込みは海外30か国以上からあり，イスラエル13)，ヨルダン14)，タイ15)，フィリピンなどの医療支援チームの展開が実現した。

近年は，気候変動による災害リスクも高まっている。アジアではサイクロン16)や台風が巨大化する傾向にある。気候変動は，人間の活動がもたらす地球温暖化などが影響していることから，一刻も早い解決策が求められている。

1．この地震発生の4年前に朝鮮全土で広がった三・一独立運動は，第一次世界大戦時にウィルソン大統領が提唱した「十四か条の平和原則」の，ある理念に呼応したものであった。その理念を漢字四文字でしるせ。

2．この前後に東アジアで起こった事象に関する次の問ｉ・ⅱに答えよ。

ｉ．日本が韓国を保護国として支配するために設置した官庁を何というか。その名を漢字三文字でしるせ。

ⅱ．次の出来事ａ～ｄのうち，もっとも古いものを解答欄①に，次に古いものを②に，以下同じように④まで年代順にマークせよ。

ａ．五・四運動　　ｂ．辛亥革命　　ｃ．北京議定書の締結　　ｄ．戊戌の政変

3．この年に起こった湾岸戦争によりイラクの占領から解放された国の名をしるせ。

4．これに関する次の問ｉ・ⅱに答えよ。

ｉ．この地で起こった事象の説明として正しいものはどれか。次のａ～ｄから１つ選び，その記号をマークせよ。あてはまるものがない場合は，ｅをマークせよ。

ａ．サヤ＝サンが指導した農民運動と同時期に，タキン党が結成された

ｂ．スペインの植民地時代，イダルゴ司祭に率いられた抵抗運動が起こった

ｃ．世界周航中のマゼランが現地の住民と戦って殺された

ｄ．ホセ＝リサールらがアメリカ植民地支配に抵抗する言論活動を展開した

ⅱ．1972年に戒厳令を布告し，議会を停止し，独裁政治をおこなった大統領は誰か。次のａ～ｄから１つ選び，その記号をマークせよ。あてはまるものがない場合は，ｅをマークせよ。

ａ．アギナルド　　ｂ．アジェンデ　　ｃ．マハティール　　ｄ．マルコス

5．この国はかつて米西戦争に勝利してフィリピンを領有した。米西戦争当時のこの国の大統領の名をしるせ。

6．この島とマレー半島を含んだ地域を支配し，７世紀ごろから繁栄した港市国家群であると考えられている王国の名をしるせ。

7．この海域でヴァスコ＝ダ＝ガマが立ち寄らなかった場所はどこか。次のａ～ｄから１つ選び，その記号をマークせよ。すべて立ち寄っている場合は，ｅをマークせよ。

ａ．アデン　　ｂ．カリカット　　ｃ．マリンディ　　ｄ．モンバサ

8．1927年にインドネシア国民党を組織して独立運動を指導し，この国の初代大統領になった人物は誰か。その名をしるせ。

9．この州がある地域を中心に成立していたアチェ王国は，イスラーム王国であったが，東南アジアに成立した次のａ～ｄの王国の中からイスラーム王国でないものを１つ選び，その記号をマークせよ。すべてイスラーム王国である場合は，ｅをマークせよ。

ａ．ジョホール　　ｂ．バンテン　　ｃ．マカッサル　　ｄ．マラッカ

10．これと同じくインドネシアに対する分離運動を展開し，2002年に独立した国の名をしるせ。

11. この頃から本格的な内戦に陥った，ダマスカスに首都をおく国の名をしるせ。

12. この事故発生当時のソ連の共産党書記長は誰か。その名をしるせ。

13. この国はある戦争の結果，ヨルダン川西岸・ガザ地区を占領することとなった。その戦争の名をしるせ。

14. この国の前身であるトランスヨルダンは1946年に独立したが，どの国から独立したか。その国の名をしるせ。

15. この国の内陸部の都市では，朱印船交易を通じて日本町が発展した。その都市名をしるせ。

16. これによる甚大な被害を受けている国にバングラデシュがある。バングラデシュは何年に独立したか。次のａ～ｄから１つ選び，その記号をマークせよ。あてはまるものがない場合は，ｅをマークせよ。

ａ．1947年　ｂ．1956年　ｃ．1971年　ｄ．1979年

2　正直に答えてくれない光源氏は、頭中将に対して警戒心を抱いている。
3　返事をくれる姫君と返事をくれない姫君に対して、光源氏は求愛のやり方を変えている。
4　姫君から返事をもらえる光源氏は、人の心を理解し、人の心をつかむ術を身につけている。
5　姫君は、返事を出したり、出さなかったりと、相手によって異なった対応をしている。

(L)　～～～線部(イ)～(ハ)の助動詞の文法上の意味として最も適当なものを、次のうちから一つずつ選び、番号で答えよ。ただし、同じ番号を何度用いてもよい。

1　打消　2　断定　3　強意　4　詠嘆　5　完了　6　過去　7　推量

(H) ――線部(7)の解釈として最も適当なものを、次のうちから一つ選び、番号で答えよ。

1 空行く月が入っていく山はどこでしょうか
2 私の行き先がどこか後をつけてくるなんてひどいです
3 私の行き先を誰に尋ねているのか気がかりです
4 あなたの行き先を尋ねる愚か者は誰ですか
5 あなたの行き先を誰が尋ねたりしましょうか

(I) ――線部(8)について。頭中将はここでどのようなことを言っているのか。最も適当なものを、次のうちから一つ選び、番号で答えよ。

1 私を置いて行くのがよいでしょう
2 私を置いて行かないでください
3 あなたを置いて行くしかありません
4 あなたを置いて行ったりしましょうか
5 私に遅れないでついてくるのがよいでしょう

(J) ――線部(9)の現代語訳を七字以内で記せ。ただし、句読点は含まない。

(K) ――線部(10)の説明として最も適当なものを、次のうちから一つ選び、番号で答えよ。

1 姫君への求愛の進展具合について、頭中将と光源氏とが五分五分の状態である。

2　姫君の琴の音を光源氏に聞かせたものの、どこまで光源氏を姫君に接近させてよいものか躊躇(ちゅうちょ)している命婦のことを喩えている。

3　左大臣邸にも自邸にも行かず、どこか女性のところへ行くのかもしれないが、その行き先を教えてくれない光源氏のことを喩えている。

4　常陸宮邸に来たものの、中に入ることもできずに透垣の少し折れ残っている物陰のもとにたたずむしかない頭中将のことを喩えている。

5　姫君の琴の演奏を盗み聞きしようと思って常陸宮邸に侵入したものの、建物内に入ることはためらって庭に立っている男のことを喩えている。

(F)　——線部(5)の活用の種類は何か。最も適当なものを、次のうちから一つ選び、番号で答えよ。

1　上一段活用　2　上二段活用　3　四段活用　4　下一段活用　5　下二段活用

(G)　——線部(6)の解釈として最も適当なものを、次のうちから一つ選び、番号で答えよ。

1　興味を引かれるようになった

2　風情があるという感慨になった

3　嬉しいという気持ちになった

4　おもしろおかしくなった

5　奇妙だと思うようになった

1　光源氏　2　姫君　3　命婦　4　頭中将　5　随身

(C)　――線部(2)の解釈として最も適当なものを、次のうちから一つ選び、番号で答えよ。

1　自分から名乗り出て知られたくはない
2　自分が光源氏だとは知られないだろう
3　自分が光源氏だとは知られたくない
4　自分が頭中将だとは知られないだろう
5　自分が頭中将だとは知られたくない

(D)　――線部(3)の解釈として最も適当なものを、次のうちから一つ選び、番号で答えよ。

1　一緒に内裏から退出したけれど
2　ともに平安京の町中に出て来たけれど
3　そろって常陸宮邸に出て来たけれど
4　ともども常陸宮邸から出たけれど
5　月とともに山から出て来たけれど

(E)　――線部(4)の説明として最も適当なものを、次のうちから一つ選び、番号で答えよ。

1　ためらいがちに琴を演奏して音を響かせるだけで、寝殿の奥まったところに姿を隠している姫君のことを喩(たと)えている。

6　さやうなる住まひする人――父を失って荒れ果てた屋敷で寂しく暮らしている人。
7　とりなし――風流な事として、和歌などを詠むこと。
8　重し――重々しく落ち着いている。
9　埋れたらむ――引っ込み思案であること。
10　かすめたりし――求愛の気持ちをほのめかしたこと。
11　はしたなくてやみにしか――返事をもらえなくて気まずい思いをして終わってしまった。

問

(A)　――線部(1)の解釈として最も適当なものを、次のうちから一つ選び、番号で答えよ。

1　人の家が気になる物好き
2　隙をうかがう侵入者
3　音楽にふける風流好き
4　芸術の道に熱心な求道者
5　姫君に懸想する恋愛好き

(B)　＝＝線部(a)～(c)はそれぞれ誰のことを指しているか。最も適当なものを、次のうちから一つずつ選び、番号で答えよ。ただし、同じ番号を何度用いてもよい。

はかばかしきこともあるべけれ、(8)おくらさせたまはでこそあらめ。やつれたる御歩きは、軽々しきことも出で来なん」とおし返し諫めたてまつる。(中略)

その後、(注5)こなたかなたより文などやりたまふべし。いづれも返り事見えず、おぼつかなく心やましきに、あまりうたてもあるかな、(注6)さやうなる住まひする人は、もの思ひ知りたる気色、はかなき木草、空のけしきにつけても(注7)とりなしなどして、心ばせ推し測らるる折々あらむこそあはれなるべけれ、(注8)重しとても、いとかうあまり(注9)埋れたらむは心づきなくわるびたり、と中将はまいて心焦られしけり。例のへだてきこえたまはぬ心にて、「しかじかの返り事は見たまふや。(注10)こころみにかすめたりしこそ、(注11)はしたなくてやみにしか」と愁ふれば、(9)さればよ、(ハ)言ひ寄りにけるをや、とほほ笑まれて、「いさ。見むとしも思はねばにや、見るとしもなし」と答へたまふを、(10)人分きしけると思ふにいとねたし。

(注)
1 頭中将――光源氏の親友。光源氏に対抗心を燃やしている。
2 大殿――光源氏の正妻葵の上のいる左大臣邸。
3 二条院――光源氏の自邸。
4 異方――姫君の住む寝殿ではなく、常陸宮邸内にある命婦の部屋。
5 こなたかなたより――こちらあちらから。光源氏からも頭中将からもということ。

三　左の文章は、『源氏物語』の「末摘花」の巻の一節で、故常陸宮の姫君に興味を持った光源氏が、命婦の手引きで常陸宮邸内の命婦の部屋に入り、寝殿にいる姫君の演奏する琴の音を聞いた後、帰ろうとする場面から始まる。これを読んで後の設問に答えよ。（解答はすべて解答用紙に書くこと）

透垣（すいがい）のただすこし折れ残りたる隠れの方に立ち寄りたまふに、もとより立てる男（をとこ）ありけり。誰（たれ）ならむ、(1)心かけたるすき者ありけりと思して、蔭（かげ）につきてたち隠れたまへば、頭中将（とうのちゅうじゃう）(注1)なり(イ)けり。この夕つ方、内裏（うち）よりもろともにまかでたまひける、やがて大殿(注2)にも寄らず、二条院(注3)にもあらで、ひき別れたまひけるを、いづちならむと、ただならで、(a)我も行く（ゆ）方（かた）あれど、あとにつきてうかがひけり。あやしき馬（むま）に、狩衣姿（かりぎぬすがた）のないがしろにて来ければ、え知りたまはぬに、さすがに、かう異方（ことかた）(注4)に入り（い）たまひぬれば、心も得ず思ひけるほどに、物の音（ね）に聞きついて立てるに、帰りや出でたまふと、した待つなりけり。

(b)君は、誰ともえ見分きたまはで、(2)我と知られじとぬき足に歩みのきたまふに、ふと寄りて、「ふり棄て（す）させたまへるつらさに、御送り仕うまつりつるは。

(3)もろともに大内山は出でつれど入る方見せぬ(4)いさよひの月」

と(5)恨むるもねたけれど、(c)この君と見たまふに、(6)すこしをかしうなりぬ。「人の思ひよらぬことよ」と憎む憎む、

里分か(ロ)ぬかげをば見れど(7)行く月のいるさの山を誰かたづぬる

「かう慕ひ歩（あり）かば、いかにせさせたまはむ」と聞こえたまふ。「まことは、かやうの御歩きには、随身（ずいじん）からこそ

3　あえて身を滅ぼして　　　4　かえって身を滅ぼすことになり

5　ただ身を滅ぼしただけで

(E)　空欄［　］に入る語として最も適当なものを、次のうちから一つ選び、番号で答えよ。

1　健康　　2　少壮　　3　美麗　　4　軽便　　5　安泰

(F)　本文の内容と合致するものを、次のうちから一つ選び、番号で答えよ。

1　白居易は、六十を越えるまで生き延びたが、それ以上余命を延ばすためには、自らの努力ばかりでなく、天に祈ることも必要であることを悟った。

2　白居易は、薬を服用すれば長生きできると信じていたが、服用していた仲間が早死にしたことで、薬をやめて、好きなものを飲食することにした。

3　白居易は、詩を創作して五臓を酷使してきたが、若い時から飲食の度を越さないようにしてきたおかげで、六十を越えた今も、酒を楽しめている。

4　白居易は、仲間が肉食を断ったり薬を服用したりして命を永らえようとしたのと違い、好き放題に飲食してきたのに長生きできたことを思い、達観している。

5　白居易は、酒を飲んで昔の日々を思い出していたが、苦しんであの世へ行った仲間のことが浮かぶと、酔いが進んで心がかき乱されるようであった。

15　三丹田――身体の頭部、胸部、腹部に位置する、気の溜まる所。
16　第七秩――七十歳までの十年間。

問

(A)　――線部(1)「訖」のここでの読み方として、最も適当なものを、次のうちから一つ選び、番号で答えよ。

1　つひに　2　たまたま　3　もとより　4　たちどころに　5　なんぞ

(B)　――線部(2)について。「予」が食べたり飲んだりしていないものとして当てはまるのはどれか。最も適当なものを、次のうちから一つ選び、番号で答えよ。

1　酒　2　秋石　3　腥羶　4　葷与血　5　熱物

(C)　――線部(3)の書き下し文として最も適当なものを、次のうちから一つ選び、番号で答えよ。

1　亦(ま)た嗜慾(しよく)を牽(けん)と為(な)す
2　亦(ま)た嗜慾(しよく)を為(な)して牽(ひ)く
3　亦(ま)た嗜慾(しよく)の為(ため)に牽(ひ)かる
4　亦(ま)た為(ため)に慾牽(よくけん)を嗜(たしな)む
5　亦(ま)た嗜(たしな)む為(ため)に牽(ひ)かんと慾(ほっ)す

(D)　――線部(4)の意味として、最も適当なものを、次のうちから一つ選び、番号で答えよ。

1　当然身を滅ぼすはずなのに　2　たとえ身を滅ぼしても

飢ヱ来レバ呑ミ二熱物ヲ一　渇シ来レバ飲ム二寒泉ヲ一
詩ハ役シ二五（注14）臓ノ神ヲ一　酒ハ汨みだル二三（注15）丹田ヲ一
随ヒテレ日ニ合(4)破壊　至ルマデレ今ニ粗ほぼ完全ナリ
歯牙ハ未ダ二欠落セ一　肢体ハ尚ホ□
已ニ開キ二第（注16）七秩ヲ一　飽食仍ホ安眠ス
且ツ進メ二盃中ノ物ヲ一　其ノ余ハ皆付スレ天ニ

（「思旧」による）

（注）
1　間日——閑暇の日。
2　零落——死亡すること。
3　退之——韓愈。
4　硫黄——鉱物薬の一つ。
5　微之——元稹。
6　秋石——不死の薬（丹薬）のこと。
7　溘然——突然死去すること。
8　杜子——杜元穎。
9　丹訣——丹薬を錬る秘訣。
10　腥羶——肉などの生臭い食物。
11　崔君——崔玄亮。
12　葷与血——生臭いものと血の多いもの。肉食。
13　汞与鉛——水銀と鉛。いずれも丹薬を錬るときの薬材。
14　五臓神——五臓にはそれぞれ神が宿ると考えられた。

二　左の詩は、白居易がすでに他界した旧友を思って詠んだものである。これを読んで後の設問に答えよ。ただし、設問の関係で返り点、送り仮名を省いたところがある。（解答はすべて解答用紙に書くこと）

間（注1）日一タビ思フレ旧ヲ　旧遊如シ二目前ノ一
再ビ思フニ今何クニ在ル　零（注2）落帰セリ二下泉ニ一
退（注3）之ハ服スレドモ二硫（注4）黄ヲ一　一タビ病ンデ（1）訖不レ痊（い）エ
微（注5）之ハ錬リシモ二秋（注6）石ヲ一　未ダレシテ老イ身溘（注7）（かふ）然（ぜん）タリ
杜（注8）子ハ得テ二丹（注9）訣ヲ一　終日断ツ二腥（注10）（せい）羶（せん）ヲ一
崔（注11）君ハ誇リ二薬力ニ一　経テレ冬ヲ不レ衣（き）レ綿ヲ
或イハ疾（やみ）或イハ暴（にはカ）ニ夭シ　悉ク不レ過ギ二中年ヲ一
（2）唯ダ予（われ）不二服食セ一　老命反（かへッテ）遅延ナリ
况ンヤ在リテ二少壮ノ時ニ一　（3）亦為嗜慾牽
但ダ耽リ二葷（注12）（くん）ト与ニレ血　不レ識ラ二汞（注13）（こう）ト与ヲレ鉛

いる事実を消すことはできない。

(H)　——線部(4)について。ここでの「文化に対する正しい態度」とはどのような態度か。句読点とも五〇字以内で説明せよ。

(I)　次の各項について、本文の内容と合致するものを1、合致しないものを2として、それぞれ番号で答えよ。

イ　江戸城のお濠の石垣と大阪城の石垣は、まったく違う外観でありながら力強い壮大さを湛えている。

ロ　大阪城の石垣を築いた豊太閤の威光は、いまも幽かな遺習となって京都の祇園祭りに息づいている。

ハ　日本の都市を街路樹で飾るのなら、電線の高さを乗り越えるように枝を生い茂らせるべきである。

ニ　自国の文化をより深く理解するためには、それとまったく異なる対立的な文化に触れる必要がある。

ホ　我々は、江戸時代の遺構にどれほど偉大なものがあったかを見過ごしてしまいかねない。

誇ることができる建造物である。

4　大阪城の石垣は、ひとりの指導者が多衆の力を動かした権勢の象徴であると同時に、人々に誇りと活力を与える都市文化の源泉にもなっている。

5　大阪城の石垣は、無数の群衆の力を統一することではじめて動かすことができたものであり、それを成し遂げた指導者の威厳がいまも保たれている。

(G)　━━━線部(3)には筆者のどのような考えが込められているか。その説明として最も適当なものを、次のうちから一つ選び、番号で答えよ。

1　封建時代の営造物を讃美することと、その時代の政治体制を肯定することとは別であるという議論を喚起することで、文化の独自性を訴えたい。

2　封建時代の伝統は現代にも継承されているのだから、封建時代を完全に否定することはいまの自分の存在を否定することにつながる。

3　近代の日本では、西洋への憧れゆえ自国の文化を矮小化する傾向があるが、江戸時代の文化にも偉大な側面があることを堂々と主張すべきである。

4　その時代の技術の粋を集めたお城を営造するうえで封建時代の社会体制が役立ったように、優れた文化を残すためにはときに絶対的な権力が必要である。

5　封建時代の遺構は現代において意味のないものに見えるかもしれないが、その様式に固有の美が備わって

1　震災後、さまざまな復興事業が進められるなかで古風な石垣や門にも修築が施され、規格の統一とはおよそ縁のない前近代的な遺構に近代の様式美が備わったということ。
2　震災後、それまで眠っているように見えていた古風な石垣や門と、周囲を威圧するように建ち並ぶ高層建築がひとつに溶け合うような、新しい都市の景観が誕生したということ。
3　震災後、新たに建設された西洋の高層建築が立ち並ぶようになったことで、逆に、なにげない風景だと思っていた古風な石垣や門の特殊な美が際立つようになったということ。
4　震災後、東京に高層建築が殖えて規格の統一が図られたことにより、逆に古風な石垣や門の稀少性が見い出され、その景観を保存しようとする動きが活発になったということ。
5　震災後、高層建築の機械的な様式が主流となったことで、日本の古風な石垣や門を眺める視線そのものが相対化され、西洋的な基準でしか美を探究できなくなったということ。

(F)　——線部(2)について。筆者は大阪城の石垣に感じた「のしかかるように人を威圧する意志」についてどのような思考を巡らせているか。その説明として最も適当なものを、次のうちから一つ選び、番号で答えよ。

1　大阪城の石垣は、巨大な人力をひとつに集約した封建時代の象徴であり、絶対的な指導者がいない近代においては造ることができないものである。
2　大阪城の石垣は、豊太閤の栄華をいまに伝える遺構であり、人々を束ねてくれる「偉い奴」の登場を待ち望む庶民の心性をかたちにしたものである。
3　大阪城の石垣は、無数の群衆の力が結晶した遺構であり、その歴史性と圧倒的なスケールにおいて世界に

(a)　瞥見したところ

1　あらためて見たところ
2　ざっと見たところ
3　あれこれ見たところ
4　くわしく見たところ
5　かいつまんで見たところ

(b)　お茶番

1　似つかわしくないもの
2　媚びたもの
3　平凡なもの
4　貧相なもの
5　見えすいたもの

(D)　空欄 b にはどのような言葉を補ったらよいか。最も適当なものを、次のうちから一つ選び、番号で答えよ。

1　豪放磊落　2　才色兼備　3　巧言令色　4　暗中模索　5　一騎当千

(E)　——線部(1)について。ここでの「額縁の中に入れられた」とはどのような意味か。その説明として最も適当なものを、次のうちから一つ選び、番号で答えよ。

を痛感する。街路樹もそれぞれに様式を持っている。城のごときモニュメンタルな営造物は一層そうである。人はそれぞれの時代的、風土的な特殊の様式に対して、眼鏡の度を合わせることを学ばねばならない。そうすることによってそれぞれの物が鮮明に見え、その物の持つ意義が読み取られ得るのである。自分にとって鮮明でないからといってその物を無意義とするのは単なる主観主義に過ぎない。それはまた幼稚の異名である。我々は日本の文化の現状がまだこの幼稚の段階にとどまっているのではないかを恐れる。欧州文化の咀嚼（そしゃく）においても、また自国文化の自覚においても。

（和辻哲郎「城」による）

（注）1　三菱が原――一八九〇年に陸軍から三菱に払い下げられた土地。
2　コロセウム――ローマ帝国時代の円形闘技場。
3　豊太閤――豊臣秀吉。

問

(A)　空欄 a に入る言葉を漢字で記せ。（ただし、楷書（かいしょ）で記すこと）

(B)　＝＝線部(イ)を漢字に改めよ。（ただし、楷書で記すこと）

(C)　〰〰線部(a)・(b)について。それぞれの意味として最も適当なものを、次のうちから一つ選び、番号で答えよ。

要求することでもない。それぞれの時代はその弊害や弱点を持つとともにまたその時代固有の偉大さを持っている。江戸時代の文化の偉大な側面に対して、ただその矮小を嘆くということは、(4)この文化に対する正しい態度とは言えない。お城はただその一例であるが、他になおいくらでも例をあげることができよう。たとえば街路樹である。日本の古い都会には街路樹がなかった。だから西洋の都会をまねて街路樹を植え、しかもその樹にプラタヌスを選ぶなどということも、確かによいことではあったろう。しかし東海道の松並み木や日光の杉並み木などは、世界に類例のないほど豪壮な街路樹ではないか。松の幹が大きくうねって整列していないということは街路樹たる資格を毫も遮げるものではない。もし街路樹の必要を感ずるならば、すでにかくのごとき壮大な街路樹の存することを認識し、またそれを尊重しなくてはならない。そうすれば電線の下にすくんでいる矮小な樹が街路樹であると考えるような大きな見当違いをしなくても済んだであろう。欧州の都市においてはこのように小さな街路樹はただ新開の街にしか見ることができない。少しく立派な街ならば街路樹は風土相応の大木となっている。また大木とならなければ美しい街になることはできぬのである。街路から電線を取り除くことが不可能であるならば、電線は街路樹の枝の下に来べきものであって、梢を抑えるべきものではない。従って街路樹が電線の高さを乗り超え得るように工夫してやるべきである。そうでない限りいわゆる街路樹なるものは、松並み木、杉並み木などと呼ばれる古来の街路樹に対して、比較にさえもならない(b)お茶番に過ぎぬ。そうして松並み木や杉並み木の街路樹としての壮大さを讃美することは、封建時代を呼び返そうとすることなどでは決してないのである。

これらのことを思うとき、それぞれの文化産物が、それに固有な様式の理解のもとに鑑賞されねばならぬことの力に驚くのである。自分はああいう巨石運搬についての詳しい事情は知らないが、専門家の研究を(a)瞥見(べっけん)したところによると、結局は多衆の力によるらしい。しかしその多衆の力というものが個々の力を累計したものでなく一つの全体的な力に統一されなくては巨石は動かないのである。煉瓦を積んで大伽藍(だいがらん)を造る場合にも多衆の力は働いているが、その力は煉瓦を運ぶ個々の力の集積であってよい。巨石運搬の場合には大綱に取りついた無数の群衆と、その群衆の力を一つにまとめる指導者とが必要である。絵で見ると巨石の上には扇をかざした人が踊っている。というのは、全身を指揮棒に代えて群衆の呼吸を合わせているのである。京都の祇園祭(ぎおんまつ)りの鉾(ほこ)の(イ)ダシの引き方はその幽(かす)かな遺習であるかもしれない。大阪城の巨石のごときは何百人何千人の力を一つの気合いに合わせなくては一尺を動かすこともできなかったであろう。それでもまだどうして動かせたか見当のつかないほどの巨石がある。そういう巨石を数多くあの丘の上まで運んで来るためには、どれほどの人力を要したかわからない。その巨大な人力が凝(こご)ってあの城壁となっているのである。その点においてはエジプトのピラミッドもローマのコロセウム(注2)も大阪城に及ばない。しかもそういう巨大な人力をあの城壁に結晶させた豊太閤(注3)は、現代に至るまで三百余年間、京都大阪の市民から「偉い奴」であるとして讃美され続けて来たのである。そうしてこの「偉い奴」を記念する酔舞の行列は、欧米風の高層建築の並んだ通りをもなお練って行くのである。

　お城を讃えると人はすぐに封建時代の讃美として非難するかもしれない。しかし(3)お城が偉大さを印象すると主張することは、封建時代を呼び返そうとすることでもなければ、また、封建時代的な営造物を新しく作るようにじて潑剌（はつらつ）としたものが湧（わ）き出て来る。たとえば桜田門がそれである。あの門外でながめられるお濠の土手はかなりに高い。しかしそれは穏やかな、またなだらかな形の土手であって、必ずしも偉大さ力強さを印象するものではなかった。しかるに今この門外に立って見ると、大正昭和の日本を記念する巨大な議事堂が丘の上から見おろしている。そうして間近には警視庁の大建築がそそり立っている。そうなるとあのなだらかな土手が不思議にも偉大さを印象し始めるのである。あの濠と土手とによる大きい空間の区切り方には、異様に力強い壮大なものがある。しばらく議事堂や警視庁の建築をながめたあとで、眼を返してお濠と土手とをながめるならば、刺激的な芸のあとに無言の腹芸を見るような、もしくは［ b ］の人に接したあとで無為に化する人に逢ったような、深い喜びを感ずるであろう。そうしてさらに門内に歩み入って、古風な二つの門と、さびた石垣と、お濠と土手とだけでできている静寂な世界の中に立つと、我々の離れて行こうとする世界にもどれほど真実なもの偉大なものがあったかを感ぜずにはいられないであろう。

　少し感じは異なるが、大阪城もまた古い時代を記念する大きい遺跡である。中の嶋あたりに高層建築が殖えれば殖えるほど、大阪城の偉大さは増して来る。そうしてそれは、江戸城の場合とは異なって、まず何よりもあの石垣の巨石にかかっている。あの巨石は決して「何げのない」「当たり前」のものとは言えぬ。(2)のしかかるように人を威圧する意志があそこには表現せられている。ただ石垣に並べただけの石にそんな表現があるものかと言う人があるかもしれない。しかし大阪城を見る人は誰だってあの石には驚くのである。何ゆえに驚くか。山の上の巨岩を見ても同じ驚きは起こらない。そういう巨岩を大阪まで持って来て石垣の石として使いこなしているそに対し静かに眠っているようなお濠の石垣と和田倉門とが、実に鮮やかな印象をもって自分を驚かせたのである。柔らかに枝を垂れている濠側の柳、淀（よど）んだ濠の水、さびた石垣の色、そうして古風な門の建築、――それらは一つのまとまった芸術品として、対岸の高層建築を威圧し切るほどの品位を見せている。自分は以前に幾度となくこの門の前を通ったのであるが、しかしここにこれほどまで鮮やかな芸術を見いだしたことはなかった。その後この門が修築せられたにもしろ、以前とさほど形を変えたわけではない。何がこのように事情を変ぜしめたのであろうか。ほかでもない、濠側に並んだ高層建築なのである。それが明白に異なった様式をもって石垣と門とに対立したとき、(1)石垣や門はいわば額縁（がくぶち）の中に入れられた。そこで石垣や門の持っている固有の様式がまた明白に己れ自身を見せ始めたのである。石垣や門の屋根などの持っている彎曲線（わんきょく）は、対岸の西洋建築には全然見いだされないものである。石垣の石の積み方も、規格の統一とはおよそ縁のない、また機械的という形容の全然通用しない、従ってそれぞれの大きさ、それぞれの形の石に、それぞれその場所を与えたあの悠長なやり方である。それらはもはや現代には用いられ得ぬものであるかもしれない。しかしそれによって形成せられた一つの様式がその特殊の美を持つことは、消し去るわけには行かないのである。

　復興された東京を見て回って感じさせられたことも、結局はこれと同じであった。巨大な欧米風建築に取り囲まれた宮城前の広場に立ってしみじみと感ぜさせられることは、江戸時代の遺構が実に強い底力を持っているということである。それは周囲に対立者のない時にはさほど目立たなかった。それほど何げのない、なだらかな、当たり前の形をしているからである。しかるにその、「なんにもない」と思われていた形の中から、対立者に応

国語

（七五分）

一　左の文章は一九三五年に発表されたエッセイである。これを読んで後の設問に答えよ。（解答はすべて解答用紙に書くこと）

大地震以後東京に高層建築の殖(ふ)えて行った速度は、かなり早かったと言ってよい。毎日その進行を傍で見ていた人たちはそれほどにも感じなかったであろうが、地方からまれに上京する者にはそれが顕著に感ぜられた。おいおい高層建築が立ち並ぶに従って、部分的には堂々とした通りもできあがって来た。全体としては恐ろしく乱雑な、半出来の町でありながら、しかもどこかに力を感じさせる不思議な都会が出現したのである。

この復興の経過の間に自分を非常に驚かせたものが一つある。二、三年前の初夏、久しぶりに上京して東京駅から丸の内の高層建築街を抜けて濠側(ほりがわ)へ出たときであった。濠に面して新しい高層建築が建てそろっている。ここがあの荒れ果てた三菱(注1)が原であった時分から思うと、全く［ a ］の感がある。しかし自分を驚かせたのはこの建て並んだ西洋建築ではない。これらはまことに平凡をきわめたものである。そうではなくしてこれらの建築

解答編

英語

I

解答 1―ハ 2―ニ 3―イ 4―ロ 5―ニ
6―イ 7―ハ 8―ロ 9―ハ 10―イ

◆全 訳◆

≪時刻を伝えること：電話による時報サービスを記念して≫

1936年7月24日に英国で初めて導入されたスピーキングクロックという時報サービスは，ロンドン郵便本局によって，とりわけ時刻に関するもめ事を解決するために作り出された。これ以前は，狂いやすい機械式のねじまき時計に国民は主に頼っていて，電話交換所に時間を問い合わせるために電話をかける人が多くなっていた。

電話交換手は，壁にかけられた電話交換所の時計を見て，「ただいまの時刻，交換所の時計による時刻は…」と言うように訓練されていたが，これは秒単位で正確とは言えず，交換手も電話をかけた人が時刻を知りたいときにいつでも時刻を伝えられるというわけではなかった。そこで，人々が正しい正確な時刻を知るためにかけることのできる電話番号を設けることが決定された。

郵便局には，多くの町が現地時刻を採用していた時代から鉄道が現れるまでの長きにわたって，人々が時計の時刻を合わせるのに役立ってきた歴史があった。鉄道の誕生により，すべての場所でグリニッジ標準時を採用することが必要になった。それまでは，ロンドンでは正午であるにもかかわらず，ブリストルではまだ午前11時49分であることもあったかもしれない。郵便車が到着すると，村の人々は政治に関するゴシップを手に入れるために郵便車の係員のもとに集まり，電車の運転士は自分たちの持っている時計に従って時刻を知らせた。そしてその時計はロンドンで合わせられたものだった。

電話による時報の最初の声の主はロンドンの電話交換手だったエセル=

ケインであり，彼女はロンドン郵便本局に勤める15,000人の電話交換手の中から「金の声」の持ち主を探し出す全国の選考会で選ばれた。エセルには，その仕事に対して，10ギニー（現在の約500ポンドに相当）ものお金が与えられた。電話による時報そのものとケインの両方がすぐに人気になった。時刻を知りたい人々はもはや電話交換手に時刻を尋ねるためだけに電話をして回線を圧迫することはなくなり，ケインの明快な発音，特に（毎分の最初の瞬間に使われる）“precisely”という言葉の発音が人気になったのだ。電話による時報が導入された最初の年には，約1,300万回の使用が記録された。それはなんと，1日に35,000回以上も使用されたということになる！

時計の正確さは，ラグビーラジオ局によってグリニッジ王立天文台から送信される時刻を知らせる信号によって，調整と修正がなされた。録音された短いフレーズや単語を正しい順番で再生し，誤差0.1秒の精度で正確なグリニッジ標準時を知らせることによって，時刻が伝えられた。最初の仕組みは，モーター・ガラスディスク・光電池・バルブがいくつも並べられ（小さな部屋の床一面ほどの面積を要するもので構成されており），時刻を知らせる音声はフィルムに録音された音声のように光学的にガラスディスクに録音され，再生されていた。故障に備えて，時刻を知らせるこの装置は2つ作られた。それとは対照的に，現行のデジタル式の時報（1984年に最初に導入された）には，水晶発振器と論理制御を行うマイクロプロセッサーが組み込まれており，動く部品は一つも使われておらず，小さなスーツケースほどの場所しかなく，また，1000分の5秒単位で正確であることが保証されている。現在の英国の時刻の根源は，イギリス国立物理学研究所の原子時計の信号によって与えられているが，監視はされていない。それでも，最初の装置は，その当時においては，時代を先ゆく自動化された仕組みという最先端の科学技術を象徴していた。

最初は，この電話による時報サービスはホルボーン電話交換所が管轄しているロンドンの地域のみで利用可能だったが，1942年に英国全体で利用できるようになった。もしロンドン，バーミンガム，エディンバラ，グラスゴー，リバプール，マンチェスターなどの英国の主要な都市に住んでいれば，TIMの文字をダイヤルすることでこのサービスを利用することができ，TIMはダイヤル式電話の846に相当し，他の地域では952に相当した。技術者たちは TIM が time を略したものだと理解していたが，すぐにこのサービスが "Tim" という呼称で人々の会話の中に出てくるようになった。

10 秒ごとに「3 回目の音で，ブリティッシュテレコムがお伝えする時刻は○時○分○秒です」というアナウンスが流れ，それに続いて信号音が 3 回流れる。"precisely" という音声は，毎分 0 秒の時刻を知らせる音声の「○秒」の代わりに流される。同様に，毎時 0 分から 1 分の間の時刻を知らせる音声では，「○分」の代わりに "o'clock" という音声が流れる。毎日，時報は 8,640 回，時刻のアナウンスを行っている。

このサービスが最初に世に出た際には，時報に自宅からかけると 1 ペニー，公衆電話からかけると 2 ペンスかかった。90 秒間聞いた後でまだ電話を切っていなければ，自動的に電話は切られた。今日では，このサービスに電話をかけると 1 分につき 38.9 ペンスかかる。

ダイヤル直通長距離電話の導入に伴い，電話交換手の助けを受けることなく長距離の電話を直接かけることが 1960 年代から 1980 年代の間に可能になったため，時報の番号は 80 へと変更され，その後に 8081 へと変更された。1990 年代までには，ブリティッシュテレコムの電話回線からかける場合には 123 に統一され，今日でもその番号が使用されている。また，ブリティッシュテレコムは同じ時期にこのサービスの名前を "Timeline" へと変更した。

世界で最も有名な時計であるビッグベンは，この時報を利用して時刻を確認し，多くの大規模な組織では従業員が外線電話をかけなくても時刻を確認できるように，この時報から内線電話に時刻を常に取り入れている。独立テレビジョン（ITV）のすべての番組もまた，この時報の時刻に合わせられている。

今日でも人々は時報を使っているのだろうか？　もちろんいる！　最盛期には電話による時報には年間 2 億 5 千万人ほどの利用者がいた。時間をすぐに確認することのできるあらゆるデジタル機器があるにもかかわらず，時報サービスには今でもなお年間約 1,200 万人の利用者がおり，さらに一年のうち特に時刻に敏感になる 4 日間には，その需要は一気に高まる。その 4 日間とは，大みそかと，サマータイム開始日と終了日の 2 日間と，戦没者追悼記念日である。

◀解　説▶

1．第1段4・5行目（increasing numbers of … ask the time.）に，「人々は時刻を知るために電話交換所に電話をかけていた」と書かれていることから，ハ．「時刻を確認するために電話交換所に電話をかけていた」が正解。

2．第3段1行目（The Post Office … set their clocks,）に，「郵便局には人々が時計の時刻を合わせるのに役立ってきた歴史があった」と書かれていることから，ニが正解となる。

3．第4段1～3行目（The first voice … the "golden voice."）に「『金の声』の持ち主を探す選考会で選ばれた」とあり，同段7・8行目（Cain's crisp pronunciation, … proved popular.）に「彼女の "precisely" の発音が人気になった」と書かれていることから考えて，イ．「彼女の英語の発音が，審査員から最も高く評価された」が正解となる。また，彼女が英国なまりの英語を話していたかどうかということや，彼女が多くのお金を必要としていたかどうかについての記述は本文中にないため，ロとハは答えにならない。第4段8・9行目（In its first … 35,000 a day!）に1日に35,000回以上使用されたとあるが，彼女が一人で電話に出たとは書かれていない。よって，ニも間違いであると判断でき，消去法で考えてもイを選ぶことができる。

4．第5段12・13行目（The current source … National Physical Laboratory.）に，「イギリス国立物理学研究所から送られてくる原子時計の信号を受けて時刻を調整している」と書かれていることから，ロが正解となる。

5．第6段1・2行目（Initially, the service … nationwide in 1942.）に「最初は，この時報サービスはロンドンの地域のみで利用可能だったが，1942年に英国全体で利用できるようになった」と書かれていることから，ニが正解となる。

6．ロ．「毎時の最初には "o'clock" という言葉が "minutes" の代わりに読まれる」は，第7段4・5行目（announcements for times … for the minutes.）の内容と一致し，ハ．「"precisely" という言葉が "seconds" の代わりに毎分の最初に読まれる」は同段3・4行目（"Precisely" is substituted … an exact minute.）の内容と一致し，ニ．「昼夜を問わず10

秒ごとに録音された音声が流される」は同段 1 ～ 3 行目（Every ten seconds … by three pips.）の内容と一致するため，残ったイが本文では述べられていない内容となる。

7．第 8 段 4 行目（Today a call … pence per minute.）に，「毎分 38.9 ペンスかかる」と書かれていることから，ハが答えとなる。

8．本文で command の後に利用者を表す人数が書かれているため，「～を処理する，～に対応する」という意味のロ．managed が正解となる。

9．ハ．「たくさんの英国の有力な企業はいまだこのサービスに頼っている」が，第 10 段 2・3 行目（many major organizations … internal phone systems）の内容と一致する。

10．消去法で考える。本文は腕時計に関する文章ではないため，watches「腕時計」という言葉が含まれているロは答えにならない。また，本文は電話による時報によって時刻を人々に知らせる方法について書かれた文であり，時計の歴史について書かれてはいないため，ハは答えにならない。そしてニは「現代英国では時勢が移り変わっている」という意味だが，本文の内容とはまったく関係がないため，これも答えにはならない。よって残ったイ．「時刻を伝えること：電話による時報サービスを記念して」が正解となる。

II　解答

A．1―ニ　2―ロ　3―ハ　4―ニ　5―ハ
6―イ　7―ロ　8―ハ　9―ハ

B．今すぐ何かが起きない限りは，私たちは不快な未来に直面することになる。(35 字以内)

◆全　訳◆

≪英国の野生生物を取り戻すための闘い≫

リンカンシャーのボーンノースフェンの小さな一区画は，それを取り囲む小麦と菜種の広大な景色とは興味深い対照をなしている。長年放置されていたため，この小さな土地は今ではヤナギやハンノキを取り囲む草や葦で覆われている。先週，このわずか 6 ヘクタールの小さな区画は野生生物でいっぱいになった。カッコウがひたすらに鳴き，英国では最も珍しい鳥の一つであるサギの大きな鳴き声が時折響き渡り，ウサギが辺りを飛び跳ねていた。そこは，英国で最も集中的に農地化が進められた地域に存在す

る，小さな楽園である。そして，もしリンカンシャーワイルドライフトラストがこのまま順調に進んでいけば，ボーンノースフェンでのこの活動はまもなく10倍に拡大するであろう。

このトラストは今，ソラマメが現在植えられている周囲60ヘクタールの農地を買収して，自然の沼地に戻す交渉を行っているところだ。葦の湿原が再びそこに現れ，河川の水はきれいになり，生い茂る植物によってさらに多くの二酸化炭素が吸収されるだろう。おまけに，リンカンシャーで400年ぶりに鶴が繁殖を始めた，すぐ近くにあるウィローツリーフェン保護区の例に続いて，珍しい種の生き物たちがさらにたくさん戻ってくるだろう。

この計画によって，英国の自然を保護するために今まさに必要とされている行動がどのようなものであるかが，より明らかになるであろう，とワイルドライフトラストの最高責任者であるクレイグ=ベネットが言っている。「昨年，極めて当然のことではあるが，私たちは国民保健サービスを保護する必要があるということを気づかされた」と先週ボーンノースフェンに訪れた際にベネットが述べた。「さて，自然を損なうことで国民保健サービスにのしかかる負担について考えてみよう。まず第一に，国民の精神面での健康状態に影響があり，それにより肉体面での健康状態にも悪影響が生じる」 後者の問題の実例は大気汚染によるものであるとベネットは付け加えた。「街中の木々の数が不十分なので，汚染された空気が人々に恐怖を抱かせるほどに広がり，それによって生じる肺の病気の治療にかかる多額の医療費が，国民保健サービスにのしかかっている。私たちは自然の一部で，自然とは切っても切り離すことのできない存在であり，そして，それを事実であると受け止めているかのように行動し始めなければならない」

ベネットは過去12カ月間に，彼の組織を構成する46の地域での野生生物の保護活動を率いて，英国内でおよそ100,000ヘクタールにおよぶ2,400以上の保護区を運営してきた。「ひとまとめにしてしまえば，この国でマクドナルドが経営する店舗よりも多くの自然保護区を私たちは運営していることになる」とベネットは誇らしげに言っている。現時点では極めてわずかな面積である。しかし，ゆっくりと土地を買い取り，保護区をつなげていくことで，いつの日か野生動物が安心して暮らせる場所を十分に作り出し，自然環境の都市化，農地化，汚染，そして過去百年にわたって続く気候変動の危機によって生じた破壊的な力による英国での野生動物の劇的な減少を食い止めることに役立つと見込まれている。

結果として，何百種もの生き物が今，我が国からいなくなってしまう危機に瀕している。具体的には，1950 年代以降ヤマアラシの数は 95％減少し，キジバトの数は 98％急激に減少し，ヨーロッパヒキガエルの数も 68％減少した。ベネットの目的は，ワイルドトラストを通して，動物たちの恐るべき減少を食い止めることである。これは立派な目標であるが具体的な到達目標を欠いている，とベネットは認めている。「気候変動を考えてみよう。とても具体的な到達目標，つまり地球温暖化を 1.5 度から 2 度にとどめるという目標がある」

同様のことが，環境保護運動にも求められていて，それに伴い最近，(20)30 年までに 30％という活動を通して野生生物の危機に立ち向かう新たな具体的な取り組みが生まれた。「とても簡単に言うと，自然を回復させるために 2030 年までに少なくとも 30％の陸地と海が結び付けられ保護されることを私たちは求めている。それはとても具体的な目標である」現時点では，自然環境を回復するために保護されていると見なされるのは，英国のわずか 10％ほどの土地であるとベネットは言っているが，それらの場所の半分は劣悪な状態であると指摘している。

動物の生息地が失われてしまうことが，英国の野生生物の保護に関する唯一の問題だというわけではない，とベネットは付け加えている。「ますます頻繁にそして有害となる量が使用されている農薬を，大規模に広範囲で日常的に使用することは，破壊的な影響をもたらしてきた。夏の夜に車を運転していると，かつてはヘッドライトについた虫の死骸を掃除しなければならなかった。今では虫がとても少ないので，わざわざそんなことをする必要はない」

次に，水の問題もある。食器洗い機や洗濯機の増加に対応するため，温室に供給するため，そしてレジャー産業やゴルフ場の需要を満たすために，1980 年代以降国内での水の使用量が 70％増加した。水の需要が非常に高まったことが，湿地や河川が干上がってしまう原因となっている。「生態系の中で適切に機能するために必要な量の水が実際に流れている河川はほとんどない。私たちは河川から得ている水の量を減らし，かつて湿地だったところを再び湿地に戻す必要が大いにある」

これらの問題に取り組むことは，大規模かつ野心的な企てではあるが，今すぐ何かが起きない限りは，私たちは不快な未来に直面することになる。1500年代以降，英国ではヤマネコやオオカミ，マルハナバチやアマガエルなど約130種の生き物が姿を消してしまった。私たちが英国に自然を取り戻し始めない限りは，私たちが今直面している絶滅危惧種の何千という数によって，この数は凌駕されてしまうだろう。ベネットは今もなお楽観的でいる。「ボーンノースフェンのような場所は，英国全体の自然回復においてはごくわずかな役割しか果たさないかもしれないが，もしそれがうまくいけば，そしてうまくいくと私は信じているが，今置かれている危機的状況から私たちが抜け出すことができるということの兆しとなるだろう」

◀解　説▶

A．

1．第1段4行目（Last week, this … full of wildlife:）に「先週，このわずか6ヘクタールの小さな区画（＝ボーンノースフェンの小さな一区画）は野生生物でいっぱいになった」とあり，同段7～9行目（And if Lincolnshire … Bourne North Fen.）に，「この活動がうまくいけば，ボーンノースフェンでのこの活動が10倍に拡大する」と書かれていることから，ニが正解となる。

2．第3段8～10行目（"With insufficient trees … of lung disease.）で，「街中の樹木が減ることで国民保健サービスにかかる負担が増える」という内容の記述があり，これがロの内容と一致する。

3．第4段1～3行目（For the past … in the UK.）に，ベネットが主導している保護活動の数と面積が書かれている。よって，国全体での保護区の規模と数に言及しているハが正解となる。

4．ニ.「キジバトは気候変動の影響があるにもかかわらず着実に増えつつある」が，第5段3行目の turtle-doves have crashed by 98%「キジバトの数は98%急激に減少した」に反する。

5．ハ.「自然保護のための地域として30%の陸地と海を確保する」が，第6段3・4行目（"Quite simply, we … recovery by 2030.）の内容と一致する。

6．第7段2～5行目（“The massive, widespread, … need to bother.”）に,「農薬の使用によりヘッドライトにつく虫の死骸がほとんどなくなった」とあることから，イが正解となる。

7．第8段3・4行目（The massive demand … to dry up.）に「湿地や河川が干上がってしまった」とあることから，ロが答えとなる。

8．下線部 figure の前後の文で，絶滅した種の数について言及されていることから，ハが正解となる。下線部の後ろにある surpass「～を上回る」という動詞も覚えておきたい。

9．消去法で考える。本文はリンカンシャーに限定した内容ではないため，イは答えにならない。また，本文では医療サービスと自然環境について言及してはいるが，それは自然環境を保護することのメリットとして言及されているため，ロも除外できる。同様に，本文では土地を購入するという内容もわずかに出てきてはいるが，それは自然環境を保護するための手段として紹介されているに過ぎない。そのためニも答えにはならない。よって正解はハとなる。

B．unless は「もし～でなければ」という意味の接続詞で，条件を表す際に用いられる。something happens については「何かが起きる」という直訳以外に，文脈に合うように something を「(何らかの) 行動」などと訳し,「行動が起きる」つまり「行動を起こす」と意訳することも考えられる。主節の動詞 face は,「直面することになる」と訳出すると，より自然な日本語になる。

III　解答

1―イ　2―ニ　3―イ　4―ロ　5―ロ　6―ニ
7―ニ　8―ハ

◀解　説▶

1．「私たちが計画を行動に移す直前にあなたからの時宜を得た助言がなかったら，私たちは計画に失敗していたことでしょう」

仮定法の if it had not been for ～「もし～がなかったら」を問う問題。if it were not for ～「もし～がなければ」を仮定法過去完了にしたもの。イは正しくは it had not〔hadn't〕となる。

2．「医師はルーシーに職場復帰するまで数日間ベッドで寝ているように指示した」

副詞節内の動詞の形を問う問題。時を表す接続詞 before のあとは，未来のことであっても現在形で表すため，ニは comes になる。

3．「何が起きたのかを私たちに伝えることでその問題を解決するために彼女がヨーロッパから帰ってくるまで，さらに三週間待たなければならなかった」

代名詞 another の語法を問う問題。〈another＋数詞＋複数名詞〉で「さらに～，あと～」という意味になる。イを another にすると正しい英文になる。

4．「昨年は15人の報道記者が私たちの記者会見に出席したが，今年は，広報部の努力の結果，その倍の数の記者が出席した」

比較の倍数表現を問う問題。〈倍数表現＋as many＋可算名詞〉の形で表す。よって，ロを twice as many（reporters）とすれば正しい英文になる。

5．「初めてジムに会ったとき，彼は会話の中でほとんど何も話さず疑い深い人に見えたため，どの程度彼のことを信頼してよいのだろうかと思った」

to what degree で「どの程度に」という意味の副詞句になるため，ロは正しくは to を使う必要がある。

6．「一般的な日本人消費者の習慣を考慮すれば，日本で高品質の製品を販売することは，低価格の商品を販売することよりも，時として大変容易なことである」

比較級を強調する方法を問う問題。比較級を強調するのにニのように very を使うことはできず，much や far を使う必要がある。

7．「私の両親は，私に法学ではなく医学を学ぶべきだと言い張ったが，最終的に私は研究テーマとして後者（＝法学）を選ぶことになった」

end up の語法を問う問題。end up *doing*「最後には～することになる」また，the latter「後者」，the former「前者」という表現も併せて覚えておきたい。

8．「私が百貨店で新しい靴を探し求めていたとき，丁寧な従業員が私の背後から話しかけてきた」

address の語法を問う問題。address は他動詞であるため，ハのように前置詞は不要。address「（人）に話しかける」

Ⅳ 解答

A．(1)―ロ B．(2)―イ C．(3)―ハ
D．(4)―ハ E．(5)―ニ F．(6)―イ

◆全 訳◆

A．≪眼鏡を探す妹≫

妹：ねえ！ 私の眼鏡，持って行ってない？ どこにも見当たらないんだけど！

兄：そんなにわめいて，僕にどうしてほしいんだい？ 君の眼鏡に触れてもいないよ。

妹：じゃあ，いったいどこにあるの？ 学校に遅れちゃうわ！

兄：鏡を見てみるといいよ。

妹：あら！ ごめんなさい！ とっても急いでいたから，眼鏡をかけてることに気づかなかったわ！

B．≪入る部活に悩む二人の会話≫

ヴィヴィアン：何部に入ろうと思っているの？ 私はテニス部にしようかと思っているわ。

ルカ：そうね。楽しそうね。きっと私もその部活に入ると思うわ。

ヴィヴィアン：今までにそれをしたことはあるの？

ルカ：ないわ，でも私は本当に体を動かしたほうがいいと思うの。

C．≪息子の就職を祝う父親≫

父：就職おめでとう。仕事初日はどうだった？

息子：お父さん，ありがとう。うまくいったけど，覚えることがとてもたくさんあるんだ。

父：心配しなくて大丈夫さ。本当に，日々の業務にすぐに慣れると思うよ。

息子：僕もそうなればいいと思っているよ。ただ上司を怒らせたくないんだ。とってもまじめな人なんだよ。

D．≪ポーの作品に関する会話≫

ユリコ：あなたがエドガー=アラン=ポーにはまってるって聞いたんだけど。それって本当？

サマンサ：ええ，その通りよ。特に彼の詩が好きなのよ。

ユリコ：私もなの！ ずっと『大鴉』が大好きなの。好きな詩は何なの？

サマンサ：お願いだからそれは聞かないで！　たった一つを選ぶことなんてできないわ。

E．≪東京と北京の近さに驚く二人の会話≫

チェンさん　：こんにちは。やっとお会いできて嬉しいです。飛行機の旅はいかがでしたか？

ヤマモトさん：こちらこそ，お会いできて嬉しく思います。空の旅は順調であっという間でした。東京と北京がこんなに近いということをいつも忘れてしまいます。

チェンさん　：そう，飛行機でほんの数時間ですね。私自身もよく北京と東京を行ったり来たりするんです。

ヤマモトさん：中国は素晴らしいところですね。ご招待ありがとうございます。

F．≪娘が電車で寝過ごすことを心配する母親≫

母親：明日テストがあるって，いちいちあなたに言わなくてもいいわよね。

娘　：わかってる，わかってる…でもこの映画だけは見てしまいたいの。

母親：夜更かしすると，朝しんどいわよ。

娘　：大丈夫，電車で寝るから。

母親：お母さんはそれを心配しているのよ。

◀解　説▶

A．(1)空所の次の妹の発言から，妹が眼鏡をかけていたことがわかる。それに続く発言としては，妹に対して鏡を見ることを勧めているロが最も適切である。

B．(2)二人の会話から，入る部活が運動部であることがわかる。そうなると，イのテニスかロの水泳だが，ヴィヴィアンの2番目の発言に play とあることから，イが正解となる。

C．(3)「覚えることがたくさんある」と不安を漏らした息子に対して，父は空所の後で「すぐに慣れるさ」と励ましていることから，同様に励ましている内容のハが適切である。

D．(4)サマンサがポーの詩が好きだと述べて，ユリコもポーの作品である『大鴉』が好きだと言っていることから，ハ．「私も！」が正解となる。

E．(5)空所の前のヤマモトさんの発言の「東京と北京が近い」という内容から，距離が近いことに関する内容のハとニが答えになりうるが，東京と北京の間が数マイルであるはずがないため，正解はニとなる。
F．(6)空所の後に「朝しんどくなってしまう」とあることから，イ.「夜更かしすると」が正解となる。stay〔sit〕up late「夜更かしする，遅くまで起きている」

V　解答　(1) choice　(2) due　(3) from　(4) into　(5) points

◆全　訳◆

≪『秋に寄せて』のベイトによる批評≫

ロンドンで育ち，時折旅をすることを通して自然と触れ合ってきたイギリスの詩人，ジョン=キーツは，一年の中で最も実りの多い季節を祝して，1819 年に『秋に寄せて』を書いた。文芸評論家のジョナサン=ベイトは，この有名な詩の最新の解釈において，生命と言語を切り分けることについて異論を唱えている。『秋に寄せて』は「天気と共に生きる」ことに関する詩であり，それは私たち人間が天気と共に生きる以外の選択肢を持っていないこの地球温暖化の時代に当てはまるように思える。

ベイトは，その詩を 1815 年に発生したインドネシアのタンボラ火山の噴火という背景に当てはめて論じている。その噴火は，噴火によって大気中に放出された火山塵が太陽光を遮り気温を低下させることによって，悪天候と凶作を 3 年間にわたってヨーロッパのほぼすべての国にもたらした。肺がんを患っていたキーツは，その 3 年間の後におとずれた実り豊かな温暖な気候を享受した。

ベイトはこの詩を，群集生態学の基本法則に対する洞察を与えてくれる「ネットワーク，つながり，きずな，類似性」の精緻に整えられた生態系であると呼んでいる。農夫のキーツは，例えば，秋を表す比喩として，偶然だれにも見つけられないまま育つ野生の花の香りによって安らかな眠りに落ちてしまうこと，という表現を用いている。これは，生態系の存続において必要不可欠な生物多様性の重要さを強調している。ベイトが指摘するところによると，『秋に寄せて』はキーツの他の詩とは異なっている。それは，この作品は芸術的・理想的な描写をしようとしているというよりはむしろ，その詩の中において，自然が互いに影響し合う様子を具体的に表現しているからである。

◀解　説▶

(1)空所の前にhave noがあり，空所の直後はbut to liveがあることから，choiceを入れて，have no choice but to *do*「～するしか選択の道がない，～せざるを得ない」という表現を作る。

(2) to以下が空所の直前に書かれている悪天候と凶作の理由になるため，空所にdueを入れて，due to～「～のために，～が原因で」という表現を作る。

(3) sufferの語法を問う問題。suffer from～「～を患う，～に苦しむ」

(4) insightの語法を問う問題。insight(s) into～「～に対する洞察（力）」

(5) that以下で，評論家であるベイトが『秋に寄せて』の内容に関する批評を行っていることから，「指摘する」といった内容の動詞が入ることがわかる。副詞outを伴って「指摘する」という意味になる動詞はpointであるが，三単現のsをつけてpointsにする必要がある。point out that S V「SVということを指摘する」

❖講　評

大問5題の出題であった。2022年度はⅠ・Ⅱが長文読解，Ⅲが文法・語彙，Ⅳが会話文，Ⅴが比較的短い文章の空所補充の出題だった。

読解：Ⅰ・Ⅱは，どちらも英国内の事象に関する内容の英文であった。Ⅰは電話による時報に関する内容であったが，電話による時報の存在や，電話番号の数字がアルファベットに対応している（していた）ということを知っている受験生は最近ではそう多くないと考えられるため，読んでいて英文の内容をイメージできなかった受験生は少なくないだろう。Ⅱは自然環境の保護に関する内容で，テーマとしては頻出のものであったが，英国の地名や生き物の名前などの固有名詞がいくつも出てきたため，こちらもやや読みにくいものであった。出典がイギリスの『ガーディアン』という新聞で，知識層を読者として想定して書かれている新聞でもあるため，受験生にとって難解であるのは仕方がないとも言える。また，比較的平易ではあるが，字数制限（35字）のある英文和訳が出題された。Ⅰ・Ⅱともに，多くの設問で解答の根拠を探すべき段落が指定されていたり，ポイントとなる単語が示されていたりするため，必要な情報を探しながら根気強く読むとよい。

文法・語彙：Ⅲは文法・語法の知識を問う問題で，2020・2021 年度は空所補充の形式であったが，2022 年度は誤り指摘の形式であった。難易度は標準的である。

会話文：Ⅳは短い会話文が 6 題出題され，すべて脱落文の空所補充という形式だった。使われている文法や語彙は標準的なものなので，会話の流れを正しくとらえることが重要である。

読解：Ⅴは比較的短い文章の空所に適語を入れる記述式の出題で，内容はⅠ・Ⅱと同様，英国に関するもの（英国の詩人とその評論家）であった。文学批評に慣れていない多くの受験生にとっては，英文自体はやや難解であったかもしれないが，空所のある部分に関連する基本的な英語表現や語法を正しく理解していれば解ける問題であった。

日本史

I　解答

A．(イ)—d　(ロ)—a　(ハ)—b

B．〈あ〉高向玄理　〈い〉飛鳥浄御原　〈う〉令集解
〈え〉金剛峰寺　〈お〉綜芸種智院　〈か〉醍醐　〈き〉藤原元命
〈く〉金沢　〈け〉吾妻鏡　〈こ〉大村純忠

C．1—c　2—b　3—d　4—b　5—a

D．前期には玉・鏡のような呪術的・宗教的色彩が強いものが多かったが，中期になると馬具・武具のような実用的なものが多くなった。(60 字以内)

◀解　説▶

≪原始・古代～近世の政治・外交・文化≫

A．(イ)d．楽浪郡は前漢の武帝が紀元前 108 年に設置した。

(ロ)a．式部省は古代の教育行政を担当したほか，文官の人事も司った。これに対し，武官の人事を司ったのは兵部省である。

(ハ)a．『犬筑波集』は山崎宗鑑が編纂した俳諧連歌集。c．『山家集』は西行の歌集。d．『新古今和歌集』は後鳥羽上皇の命で撰上された八代集最後の勅撰和歌集である。

B．〈い〉飛鳥浄御原令は天武天皇のときに編纂が始まり，持統天皇のときに施行された。

〈う〉『令集解』は惟宗直本らが編纂した養老令の私撰注釈書で，令の解釈を集大成したものである。これに対し，清原夏野らは養老令の解釈を公的に統一するために官撰注釈書として『令義解』を編纂し，833 年に完成した。

〈お〉「庶民に対して」がヒント。綜芸種智院では儒教・仏教・道教などの典籍を教えた。

〈こ〉大村純忠は肥前大村の領主で，1580 年に長崎を教会に寄進した。1563 年に洗礼を受け，日本最初のキリシタン大名となった。

C．1．「77.4 万年前から 12.9 万年前」は，地質学では更新世の中期にあたる時期で，文化史的には旧石器文化の時代である。

a．不適。黒曜石製の鏃が作られたのは，新石器文化が展開した縄文時代のこと。

b．不適。更新世中期の人類は原人の段階である。静岡県で発見された浜北人骨は新人段階の化石人骨と考えられている。

d．不適。磨製石器の使用は，完新世の新石器時代に入ってからである。

2．b．『性霊集』は空海の漢詩文集で，弟子真済が編纂した。aの『経国集』は淳和天皇，c・dの『文華秀麗集』と『凌雲集』は嵯峨天皇の命でそれぞれ撰上された勅撰漢詩集である。

3．和気氏の弘文院のほか，大学別曹として在原氏は奨学院，橘氏は学館院，藤原氏は勧学院を設置した。

4．aは中宮寺の「天寿国繡帳」で飛鳥文化。bは教王護国寺の「両界曼荼羅」（「真言院曼荼羅」）で弘仁・貞観文化。cは正倉院の「鳥毛立女屏風」で天平文化。dは「高松塚古墳壁画」で白鳳文化。

D．副葬品の変遷・推移について求めているので，被葬者の性格までは言及しなくてもよいだろう。副葬品の性格が「呪術性の強いもの」から「実用的・日用的なもの」に推移した点に触れる。なお，副葬品の推移は，被葬者の性格が司祭者的なものから武人的なものへと変化したことを示している。

II　解答

A．(イ)私塾　(ロ)小林一茶　(ハ)活版
(ニ)民撰議院設立の建白書　(ホ)大学令　(ヘ)日本文学報国会
(ト)学徒出陣　(チ)大岡昇平　(リ)手塚治虫

B．1－c　2－b　3－a　4．森有礼　5－c　6．中里介山
7．矢内原忠雄　8－a　9－d　10．i－d　ii－a　iii－c　iv－b

◀解　説▶

≪近世～近現代の政治・外交・文化≫

A．(ハ)本木昌造が鉛製活字を考案したことによって，木版印刷から活版印刷への転換が進んだ。

(ニ) 1874年に太政官左院に提出された「民撰議院設立の建白書」が，ブラックが主宰した新聞『日新真事誌』に掲載された。

(ヘ)日本文学報国会は徳富蘇峰が会長となり，戦争賛美を主張する文学活動をすすめた。

B．1．a・b・dはいずれも松平定信による寛政の改革の内容である。

2．a・dはいずれも元禄文化期の事象である。cは宝暦・天明期の文化。

3．i．正文。適塾（適々斎塾）からは，のちに近代軍制を創始した大村益次郎や安政の大獄で刑死した橋本左内らも輩出した。

ii．正文。明六社は森有礼が中心となって1873年に発足した。

4．森有礼は第1次伊藤博文内閣の文相で，1886年に帝国大学令・師範学校令・中学校令・小学校令の諸学校令を公布した。

5．a．適切。『貧乏物語』は1917年に刊行された。

b．適切。いわゆる普通選挙法は1925年，加藤高明内閣のときに公布された。

c．不適。社会民主党は1901年に結成されたが，1900年公布の治安警察法によって2日後に結社禁止となった。

d．適切。新婦人協会は1920年に結成された。

6．中里介山の『大菩薩峠』は，大衆文学興隆の嚆矢となった。

7．矢内原忠雄は『帝国主義下の台湾』などで大陸政策を批判したが，「国家の理想」が反戦思想として右翼などから攻撃され，1937年に論文が削除処分となり職を辞した。

8．a．1945年4月1日のこと。

b．1944年11月である。

c．1944年7月である。

d．1944年10月のことである。

9．d．誤文。任命制ではなく，公選制が正しい。

10．aは1964年で第3次池田勇人内閣のとき，bは1968年で第2次佐藤栄作内閣のとき，cは1965年で第1次佐藤栄作内閣のとき，dは1960年で第2次岸信介内閣のときである。

❖講　評

Ⅰ．原始・古代～近世の政治・外交・文化に関する混合問題。A・Bの空所補充問題は選択・記述ともに教科書レベルの良問であった。難しい漢字もないので，誤字などケアレスミスがないよう心掛けたい。Cの選択問題は全体的に文化史の比重が大きいが，暗記力で解ける標準問題が多かった。Dの論述問題で点差がつくと思われるが，全体的に平易なレベルである。出題者が何を求めているかを的確につかみ，それに対応する文章をいかに簡潔にまとめるかが分かれ目となる。

Ⅱ．近世～近現代の政治・外交・文化に焦点を当てた混合問題である。A．空所補充問題は(イ)・(ハ)・(ヘ)・(チ)がやや難しいが，それ以外は基礎中の基礎が問われているので失点は避けたい。B．2はb・cどちらが該当するか的確に判断する必要がある。6も点差が開く問題である。7は河合栄治郎と混同しやすい。8は一見詳細な年代暗記が必要かと思われるが，沖縄戦に関して「アメリカ軍が沖縄本島に上陸」したのが1945年と知っていればb・c・dの年代を知らなくても正解にたどりつける。10．戦後外交史を学習する際に必ず登場する基礎知識なので，西暦年代のチェックは必須である。

世界史

I

解答 A．(イ)ダレイオス１世 (ロ)オクタウィアヌス
(ハ)グロティウス (ニ)ラーマ５世（チュラロンコン）

B．１―c ２．彩陶（彩文土器） ３―e ４―b
５．トリボニアヌス ６―a
７．明の皇帝に貢物を差し出すのを機に，入国と交易を認める形式。
８―c ９―c 10．グレゴリウス暦 11．天朝田畝制度
12．ポンド=ブロック（スターリング=ブロック） 13―e
14．天安門事件

◀解 説▶

≪法制度の歴史≫

A．(ロ)プトレマイオス朝エジプトは，アントニウスと結んだクレオパトラがオクタウィアヌスの率いるローマ軍にアクティウムの海戦で敗れ，滅亡した。

(ニ)リード文にある「シャム」とは，ヨーロッパ人やラタナコーシン朝によって用いられていた国号。1939年に現在の「タイ」に改められた。ラーマ５世（チュラロンコン）は，シャムの近代化を推進した。

B．１．c．正文。『新約聖書』はヘレニズム世界の公用語とされたコイネー（ギリシア語の一種）で記された。

a．誤文。「使徒言行録」は，『新約聖書』に収録されている文書で，イエスの弟子である使徒たち（ペテロ・パウロなど）の伝道活動を記録したもの。

b．誤文。『クルアーン』（『コーラン』）は，イスラーム教の神アッラーがムハンマドに下した天の啓示。

d．誤文。『新約聖書』は，イスラーム教の聖典とはされていない。

３．やや難。a．正文。ジャガイモは，アンデス高地が原産地であり，トウモロコシは，メキシコで栽培され，いずれもインカ帝国内においても栽培された。

d．正文。征服者ピサロは，最後のインカ皇帝アタワルパを処刑して反乱

の根を絶った。

4．a．正文。アリストテレスの師はプラトン。彼はイデア論を唱え，イデアが永遠不変の実在である，とした。

b．誤文。ペルシア戦争を記録した『歴史』は，ヘロドトスによって著された。

6．a．誤文。イヴァン4世の祖父であるイヴァン3世は，東ローマ帝国最後の皇帝の姪ソフィアと結婚し，皇帝を意味する「ツァーリ」の称号を使用し始めた。

7．やや難。鄭和の南海遠征は，国家による海禁政策の下で，明の軍事力を背景とした国威発揚と朝貢貿易の拡大を図るものであった。「鄭和が各国に対して求めた朝貢のあり方」は，一点目は明朝へ貢ぎ物を差し出すこと，二点目は明朝への入国と交易を認めてもらうこと，である。

8．やや難。c．誤文。アイルランド自治法案は1886年，1893年と2度にわたって議会で否決され，1914年に議会で可決され成立したが，第一次世界大戦の開戦を受けて実施は延期された。

9．cが正解。フィリピンのマニラ。1571年にスペイン人のレガスピが建設し，スペインの植民地支配の中心地として発展した。aは，ケープ植民地。1652年オランダ東インド会社が築いた。bは，バタヴィア。オランダ商館が作られ，オランダのインドネシア地域支配の中心となった。dは，台湾のゼーランディア城。オランダの東アジア貿易の拠点として1624年に築かれた。

10．グレゴリウス暦は，1582年にローマ教皇グレゴリウス13世によってユリウス暦の改訂版として定められた太陽暦。カトリックによる時間の枠組みとそれによる世界支配を意味しているものであった。

12．「恐慌の影響を抑える排他的な経済圏」は，種々のブロック経済圏のこと。イギリスは，1932年のイギリス帝国オタワ会議により，イギリス本国と自治領間に特恵関税体制を形成し，ポンド払いによる経済圏であるポンド=ブロックを構築し，世界恐慌からの脱却を図った。

14．民主化に理解を示して失脚した胡耀邦の死去や五・四運動70周年をきっかけとしたデモの高まりから，学生らによる民主化運動が起きた。これが武力で抑えられた事件を天安門事件と呼ぶ。

Ⅱ　解答

1．民族自決
2．i．統監府　ii．①―d　②―c　③―b　④―a
3．クウェート　4．i―c　ii―d　5．マッキンリー
6．シュリーヴィジャヤ王国　7―a　8．スカルノ　9―e
10．東ティモール　11．シリア　12．ゴルバチョフ　13．第三次中東戦争
14．イギリス　15．アユタヤ　16―c

◀解　説▶

≪自然災害の歴史≫

1．「民族自決の権利」は，「帝国」や国民国家による少数民族への抑圧を否定し，帝国主義国による植民地支配や他民族の強制的「併合」をも否定し，それぞれの民族の独立・高度な自治を支持したもの。なお，三・一独立運動は，この民族自決の理念に呼応した朝鮮の宗教指導者らがソウルで「独立宣言書」を読み上げるところから始まった日本からの独立運動である。

2．ii．それぞれの事件の年代は，aが1919年，bは1911年から1912年にかけての革命，cは1901年，dは1898年である。

4．i．a．誤文。サヤ=サンの農民運動，タキン党の結成は，ミャンマーにおけるもの。

b．誤文。イダルゴ司祭によるスペインへの抵抗運動は，メキシコで起こった。

d．誤文。フィリピンに対するスペインの植民地支配に抵抗する言論活動がホセ=リサールらによって行われた。

ii．d．正解。aのアギナルドは，アメリカからの独立戦争を戦ったフィリピンの軍人。bのアジェンデは，1973年に殺害されたチリ人民連合政権の大統領。cのマハティールは，1980年代からマレーシア首相を務め，同国の経済成長をリードした政治家。

6．リード文の「スマトラ島」や設問文中の「7世紀」「港市国家群」からシュリーヴィジャヤ王国が導ける。

7．やや難。ヴァスコ=ダ=ガマは，dのモンバサでは現地人の襲撃を受けたがcのマリンディでは歓迎され，アラブ人水先案内人を雇ってインド洋を横断し，インド西岸にあるbのカリカットに達した。したがって，aのアデンには立ち寄っていない。

9．やや難。aのジョホールは，マレー人が建国したイスラーム王国。bのバンテンは，ジャワ島に成立したイスラーム王国。cのマカッサルは，スラウェシ島南部の香辛料貿易で栄えた貿易港中心のイスラーム王国。イスラーム教のゴワ王国などと連合して形成された。dのマラッカは，マレー半島の港市に成立した東南アジア最初のイスラーム王国。

10．もともとポルトガル植民地であった東ティモールでは，1974年のポルトガルのカーネーション革命後にポルトガルからの独立運動が激化。ポルトガル本国が撤収する中，東ティモール民主共和国が独立宣言を発した。しかし，隣国のインドネシアが1976年に東ティモールを併合。ここから始まったインドネシアからの独立戦争は，オーストラリア・国際連合などの介入を経て，2002年の正式独立まで続いた。

12．ゴルバチョフは，1985年にソ連共産党書記長に選出されたが，その翌年の1986年にチェルノブイリ原発事故が発生した。

13．イスラエルは，第三次中東戦争によってヨルダン川西岸地区・ガザ地区のほか，シナイ半島・ゴラン高原を占領した。

14．第一次世界大戦後，イギリスは旧オスマン帝国の領地のうち，イラク・トランスヨルダン・パレスチナの地域を委任統治領とした。トランスヨルダンについて，イギリスは，1946年に独立を承認した。

16．バングラデシュは，1947年にパキスタンがイギリスから独立した時点においては，「東パキスタン」と呼ばれるパキスタンの一地域だったが，西パキスタン優位の政策に不満をつのらせ，インドの支援を得た独立戦争の結果，1971年に独立国家となった。

❖講　評

Ⅰ．法制度の歴史をテーマに，時代は古代文明から近・現代全般にわたり，地域も，西アジア・ヨーロッパ・南アメリカからアジア全般にかかわる幅広い出題であった。記述式の設問は全般的に標準レベルであるが，A．㈡は詳細な年代的知識を背景にした難問であった。B．1は，宗教聖典の内容の理解を問う設問。7は，鄭和が各国に求めた朝貢のあり方を説明するという論述問題で，簡潔な解答が求められるやや難な問題であった。9は世界地図をもとにして地理的に正確な理解を求める設問であった。日頃から教科書や図説などの資料に目を通しつつ，学習を進めよう。

Ⅱ．自然災害・原発事故の歴史をテーマに，時代は近・現代（中でも 20～21 世紀）が数多く出題され，地域は，主として西アジア・東アジア・東南アジアからの出題となっている。記述式の設問は全般的に標準レベルであるが，選択法では 7・9 が判断しづらくやや難しかったのではないか。同じく選択法の 16 は，バングラデシュ独立の年代を問う設問となっていた。現代史も含めて年代の知識や地理的に正確な理解を求める設問もみられ，立教大学らしい出題と言えよう。

文章なので、漢字や言葉遣いに見慣れないものもあったかもしれない。(A)・(B)・(C)の(a)の知識問題は見当もつかなかった受験生もいたかと思われる。

二の漢文は白居易の漢詩からの出題。漢詩だけなので動揺した受験生もいるかもしれないが、共通テストレベルの漢文に慣れた人であれば全体的に内容は平易で、注を参照して読み解けるレベルである。(A)「訖」は標準レベルとして教科書などに載っているものではないので難しい。(E)は漢詩の押韻の知識で解ける。

三の古文は紫式部『源氏物語』からの出題で、敬語や話の流れから丁寧に主体を判定しながら読み進める必要がある。さらに今回は〈光源氏の行く先を知りたくて、頭中将が変装までして後をつけてきた〉という場面が想像できるかが難しい。また現代語訳を含め、単語や文法の知識だけで解ける問題もあるが、基礎的な知識では解けない問題もあるので全体的な難易度としてやや難である。

のがよい・～ませんか・～したらどうだ〟の意味。

(J)「さればよ」は慣用表現で〝思ったとおりだ、やっぱりだ、やっぱりね〟の意味。〔解答〕は七字以内という字数条件を考慮して「思ったとおりだ」としたが、「やっぱりだ」などでもよいだろう。

(K)名詞「人分き」は〝人によって差別し、態度を変えること〟。単語の意味から合致するのは3か5になるが、3の選択肢は、光源氏が姫君によって態度を変えていることを本文から読み取ることができないので不適切である。頭中将は、はぐらかすようなはっきりしない光源氏の返答を聞いて、姫君が光源氏には返事を送ったと思い込んで「人分きし」ているると姫君に対して思ったのである。そう解釈することで直後の「いとねたし」にもうまくつながる。

(L)(イ)助動詞「けり」には、①過去〝～た、～たそうだ（伝聞した過去のことを回想する＝間接経験の回想）〟、②詠嘆〝～たことだなあ（過去から現在まで続いている事実を永続的に表す）、なんと～であったことよ（今まで気づかなかったことに驚く気持ち）〟の意味がある。今回は、立っている男の正体が頭中将だと判明した「けり」なので、気付きを表す②の意の詠嘆が正解である。

(ロ)「分か」は、四段活用動詞「分く」の未然形である。未然形に接続する「ぬ」は打消の助動詞「ず」の連体形である（完了の助動詞「ぬ」の場合は連用形に接続する）。

(ハ)連用形に接続する「にけり・にき・にたり・にけむ」の「に」は、完了の助動詞「ぬ」の連用形である。

❖講　評

例年通り現代文・古文・漢文の三題を解く形式であった。

一の現代文は和辻哲郎「城」からの出題で、文章量は短く比較的読みやすい。設問の量も標準的で解きやすいと思われるが、筆者の「城」を代表とする文化に対する姿勢を正しく読み取り、選択肢の言い換えなどに気を付けないと点を落としてしまうので注意したい。(G)や(I)では細かい部分までの正確な読解力が求められている。一九三五年に書かれた月)」とは満月（十五夜の月）を過ぎた月で空に出てくるのがやや遅く、山の裏側に入って隠れるのもやや遅くなる。「入る方見せぬいさよひの月」とは〝入る場所（山）を見せない十六夜の月〟の意味で、〈行く先を知らせない人〉ということになる。この和歌を詠んでいるのは頭中将で、頭中将にとって行く先がわからず気になって後までつけてきた相手は光源氏である。

(F)　「恨む」は「み／み／む／むる／むれ／みよ」と活用するマ行上二段活用の動詞。四段活用と間違えやすいので注意。「恨む」には四段活用「ま／み／む／む／め／め」もあるがそれは近世以降の用法であるし、今回の「恨むる」は四段活用にはない。

(G)　形容詞「をかし」には〝①興味深い・おもしろい、②美しい・かわいい、③滑稽だ・おかしい〟などの用法があるが、ここは〈正体不明であった男の正体は、自分の行く先を知りたくて変装までして後をつけてきた頭中将だった〉と源氏が気付いたとき（問(B)の(c)解説参照）の気持ちであるから、③の意味で解釈できる。

(H)　光源氏から頭中将に対して「憎む憎む」詠んだ返歌である。「行く月（＝いさよひの月）」は光源氏であり、「いるさの山」は光源氏の行き先（＝私の行き先）を表している（問(E)解説参照）。「誰か」の「か」は反語で解釈する。あとをつけてきた頭中将に〝だれが探りに来るのか、いやだれもこんなことをしない〟と批判めいたことを言っているのである。直訳ではないが後をつけてきた頭中将に対する「憎む憎む」気持ちとして成立するのは2である。1は「どこ」、3は「誰に尋ねている」、4と5は「あなたの行き先」が不可。

(I)　動詞「おくらす」＝〝(人を)あとに残す〟と打消の接続助詞「で」＝〝～ないで〟の意味が正しく理解できていたら正答できる問題。傍線部(8)は会話の内容「随身から…べけれ」「おし返し…たてまつる」から頭中将の発言であると判断する。「せ／たまは」は尊敬の助動詞「す」連用形＋尊敬の補助動詞で高い尊敬を表すので、「おくらさせたまはで」の動作の主体は光源氏である。主体が光源氏ならば、あとに残された人は頭中将だとわかる。訳は〝光源氏は私（＝頭中将のこと）をあとにお残しなさらないで〟と解釈できる。「め」は適当勧誘の助動詞「む」の已然形で〝～

択肢1・3。②に当てはまるのは選択肢5。リード文で「…姫君に興味を持った光源氏が」とあることから、ここは②の意味で解釈したい。古文の世界では貴族の男性が、よその家の様子をうかがっていたら、中にいる女性の様子をうかがっているパターンが多いので覚えておこう。

(B) (a)リード文から光源氏は部屋から外に出て帰る場面であるとわかる。本文一・二行目から〈立っている男＝頭中将〉だと判明している。「我も…うかがひけり」とあり、立って様子をうかがっているのは頭中将だと解釈できるので、「我」＝頭中将である。

(b)本文四行目までで〈頭中将が粗末な装いに変装して光源氏のあとをつけてきた〉ことがわかる(問(B)の(a)解説参照)。第二段落一行目で「君」はその頭中将を「誰とも…（＝だれとも見分けなさることができない）」人物であるから、「君」＝光源氏だと考える。

(c)光源氏にとって正体不明の人物(問(B)の(b)解説参照)が近付いて和歌を詠みかけてきた場面である。近付いたその姿や声、和歌の内容を踏まえて「この君（＝頭中将だ）」と光源氏が理解しているはずなので、「この君」＝頭中将である。

(C) 二重傍線部(b)の「君」は光源氏を指しており、正体不明の男を見かけて(問(B)の解説参照)、「我と知られじ」と思ったのである。「我」＝光源氏である。その後の「ぬき足に歩みのきたまふ」という、〈その場を立ち去る光源氏の行動〉からも3が正解だとわかる。

(D) 頭中将が光源氏に対して詠んだ和歌である。「もろともに」は副詞〝一緒に・みんなそろって〟の意味。「大内山」はもとは地名だったが、ここでは「内裏」＝〝皇居・宮中〟を指す。知識として知らなくても、本文二行目「内裏よりもろともにまかでたまひける」から〈頭中将と光源氏が一緒に宮中から退出している〉ことをおさえて判断できるとよい。

(E) 月をだれにたとえているのか答える問題で、和歌ではよくある手法なので注意したい。「いさよひの月（＝十六夜のどこの里も分け隔てなく照らす月の光を眺めることはあるけれど、その月が入って行く入佐山を探るように、行き先を尋ねてゆく人がいるだろうか、いやいないだろう。

（頭中将は）「こんなふうに私がつけ回したら、どうなさるおつもりか」と申し上げなさる。（さらに続けて）「まじめな話、こういうお忍び歩きには、お供によって頼りになることもあるだろう、（私を）あとに置いていきなさらないでいるのがよい（＝誘ったらどうですか）。身をやつしてのお忍び歩きは、軽率なこともきっと起こるだろう」と（文句を言っているはずの光源氏を）逆にやり込めて忠告し申し上げる。（中略）

その後、こちらからもあちらからも（＝光源氏からも頭中将からも）（姫君に）手紙などをおやりになるに違いない。どちらにも返事は見えず、（姫君の気持ちが）はっきりせずおもしろくないので、あまりにもひどくもあることよ、そのような暮らし（＝父を失って荒れ果てた屋敷で寂しく暮らす）をしている人は、物の情趣を知っている様子を、ちょっとした木や草、空の様子につけても、風流なこととして和歌などを詠むことなどをして、（その人の）心もちが自然と察せられる折々があるならばしみじみといとしく思うだろうに、重々しく落ち着いているとしても、たいそうこのように引っ込み思案でいるのはおもしろみがなく感心しない状態である、と頭中将は（光源氏にも）ましてじれったく思った。いつものように（光源氏に対しては）距離をおき申し上げなさらない性分によって、（頭中将は）「（姫君からの）しかじかの返事はご覧になったか。（私は）試しに求愛の気持ちをほのめかしていたが、返事をもらえなくて気まずい思いをして終わってしまった」と嘆くので、（光源氏は）思ったとおりだ、（頭中将は姫君に）言い寄ってしまったのだなあ、と思わず微笑んで、（光源氏はしらばっくれて）「さあどうだか。（姫君からの返事を）見たいとも思わないからだろうか、見るということでもない」とお答えになるのを、（頭中将は光源氏が姫君から返事をもらったと思って、姫君が）人によって態度を変えたのだと思うにつけてもたいそういまいましい。

◀解　説▶

(A)　「すき者」は〝①物好きな人、風流人。②好色な人、男女の情緒を解する人〟である。①の意味に当てはまるのは選

(J)　思ったとおりだ（七字以内）

(K)　5

(L)　(イ)－4　(ロ)－1　(ハ)－5

◆全　訳◆

（光源氏が）透垣がほんのちょっと折れ残っている物陰の方にお立ち寄りになると、前からそこに立っている男がいたのだった。（光源氏は）だれだろう、姫君に思いを寄せている好色者がいたのだなとお思いになって、物陰に寄り添って姿をお隠しになると、なんと（立っている男は光源氏の親友の）頭中将なのであった。（頭中将は）この夕方、宮中から一緒に退出なさった（光源氏が）、そのまま（妻のいる）左大臣邸にも立ち寄らず、（自邸の）二条院へでもなく、別れて行きなさったので、（頭中将は光源氏が）どこに行くのだろうと、穏やかでいられなくて、（頭中将）自身も行く先はあるけれど、（光源氏の）後をつけて様子をうかがったのだった。みすぼらしい馬に（乗って）、狩衣姿の無造作な風体で来たので、（光源氏は）お気づきになれないが、そうはいってもやはり、（頭中将は光源氏が）こうして（姫君の住む寝殿ではなく）違う所（＝命婦の部屋）に入りなさったので、合点がいかないと思ったところに、（邸内から聞こえてくる）琴の音を立ち聞きしているうちに、（光源氏が）お帰りになるため出ていらっしゃるかと、心待ちにしたのであった。

光源氏は、（その立っている男を）だれとも見分けなさることができないで、自分（＝光源氏である）とは知られないようにしようと抜き足でお立ち退きになる所に、（その男が）すっと近寄ってきて、「（光源氏が私のことを）置き去りなさった恨めしさで、（ここまで）お見送り申し上げたのですよ。

（私と光源氏は）一緒に宮中を退出したのに、入る先を見せない十六夜の月のように、（光源氏は）行く先をくらましなさった」

と恨み言を言うのもいまいましいが、（光源氏は）それが頭中将だと見ておわかりになると、少しおもしろおかしくなった。（光源氏は）「人が考え付かないこと（をしてくださる）よ」とひどく憎らしがり、（返歌をした）

(E) 漢詩の偶数句末であるから押韻している。他の偶数句末の音読みは「en」または「in」であるから、「便」が末にくる4が正解。それぞれの意味は、1「健康」＝〝病気にかからず元気な状態〟、2「少壮」＝〝若くて元気いっぱいなこと〟、3「美麗」＝〝美しいこと〟、4「軽便」＝〝手軽に扱えて便利なこと〟、5「安泰」＝〝なんの危険もないこと〟である。

(F) 4が内容と合致する。1は「自らの努力…必要であること」が本文にはなく、白居易は努力をそれまでもしていない。2はもともと薬の服用はしていない（問(B)解説参照）ため合致しない。3の「飲食の度を越さないようにしてきたおかげ」は傍線部(3)の前の句〜傍線部(4)の前の句の内容と合致しない（問(C)・(D)解説参照）。5の「苦しんであの世へ行った」「心がかき乱される」は本文に書かれていない。

三

出典 紫式部『源氏物語』〈末摘花〉

解答

(A) 5

(B) (a)―4 (b)―1 (c)―4

(C) 3

(D) 1

(E) 3

(F) 2

(G) 4

(H) 2

(I) 2

詩は五臓の神を役し　酒は三丹田を汨る
日に随ひて合に破壊すべし　今に至るまで粗完全なり
歯牙は未だ欠落せず　肢体は尚ほ軽便なり
已に第七秩を開き　飽食仍ほ安眠す
且つ盃中の物を進め　其の余は皆天に付す

▲解　説▼

(A)　「訖」は「つひニ」と読むが、標準的な知識ではないので難しい。旧友たちがみんな死んでしまったという文脈と、「一たび病んで…痊えず」という形から判断したい。

(B)　1の酒は傍線部(4)の前、二十四句で口にしているとわかる。3の腥羶は4の葷与血と同様の〝肉などの食べ物〟を指しており（注10・12参照）、傍線部(3)の後の十九句で口にしている。5の熱物はその二句後の二十一句で口にしていると書かれている。口にしていないものは2の秋石である。秋石は「微之」が錬ったものであり、その後「唯予不服食」（私は服用しなかった）とある。

(C)　直後の「但耽葷与血」以下の内容（肉食を好み、その時の欲のおもむくままに飲食、飲酒する）につながるものを選ばないといけない。「嗜慾」とは〝あることを好み、欲するままにそれをしようと思う心〟で、「牽」は〝ひきつける、引っ張る〟の意。「牽引」という熟語から連想してほしい。「為」にはいろいろな読みと意味があるが、〈為＋目的語＋述語〉のとき「為」と読み〝～のために・～に〟と解釈することが多く〝「目的語」の為に「述語」〟の語順で解釈する。正解は3「亦た嗜慾の為に牽かる」＝〝やはり嗜慾にひかれて〟になる。

(D)　傍線部(3)の前の句から傍線部(4)の直前の句までで、作者が健康を顧みない生活をしてきたことがわかるため、傍線部(4)の内容は〝当然身を滅ぼす〟といった方向性になる。そして、傍線部(4)の直後に「至今…」＝〝今に至るまでまだほとんど健康だ〟とあるため、逆接の「なのに」を含む、1「当然身を滅ぼすはずなのに」が正解になる。

ただ私だけは服薬などはせず　年を取ってもかえって生きながらえている
まして若い時などは　やはり嗜欲にひかれて
ただ肉を食べることに夢中になり　丹薬を錬る薬剤もわからず
飢えがきたら熱いものを（さまさずにそのまま）飲み　のどの乾きがきたら冷たい水を飲む
詩は五臓に宿る神を使役し　酒は頭部・胸部・腹部を乱す
そうして過ごすうちにきっと（身体を）壊すに違いないが　今に至るまでまだほとんど健康だ
歯は未だに欠けておらず　両手両足は容易（に動かすことができるの）だ
すでに七十歳までの十年間（六十代）となり　たくさん食べて安眠する
そのうえ盃に入っている酒を進めて（飲み）　その他のことはすべて天にゆだねる

読み　間日一たび旧を思ふ　旧遊目前の如し
再び思ふに今何くに在る　零落下泉に帰せり
退之は硫黄を服すれども　一たび病んで訖に痊えず
微之は秋石を錬りしも　未だ老いずして身溘然たり
杜子は丹訣を得て　終日腥羶を断つ
崔君は薬力に誇り　冬を経て綿を衣ず
或いは疾み或いは暴かに夭し　悉く中年を過ぎず
唯だ予服食せず　老命反つて遅延なり
況んや少壮の時に在りて　亦た嗜慾の為に牽かる
但だ葷と血とに耽り　汞と鉛とを識らず
飢ゑ来れば熱物を呑み　渇し来れば寒泉を飲む

第三段落二〜四行目「江戸時代の…からである」、最終段落四〜六行目「自分にとって…恐れる」から、〈江戸時代の遺構は目立たないものであり、鑑賞者が固有の風土を理解しなければ、鮮明に見えることがなく気付かれないものである〉と読み取れる。

二

出典　白居易「思旧」

解答

(A)　1

(B)　2

(C)　3

(D)　1

(E)　4

(F)　4

◆全　訳◆

暇がある日に一度昔を思い返すと　昔の友人が目の前にいるようだ
また今（その旧友が）どこにいるのか思い返すと　亡くなって黄泉に行ってしまった
韓愈（かんゆ）は硫黄を服用するが　一度病気になってとうとう治ることがなかった
元稹（げんしん）は不死の薬（丹薬）を錬り（服用するが）　まだ老年にならないうちに突然死んでしまった
杜元穎（とげんえい）は丹薬を錬る秘訣を得て　朝から晩まで肉などの生臭い食物は一切食べない
崔玄亮（さいげんりょう）は自分の薬の知識を誇りに思って　冬を過ごすのに綿を着ない（ほど身体が丈夫だ）が
ある者は病気になりある者は突然若くして亡くなり　みな中年期を越えて（生きて）いない

不一致。

(F)　1の後半の「絶対的な…できないものである」、2の「人々を束ねてくれる…かたちにしたもの」はいずれも本文中に記述がない。3は傍線部(2)の段落十・十一行目「巨石運搬…必要である」から〈群衆の力だけではなく、指導者も必要〉だとわかるが、選択肢には「指導者」が含まれていない。また、同段落の後ろから三・四行目「その点…大阪城に及ばない」の「その点」とは石垣を積み上げた「巨大な人力」である。選択肢の「歴史性と圧倒的なスケール」では本文と合致しない。4の「人々に…源泉にもなっている」は本文に記述なし。5は前半が傍線部(2)の段落十・十一行目「巨石運搬…必要である」の内容と合致。後半は同段落最後の二文「しかもそういう…行くのである」の内容と合致している。

(G)　1は最終段落一行目「それぞれの…鑑賞されねばならぬ」から、〈文化の独自性に主眼を置いている〉ことはわかるが「議論を喚起することで」は本文から読み取れない。2は選択肢後半の内容が、3は全体的に本文に記述なし。4は前半が本文の内容と合致しているとは言いにくく、後半は明らかに本文になし。5の前半は最終段落の〈人は、文化産物に対して、時代や風土などを含めた固有な様式を理解しないと、その文化産物の意義がわからない〉という主旨に合致する。後半は第二段落最後の一文「その…行かないのである」の内容と合致する。

(H)　筆者の主張（＝文化に対する正しい態度）は最終段落前半にまとめられている。「それぞれの文化産物が…鑑賞されねばならぬ」「人はそれぞれの…学ばねばならない」のように述べられているので、この二文の主旨を押さえればよい。

(I)　イ、傍線部(2)の段落冒頭に「少し感じは異なるが」とあるので、「まったく違う」が合致しない。ロ、第四段落二重傍線部(イ)前後「巨石運搬の場合には…遺習であるかもしれない」と合致しているように見えるが、「群衆の呼吸を合わせている」ことが遺習であって「豊太閤の威光」ではない。ハ、最後から二つ目の段落波線部(b)の前の二文「街路から…工夫してやるべきである」と合致。ニ、選択肢後半の「まったく異なる…必要がある」は本文に記述なし。ホ、を賛美することはその背景にある封建社会を呼び返そうとすることではなく、その壮大さを賛美しているのである。人は文化産物が持つ固有の様式を理解しなければ、その物をはっきりと認識できず、意義も読み取ることができない。日本の文化の現状がこの段階に留まっているのではないかと恐れている。

◀解　説▶

(A)「隔世の感」とは〝世の中が著しく変化したという感じ〟の意。

(B)「山車（だし）」とは、「お神輿（みこし）」に近いもので、祭りで招く神様の依代（よりしろ）、乗り物となるものである。花や鉾（ほこ）（＝両刃の剣に長柄をつけた刺突のための武器。実用性を失い宗教儀礼の用具とされたもの）などで豪華な装飾が施されていることが多く、台車に乗っていて人が綱を引っ張って動かすもの。著者は〈巨石運搬の際に、群衆の呼吸を合わせて巨石を引っ張った〉ことから、祇園祭の山車を連想したのだと思われる。

(C)(a)「瞥見（べっけん）」とは〝短い時間でざっとみること〟。

(b)「茶番（ちゃばん）」とはここでは〝ばかばかしい、見えすいたものごと〟のこと。

(D)空欄bの直前「刺激的な芸のあとに無言の腹芸を見るような」の言い換えが「[b]の人に接したあとで無為に化する人に逢ったような」なので「刺激的」⇔「無言」のように、〝自然のままで、作為的でないこと〟の意である「無為」と対比的になるものを選べばよい。1、度量が大きく小事にはこだわらない快活なさま。2、才能と容姿がともに優れていること。3、言葉をうまくかざり、とりつくろうことで、これが正解。4、手がかりのないものをあれこれ探ること。5、ずばぬけた実力を持つ人。

(E)1の「近代の様式美が備わった」は傍線部(1)の三つ前の文「その後…以前とさほど形を変えたわけではない」と不一致。2の「ひとつに溶け合う」は傍線部(1)直前の「それが…対立したとき」と不一致。3は第二段落七〜十行目の内容と合致する。4は選択肢の後半が本文に書かれていない内容。5の「視線そのものが相対化され」は本文に書かれていない。また、後半の「西洋的な基準でしか…」は第二段落末「しかし…消し去るわけには行かないのである」と

国語

一

出典 和辻哲郎「城」

解答

(A) 隔世

(B) 山車

(C) (a)―2 (b)―5

(D) 3

(E) 3

(F) 5

(G) 5

(H) 文化の時代や風土に固有の様式を正しく理解し、それに相応の価値観をもって鑑賞し、意義を評価する態度。(五〇字以内)

(I) イ―2 ロ―2 ハ―1 ニ―2 ホ―1

◆要 旨◆

大地震後の東京に西洋の高層建築が立ち並んでいく。以前は気に留めなかった江戸城の石垣や門が高層建築に囲まれ、対立することで偉大な力強さや壮大さが湧き出ている。現代にはない様式美は消えることがない。大阪城の石垣の巨石運搬は群衆の力をひとつにまとめることで可能であり、それを成し遂げた豊臣秀吉の威光は現代にも遺る。また城や街路樹

////////////////////// · memo · //////////////////////

////////////////////// · memo · //////////////////////

2025年版　大学赤本シリーズ

国公立大学 その他

- 171 〔国公立大〕医学部医学科 総合型選抜・学校推薦型選抜※ 医 総推
- 172 看護・医療系大学〈国公立 東日本〉※
- 173 看護・医療系大学〈国公立 中日本〉※
- 174 看護・医療系大学〈国公立 西日本〉※
- 175 海上保安大学校／気象大学校
- 176 航空保安大学校
- 177 国立看護大学校
- 178 防衛大学校 総推
- 179 防衛医科大学校(医学科) 医
- 180 防衛医科大学校(看護学科)

※No.171～174の収載大学は赤本ウェブサイト(http://akahon.net/)でご確認ください。

私立大学①

北海道の大学(50音順)

- 201 札幌大学
- 202 札幌学院大学
- 203 北星学園大学
- 204 北海学園大学
- 205 北海道医療大学
- 206 北海道科学大学
- 207 北海道武蔵女子大学・短期大学
- 208 酪農学園大学(獣医学群〈獣医学類〉)

東北の大学(50音順)

- 209 岩手医科大学(医・歯・薬学部) 医
- 210 仙台大学 総推
- 211 東北医科薬科大学(医・薬学部) 医
- 212 東北学院大学
- 213 東北工業大学
- 214 東北福祉大学
- 215 宮城学院女子大学 総推

関東の大学(50音順)

あ行(関東の大学)

- 216 青山学院大学(法・国際政治経済学部－個別学部日程)
- 217 青山学院大学(経済学部－個別学部日程)
- 218 青山学院大学(経営学部－個別学部日程)
- 219 青山学院大学(文・教育人間科学部－個別学部日程)
- 220 青山学院大学(総合文化政策・社会情報・地球社会共生・コミュニティ人間科学部－個別学部日程)
- 221 青山学院大学(理工学部－個別学部日程)
- 222 青山学院大学(全学部日程)
- 223 麻布大学(獣医、生命・環境科学部)
- 224 亜細亜大学
- 226 桜美林大学
- 227 大妻女子大学・短期大学部

か行(関東の大学)

- 228 学習院大学(法学部－コア試験)
- 229 学習院大学(経済学部－コア試験)
- 230 学習院大学(文学部－コア試験)
- 231 学習院大学(国際社会科学部－コア試験)
- 232 学習院大学(理学部－コア試験)
- 233 学習院女子大学
- 234 神奈川大学(給費生試験)
- 235 神奈川大学(一般入試)
- 236 神奈川工科大学
- 237 鎌倉女子大学・短期大学部
- 238 川村学園女子大学
- 239 神田外語大学
- 240 関東学院大学
- 241 北里大学(理学部)
- 242 北里大学(医学部) 医
- 243 北里大学(薬学部)
- 244 北里大学(看護・医療衛生学部)
- 245 北里大学(未来工・獣医・海洋生命科学部)
- 246 共立女子大学・短期大学
- 247 杏林大学(医学部) 医
- 248 杏林大学(保健学部)
- 249 群馬医療福祉大学・短期大学部
- 250 群馬パース大学 総推
- 251 慶應義塾大学(法学部)
- 252 慶應義塾大学(経済学部)
- 253 慶應義塾大学(商学部)
- 254 慶應義塾大学(文学部) 総推
- 255 慶應義塾大学(総合政策学部)
- 256 慶應義塾大学(環境情報学部)
- 257 慶應義塾大学(理工学部)
- 258 慶應義塾大学(医学部) 医
- 259 慶應義塾大学(薬学部)
- 260 慶應義塾大学(看護医療学部)
- 261 工学院大学
- 262 國學院大學
- 263 国際医療福祉大学 医
- 264 国際基督教大学
- 265 国士舘大学
- 266 駒澤大学(一般選抜T方式・S方式)
- 267 駒澤大学(全学部統一日程選抜)

さ行(関東の大学)

- 268 埼玉医科大学(医学部) 医
- 269 相模女子大学・短期大学部
- 270 産業能率大学
- 271 自治医科大学(医学部) 医
- 272 自治医科大学(看護学部)／東京慈恵会医科大学(医学部〈看護学科〉)
- 273 実践女子大学 総推
- 274 芝浦工業大学(前期日程)
- 275 芝浦工業大学(全学統一日程・後期日程)
- 276 十文字学園女子大学
- 277 淑徳大学
- 278 順天堂大学(医学部) 医
- 279 順天堂大学(スポーツ健康科・医療看護・保健看護・国際教養・保健医療・医療科・健康データサイエンス・薬学部) 総推
- 280 上智大学(神・文・総合人間科学部)
- 281 上智大学(法・経済学部)
- 282 上智大学(外国語・総合グローバル学部)
- 283 上智大学(理工学部)
- 284 上智大学(TEAPスコア利用方式)
- 285 湘南工科大学
- 286 昭和大学(医学部) 医
- 287 昭和大学(歯・薬・保健医療学部)
- 288 昭和女子大学
- 289 昭和薬科大学
- 290 女子栄養大学・短期大学部 総推
- 291 白百合女子大学
- 292 成蹊大学(法学部－A方式)
- 293 成蹊大学(経済・経営学部－A方式)
- 294 成蹊大学(文学部－A方式)
- 295 成蹊大学(理工学部－A方式)
- 296 成蹊大学(E方式・G方式・P方式)
- 297 成城大学(経済・社会イノベーション学部－A方式)
- 298 成城大学(文芸・法学部－A方式)
- 299 成城大学(S方式〈全学部統一選抜〉)
- 300 聖心女子大学
- 301 清泉女子大学
- 303 聖マリアンナ医科大学 医
- 304 聖路加国際大学(看護学部)
- 305 専修大学(スカラシップ・全国入試)
- 306 専修大学(前期入試〈学部個別入試〉)
- 307 専修大学(前期入試〈全学部入試・スカラシップ入試〉)

た行(関東の大学)

- 308 大正大学
- 309 大東文化大学
- 310 高崎健康福祉大学
- 311 拓殖大学
- 312 玉川大学
- 313 多摩美術大学
- 314 千葉工業大学
- 315 中央大学(法学部－学部別選抜)
- 316 中央大学(経済学部－学部別選抜)
- 317 中央大学(商学部－学部別選抜)
- 318 中央大学(文学部－学部別選抜)
- 319 中央大学(総合政策学部－学部別選抜)
- 320 中央大学(国際経営・国際情報学部－学部別選抜)
- 321 中央大学(理工学部－学部別選抜)
- 322 中央大学(5学部共通選抜)
- 323 中央学院大学
- 324 津田塾大学
- 325 帝京大学(薬・経済・法・文・外国語・教育・理工・医療技術・福岡医療技術学部)
- 326 帝京大学(医学部) 医
- 327 帝京科学大学 総推
- 328 帝京平成大学 総推
- 329 東海大学(医〈医〉学部を除く－一般選抜)
- 330 東海大学(文系・理系学部統一選抜)
- 331 東海大学(医学部〈医学科〉) 医
- 332 東京医科大学(医学部〈医学科〉) 医
- 333 東京家政大学・短期大学部 総推
- 334 東京経済大学
- 335 東京工科大学
- 336 東京工芸大学
- 337 東京国際大学
- 338 東京歯科大学
- 339 東京慈恵会医科大学(医学部〈医学科〉) 医
- 340 東京情報大学
- 341 東京女子大学
- 342 東京女子医科大学(医学部) 医
- 343 東京電機大学
- 344 東京都市大学
- 345 東京農業大学
- 346 東京薬科大学(薬学部) 総推
- 347 東京薬科大学(生命科学部) 総推
- 348 東京理科大学(理学部〈第一部〉－B方式)
- 349 東京理科大学(創域理工学部－B方式・S方式)
- 350 東京理科大学(工学部－B方式)
- 351 東京理科大学(先進工学部－B方式)
- 352 東京理科大学(薬学部－B方式)
- 353 東京理科大学(経営学部－B方式)
- 354 東京理科大学(C方式、グローバル方式、理学部〈第二部〉－B方式)
- 355 東邦大学(医学部) 医
- 356 東邦大学(薬学部)

2025年版　大学赤本シリーズ

私立大学②

357 東邦大学(理・看護・健康科学部)
358 東洋大学(文・経済・経営・法・社会・国際・国際観光学部)
359 東洋大学(情報連携・福祉社会デザイン・健康スポーツ科・理工・総合情報・生命科・食環境科学部)
360 東洋大学(英語〈3日程×3カ年〉)
361 東洋大学(国語〈3日程×3カ年〉)
362 東洋大学(日本史・世界史〈2日程×3カ年〉)
363 東洋英和女学院大学
364 常磐大学・短期大学 総推
365 獨協大学
366 獨協医科大学(医学部) 医

な行(関東の大学)

367 二松学舎大学
368 日本大学(法学部)
369 日本大学(経済学部)
370 日本大学(商学部)
371 日本大学(文理学部〈文系〉)
372 日本大学(文理学部〈理系〉)
373 日本大学(芸術学部〈専門試験併用型〉)
374 日本大学(国際関係学部)
375 日本大学(危機管理・スポーツ科学部)
376 日本大学(理工学部)
377 日本大学(生産工・工学部)
378 日本大学(生物資源科学部)
379 日本大学(医学部) 医
380 日本大学(歯・松戸歯学部)
381 日本大学(薬学部)
382 日本大学(N全学統一方式−医・芸術〈専門試験併用型〉学部を除く)
383 日本医科大学 医
384 日本工業大学
385 日本歯科大学
386 日本社会事業大学 総推
387 日本獣医生命科学大学
388 日本女子大学
389 日本体育大学

は行(関東の大学)

390 白鷗大学(学業特待選抜・一般選抜)
391 フェリス女学院大学
392 文教大学
393 法政大学(法〈I日程〉・文〈II日程〉・経営〈II日程〉学部−A方式)
394 法政大学(法〈II日程〉・国際文化・キャリアデザイン学部−A方式)
395 法政大学(文〈I日程〉・経営〈I日程〉・人間環境・グローバル教養学部−A方式)
396 法政大学(経済〈I日程〉・社会〈I日程〉・現代福祉学部−A方式)
397 法政大学(経済〈II日程〉・社会〈II日程〉・スポーツ健康学部−A方式)
398 法政大学(情報科・デザイン工・理工・生命科学部−A方式)
399 法政大学(T日程〈統一日程〉・英語外部試験利用入試)
400 星薬科大学 総推

ま行(関東の大学)

401 武蔵大学
402 武蔵野大学
403 武蔵野美術大学
404 明海大学
405 明治大学(法学部−学部別入試)
406 明治大学(政治経済学部−学部別入試)
407 明治大学(商学部−学部別入試)
408 明治大学(経営学部−学部別入試)
409 明治大学(文学部−学部別入試)
410 明治大学(国際日本学部−学部別入試)
411 明治大学(情報コミュニケーション学部−学部別入試)
412 明治大学(理工学部−学部別入試)
413 明治大学(総合数理学部−学部別入試)
414 明治大学(農学部−学部別入試)
415 明治大学(全学部統一入試)
416 明治学院大学(A日程)
417 明治学院大学(全学部日程)
418 明治薬科大学 総推
419 明星大学
420 目白大学・短期大学部

ら・わ行(関東の大学)

421 立教大学(文系学部−一般入試〈大学独自の英語を課さない日程〉)
422 立教大学(国語〈3日程×3カ年〉)
423 立教大学(日本史・世界史〈2日程×3カ年〉)
424 立教大学(文学部−一般入試〈大学独自の英語を課す日程〉)
425 立教大学(理学部−一般入試)
426 立正大学
427 早稲田大学(法学部)
428 早稲田大学(政治経済学部)
429 早稲田大学(商学部)
430 早稲田大学(社会科学部)
431 早稲田大学(文学部)
432 早稲田大学(文化構想学部)
433 早稲田大学(教育学部〈文科系〉)
434 早稲田大学(教育学部〈理科系〉)
435 早稲田大学(人間科・スポーツ科学部)
436 早稲田大学(国際教養学部)
437 早稲田大学(基幹理工・創造理工・先進理工学部)
438 和洋女子大学 総推

中部の大学(50音順)

439 愛知大学
440 愛知医科大学(医学部) 医
441 愛知学院大学・短期大学部
442 愛知工業大学 総推
443 愛知淑徳大学
444 朝日大学 総推
445 金沢医科大学(医学部) 医
446 金沢工業大学
447 岐阜聖徳学園大学 総推
448 金城学院大学
449 至学館大学 総推
450 静岡理工科大学
451 椙山女学園大学
452 大同大学
453 中京大学
454 中部大学
455 名古屋外国語大学 総推
456 名古屋学院大学 総推
457 名古屋学芸大学 総推
458 名古屋女子大学 総推
459 南山大学(外国語〈英米〉・法・総合政策・国際教養学部)
460 南山大学(人文・外国語〈英米を除く〉・経済・経営・理工学部)
461 新潟国際情報大学
462 日本福祉大学
463 福井工業大学
464 藤田医科大学(医学部) 医
465 藤田医科大学(医療科・保健衛生学部)
466 名城大学(法・経営・経済・外国語・人間・都市情報学部)
467 名城大学(情報工・理工・農・薬学部)
468 山梨学院大学

近畿の大学(50音順)

469 追手門学院大学 総推
470 大阪医科薬科大学(医学部) 医
471 大阪医科薬科大学(薬学部) 総推
472 大阪学院大学 総推
473 大阪経済大学 総推
474 大阪経済法科大学 総推
475 大阪工業大学 総推
476 大阪国際大学・短期大学部 総推
477 大阪産業大学 総推
478 大阪歯科大学(歯学部)
479 大阪商業大学 総推
480 大阪成蹊大学・短期大学 総推
481 大谷大学 総推
482 大手前大学・短期大学 総推
483 関西大学(文系)
484 関西大学(理系)
485 関西大学(英語〈3日程×3カ年〉)
486 関西大学(国語〈3日程×3カ年〉)
487 関西大学(日本史・世界史・文系数学〈3日程×3カ年〉)
488 関西医科大学(医学部) 医
489 関西医療大学 総推
490 関西外国語大学・短期大学部 総推
491 関西学院大学(文・法・商・人間福祉・総合政策学部−学部個別日程)
492 関西学院大学(神・社会・経済・国際・教育学部−学部個別日程)
493 関西学院大学(全学部日程〈文系型〉)
494 関西学院大学(全学部日程〈理系型〉)
495 関西学院大学(共通テスト併用日程〈数学〉・英数日程)
496 関西学院大学(英語〈3日程×3カ年〉) 新
497 関西学院大学(国語〈3日程×3カ年〉) 新
498 関西学院大学(日本史・世界史・文系数学〈3日程×3カ年〉) 新
499 畿央大学 総推
500 京都外国語大学・短期大学 総推
502 京都産業大学(公募推薦入試) 総推
503 京都産業大学(一般選抜入試〈前期日程〉)
504 京都女子大学 総推
505 京都先端科学大学 総推
506 京都橘大学 総推
507 京都ノートルダム女子大学 総推
508 京都薬科大学 総推
509 近畿大学・短期大学部(医学部を除く−推薦入試) 総推
510 近畿大学・短期大学部(医学部を除く−一般入試前期)
511 近畿大学(英語〈医学部を除く3日程×3カ年〉)
512 近畿大学(理系数学〈医学部を除く3日程×3カ年〉)
513 近畿大学(国語〈医学部を除く3日程×3カ年〉)
514 近畿大学(医学部−推薦入試・一般入試前期) 医 総推
515 近畿大学・短期大学部(一般入試後期) 医
516 皇學館大学 総推
517 甲南大学 総推
518 甲南女子大学(学校推薦型選抜) 新 総推
519 神戸学院大学 総推
520 神戸国際大学 総推
521 神戸女学院大学 総推
522 神戸女子大学・短期大学 総推
523 神戸薬科大学 総推
524 四天王寺大学・短期大学部 総推
525 摂南大学(公募制推薦入試) 総推
526 摂南大学(一般選抜前期日程)
527 帝塚山学院大学 総推
528 同志社大学(法、グローバル・コミュニケーション学部−学部個別日程)

いつも受験生のそばに―赤本

大学入試シリーズ＋α
入試対策も共通テスト対策も赤本で

入試対策
赤本プラス

赤 PLUS+ 本

赤本プラスとは，**過去問演習の効果を最大にする**ためのシリーズです。「赤本」であぶり出された弱点を，赤本プラスで克服しましょう。

- 大学入試 すぐわかる英文法 DL
- 大学入試 ひと目でわかる英文読解
- 大学入試 絶対できる英語リスニング DL
- 大学入試 すぐ書ける自由英作文
- 大学入試 ぐんぐん読める 英語長文〔BASIC〕DL
- 大学入試 ぐんぐん読める 英語長文〔STANDARD〕DL
- 大学入試 ぐんぐん読める 英語長文〔ADVANCED〕DL
- 大学入試 正しく書ける英作文
- 大学入試 最短でマスターする 数学Ⅰ・Ⅱ・Ⅲ・A・B・C
- 大学入試 突破力を鍛える最難関の数学
- 大学入試 知らなきゃ解けない 古文常識・和歌
- 大学入試 ちゃんと身につく物理
- 大学入試 もっと身につく 物理問題集（①力学・波動）
- 大学入試 もっと身につく 物理問題集（②熱力学・電磁気・原子）

入試対策
英検®赤本シリーズ

英検®（実用英語技能検定）の対策書。
過去問集と参考書で万全の対策ができます。

▶過去問集（2024年度版）
- 英検®準1級過去問集 DL
- 英検®2級過去問集 DL
- 英検®準2級過去問集 DL
- 英検®3級過去問集 DL

▶参考書
- 竹岡の英検®準1級マスター DL
- 竹岡の英検®2級マスター CD DL
- 竹岡の英検®準2級マスター CD DL
- 竹岡の英検®3級マスター CD DL

CD リスニングCDつき　DL 音声無料配信
新 2024年新刊・改訂

入試対策
赤本プレミアム

赤本の教学社だからこそ作れた、
過去問ベストセレクション

- 東大数学プレミアム
- 東大現代文プレミアム
- 京大数学プレミアム〔改訂版〕
- 京大古典プレミアム

入試対策
赤本メディカルシリーズ

過去問を徹底的に研究し，独自の出題傾向をもつメディカル系の入試に役立つ内容を精選した実戦的なシリーズ。

- 〔国公立大〕医学部の英語〔3訂版〕
- 私立医大の英語〔長文読解編〕〔3訂版〕
- 私立医大の英語〔文法・語法編〕〔改訂版〕
- 医学部の実戦小論文〔3訂版〕
- 医歯薬系の英単語〔4訂版〕
- 医系小論文 最頻出論点20〔4訂版〕
- 医学部の面接〔4訂版〕

入試対策
体系シリーズ

国公立大二次・難関私大突破へ，自学自習に適したハイレベル問題集。

- 体系英語長文
- 体系英作文
- 体系現代文
- 体系世界史
- 体系物理〔第7版〕

入試対策
単行本

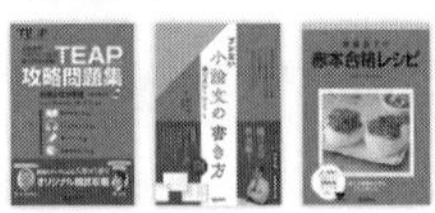

▶英語
- Q&A即決英語勉強法
- TEAP攻略問題集 CD
- 東大の英単語〔新装版〕
- 早慶上智の英単語〔改訂版〕

▶国語・小論文
- 著者に注目! 現代文問題集
- ブレない小論文の書き方 樋口式ワークノート

▶レシピ集
- 奥薗壽子の赤本合格レシピ

入試対策　共通テスト対策
赤本手帳

- 赤本手帳（2025年度受験用）プラムレッド
- 赤本手帳（2025年度受験用）インディゴブルー
- 赤本手帳（2025年度受験用）ナチュラルホワイト

入試対策
風呂で覚えるシリーズ

水をはじく特殊な紙を使用。いつでもどこでも読めるから，ちょっとした時間を有効に使える！

- 風呂で覚える英単語〔4訂新装版〕
- 風呂で覚える英熟語〔改訂新装版〕
- 風呂で覚える古文単語〔改訂新装版〕
- 風呂で覚える古文文法〔改訂新装版〕
- 風呂で覚える漢文〔改訂新装版〕
- 風呂で覚える日本史〔年代〕〔改訂新装版〕
- 風呂で覚える世界史〔年代〕〔改訂新装版〕
- 風呂で覚える倫理〔改訂版〕
- 風呂で覚える百人一首〔改訂版〕

共通テスト対策
満点のコツシリーズ

共通テストで満点を狙うための実戦的参考書。
重要度の増したリスニング対策は
「カリスマ講師」竹岡広信が一回読みにも
対応できるコツを伝授！

- 共通テスト英語〔リスニング〕 満点のコツ〔改訂版〕新 DL
- 共通テスト古文 満点のコツ〔改訂版〕新
- 共通テスト漢文 満点のコツ〔改訂版〕新

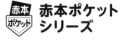

入試対策　共通テスト対策
赤本ポケットシリーズ

▶共通テスト対策
- 共通テスト日本史〔文化史〕

▶系統別進路ガイド
- デザイン系学科をめざすあなたへ

2025年版　大学赤本シリーズ　No. 424

立教大学（文学部－一般入試〈大学独自の英語を課す日程〉）

2024年7月10日　第1刷発行
ISBN978-4-325-26483-5
定価は裏表紙に表示しています

編　集　教学社編集部
発行者　上原 寿明
発行所　教学社
〒606-0031
京都市左京区岩倉南桑原町56
電話　075-721-6500
振替　01020-1-15695
印　刷　太洋社